Die Bewertungsneutralität der zinsbereinigten Gewinnsteuer

Europäische Hochschulschriften

Publications Universitaires Européennes

European University Studies

Reihe V

Volks- und Betriebswirtschaft

Série V Series V

Sciences économiques, gestion d'entreprise

Economics and Management

Bd./Vol. 2658

PETER LANG

Frankfurt am Main · Berlin · Bern · Bruxelles · New York · Oxford · Wien

Bernhard Wüstner

Die Bewertungsneutralität der zinsbereinigten Gewinnsteuer

Auswirkungen innerhalb der deutschen und der US-amerikanischen Rechnungslegung

PETER LANG
Europäischer Verlag der Wissenschaften

Die Deutsche Bibliothek - CIP-Einheitsaufnahme

Wüstner, Bernhard:

Die Bewertungsneutralität der zinsbereinigten Gewinnsteuer : Auswirkungen innerhalb der deutschen und der US-amerikanischen Rechnungslegung / Bernhard Wüstner. - Frankfurt am Main ; Berlin ; Bern ; Bruxelles ; New York ; Oxford ; Wien : Lang, 2000

(Europäische Hochschulschriften : Reihe 5, Volks- und Betriebswirtschaft ; Bd. 2658)

Zugl: Heidelberg, Univ., Diss., 2000

ISBN 3-631-36604-3

D 16

ISSN 0531-7339

ISBN 3-631-36604-3

Vorwort

Die vorliegende Arbeit wurde im Wintersemester 1999/2000 von der wirtschaftswissenschaftlichen Fakultät der Ruprecht-Karls-Universität Heidelberg als Dissertation angenommen. Zu ihrem Gelingen haben mehrere Personen beigetragen.

Mein besonderer Dank gilt meinem Doktorvater Herrn Prof. Dr. Manfred Rose, der mich mit zahlreichen Anregungen unterstützte, ohne mir dabei die notwendige wissenschaftliche Freiheit zu nehmen.
Herzlich bedanken möchte ich mich auch bei Herrn Prof. Dr. Dietfried Günter Liesegang für die Erstellung des Zweitgutachtens.
Ferner gebührt mein Dank Herrn Dr. Rolf Wiswesser, der mir durch seine fachlichen Kommmentare viele wertvolle Impulse gab. Darüber hinaus gebührt mein Dank den Mitarbeitern des finanzwissenschaftlichen Lehrstuhls am Alfred-Weber Institut der Universität Heidelberg, insbesondere Frau Dr. Petra Mühl-Schimmele und Dipl. Volkswirt Bernd Thalmeier.
Ausdrücklich bedanken möchte ich mich bei meinem früheren Arbeitgeber, der KPMG Deutsche-Treuhand Gesellschaft in Stuttgart. Meine Vorgesetzten, der Niederlassungsleiter Herr RA WP StB Johannes Hesse sowie Herr WP StB Stefan Held, haben mir den notwendigen Freiraum gewährt, um neben der Berufstätigkeit diese Arbeit verfassen zu können.
Der Alfred-Weber Gesellschaft E.V. danke ich für ein Forschungsstipendium, mit dem ich meine Studien an der Hoover Institution der Stanford University durchführen konnte. An dieser Stelle möchte ich mich insbesondere bei Senior Fellow Prof. Charles E. McLure Jr. bedanken, der mir in zahlreichen Diskussionen wertvolle Anregungen lieferte.
Danken möchte ich schliesslich meiner Familie. Meine Eltern haben durch ihre Unterstützung insbesondere während meiner Ausbildung die Voraussetzungen für diese Arbeit gelegt. Meiner Frau Dipl. Handelslehrerin Susanne Steiner und meiner Schwester Cand. rer. phil. Dorothee Wüstner gebührt der Dank für die Korrektur des Manuskriptes.

Heidelberg, im Winter 2000 Bernhard Wüstner

Meiner Frau,
die mir stets den nötigen Rückhalt gegeben hat.

Inhaltsverzeichnis

Symbolverzeichnis

AfA_t	:	Abschreibung zum Zeitpunkt t
A_t	:	Aufwand (ohne Abschreibungen) zum Zeitpunkt t
E_t	:	Ertrag zum Zeitpunkt t
I_0	:	Investitionsvolumen
RBW_t	:	Restbuchwert zum Zeitpunkt t
S_t	:	Steuerzahlung zum Zeitpunkt t
i	:	Nominalzinssatz = Sollzinssatz = Habenzinssatz = Schutzzinssatz
p	:	Inflationsrate
r	:	Realzinssatz
α	:	Abschreibungssatz
τ	:	Steuersatz

Abkürzungsverzeichnis

Abb.	:	Abbildung
ABl	:	Amtsblatt der Europäischen Gemeinschaften
AICPA	:	American Institut of Certified Public Accountants
a.A.	:	anderer Ansicht
a.F.	:	alte Fassung
a.M.	:	anderer Meinung
AfA	:	Absetzung für Abnutzung
AG	:	Aktiengesellschaft, auch Die Aktiengesellschaft (Zeitschrift)
AktG	:	Aktiengesetz
AO	:	Abgabenordnung
APB	:	Accounting Principles Board
ARB	:	Accounting Research Bulletin(s)
Aufl.	:	Auflage
BB	:	Betriebs-Berater (Zeitschrift)
Bd.	:	Band
BdF/BMF	:	Bundesminister(ium) der Finanzen
BewG	:	Bewertungsgesetz
BFH	:	Bundesfinanzhof
BGBl	:	Bundesgesetzblatt
BiRiLiG	:	Bilanzrichtliniengesetz
BRI	:	Bruttorendite der Investition
BStBl	:	Bundessteuerblatt
BT-Drucks.	:	Bundestags-Drucksache
BVerfG	:	Bundesverfassungsgericht
BVerfGE	:	Entscheidungen des Bundesverfassungsgerichts
bzw.	:	beziehungsweise
CAP	:	Committee on Accounting Procedures
DBA	:	Doppelbesteuerungsabkommen
DBW	:	Die Betriebswirtschaft (Zeitschrift)
DStJG	:	Deutsche Steuerjuristische Gesellschaft
DStR	:	Deutsches Steuerrecht (Zeitschrift)
EG	:	Europäische Gemeinschaft(en)
EGHGB	:	Einführungsgesetz zum Handelsgesetzbuch
EK	:	Eigenkapital

EK 01	:	unbelastetes, aus ausländischen Einkünften entstandenes Eigenkapital gem. § 30 Abs.2 Nr.1 KStG
EK 02	:	unbelastetes, aus steuerlichen Vermögensmehrungen entstandenes Eigenkapital gem. § 30 Abs.2 Nr.2 KStG
EK 03	:	vor dem 1.1.1977 entstandene Altrücklagen gem. § 30 Abs.2 Nr.3 KStG
EK 04	:	Einlagen der Anteilseigner gem. § 30 Abs.2 Nr.4 KStG
EK 30	:	ermässigtes, mit 30% besteuertes Eigenkapital gem. § 30 Abs.1 Nr.2 KStG
EK 45	:	vollbelastetes verwendbares Eigenkapital gem. § 30 Abs.1 Nr.1 KStG
erw.	:	erweiterte
EStDV	:	Einkommensteuer-Durchführungsverordnung
EStG	:	Einkommensteuergesetz
EStR	:	Einkommensteuer-Richtlinien
EU	:	Europäische Union
FASB	:	Financial Accounting Standards Board
FN	:	Fachnachrichten des Instituts der Wirtschaftsprüfer in Deutschland e.V.
FR	:	Finanzrundschau (Zeitschrift)
Gl.	:	Gleichung
GmbH	:	Gesellschaft mit begrenzter Haftung
GmbHG	:	GmbH-Gesetz
GoB	:	Grundsätze ordnungsmässiger Buchführung
GStG	:	Gewinnsteuergesetz
HB	:	Handelsblatt
h.M.	:	herrschende Meinung
HFA	:	Hauptfachausschuss des IDW
HGB	:	Handelsgesetzbuch
HGB-E	:	Entwurf eines Gesetzes zur Änderung des HGB
Hrsg.	:	Herausgeber
i.a.W.	:	in anderen Worten
i.e.S.	:	im engeren Sinne
i.S.d.	:	im Sinne des/der
i.S.v.	:	im Sinne von
i.V.m.	:	in Verbindung mit
i.w.S.	:	im weiteren Sinne
IAS	:	International Accounting Standard
IASC	:	International Accounting Standards Committee

IDW	:	Institut der Wirtschaftsprüfer in Deutschland e.V.
IOSCO	:	International Organisation of Securities Commissions
IRC	:	Internal Revenue Code
IRS	:	Internal Revenue Service
IStR	:	Internationales Steuerrecht (Zeitschrift)
IWB	:	Internationale Wirtschafts-Briefe (Zeitschrift)
JbFSt	:	Jahrbuch der Fachanwälte für Steuerrecht
Jg.	:	Jahrgang
JoA	:	Journal of Accountancy
KStG	:	Körperschaftsteuergesetz
MACRS	:	Modified Accelerated Cost Recovery System
m.E.	:	meines Erachtens
m.w.N.	:	mit weiteren Nachweisen
neubearb.	:	neubearbeitete
Nr.	:	Nummer
NRS	:	Nettorendite des Sparers
OECD	:	Organization for Economic Cooperation and Development
OECD-MA	:	OECD-Musterabkommen 1995
o.g.	:	oben genannte(n)
Par	:	Paragraph
PublG	:	Publizitätsgesetz
Reg.	:	Treasury Regulations (rechtsverbindlichen Steuerrichtlinien des US-amerikanischen Finanzministeriums – US Treasury Departement)
RFH	:	Reichsfinanzhof
R.M.B.C.A.	:	Revised Model Business Corporation Act
Rn.	:	Randnummer
Rz.	:	Randziffer
s.	:	siehe
S.	:	Seite
SEC	:	Securities and Exchange Commission
Sec(s).	:	Section(s)
SFAC	:	Statements of Financial Accounting Concepts
SFAS	:	Statements of Financial Accounting Standards
sog.	:	sogenannte
StÄndG	:	Steueränderungsgesetz

StandOG	:	Gesetz zur Verbesserung der steuerlichen Bedingungen zur Sicherung des Wirtschaftsstandortes Deutschland im Europäischen Binnenmarkt (Standortsicherungsgesetz) vom 13. September 1993.
StbJb	:	Steuerberater-Jahrbuch
StuW	:	Steuer und Wirtschaft (Zeitschrift)
u.a.	:	und andere
überarb.	:	überarbeitete
UmwBerG	:	Gesetz zur Bereinigung des Umwandlungsrechts
UmwG	:	Umwandlungsgesetz
UmwStG	:	Umwandlungssteuergesetz
U.P.A.	:	Uniform Partnership Act
US-GAAP	:	United States-Generally Accepted Accounting Principles
vEK	:	verwendbares Eigenkapital
vgl.	:	vergleiche
Vol.	:	Volume
WoBauFG	:	Wohnungsbauförderungsgesetz vom 22. Dezember 1989
WPg	:	Die Wirtschaftsprüfung (Zeitschrift)
ZfB	:	Zeitschrift für Betriebswirtschaft
ZfbF	:	Zeitschrift für betriebswirtschaftliche Forschung
ZHR	:	Zeitschrift für das gesamte Handelsrecht und Wirtschaftsrecht
z.T.	:	zum Teil
z.Z.	:	zur Zeit

"...reduce tax rates,
reduce complexity,
increase fairness,
and increase growth."[1]

A. Einleitung

1. Ausgangslage

Bei den gegenwärtig geführten Diskussionen zur Reform der Unternehmensbesteuerung werden die Verknüpfungen zwischen der handels- und steuerrechtlichen Rechnungslegung kaum beachtet, obwohl die Entwicklung des Unternehmenssteuerrechts durch die gegenseitige Beziehung von Handels- und Steuerbilanz geprägt ist.
Der Ursprung dieser Beziehung liegt in der Massgeblichkeit der handelsrechtlichen Bilanzierung für die steuerrechtliche Gewinnermittlung und deren Umkehrung, die weltweit unterschiedlich ausgestaltet ist. Als historisches Motiv für den Massgeblichkeitsgrundsatz gilt vor allem die Vereinfachung der steuerrechtlichen Gewinnermittlung durch Bezugnahme auf die gesicherten handelsrechtlichen Regelungen und die Anerkennung des kaufmännischen Ermessens.[2] Bedingt durch insbesondere fiskalische Interessen hat sich das Steuerrecht durch eigene Vorschriften von dieser originären Bezugnahme auf die handelsrechtlichen Regelungen in vielen Bereichen gelöst. Die Folgen sind z.T. erhebliche Unterschiede zwischen Handels- und Steuerbilanz bei der Frage der Bewertung von sachlich übereinstimmenden Tatbestandsmerkmalen.
Aus ökonomischer Sicht erscheint eine Differenzierung zwischen steuerrechtlicher und handelsrechtlicher Bewertung fraglich, besteht doch auch rechtlich hinsichtlich der Vermögensgegenstände und Wirtschaftsgüter kein Unterschied zwischen Handels- und Steuerbilanz[3].

Es ist zu überlegen, inwieweit bei einer Unternehmenssteuerreform die steuerrechtlichen Bewertungsvorstellungen unter Beachtung fiskalischer Interessen wieder näher an die handelsrechtliche Gewinnermittlungsvorschriften angelehnt werden können. Dabei ist zu bedenken, dass das Handelsrecht im Zuge

---

1 *U.S. Treasury Departement*, Tax Proposals, 1985, S.264.
2 Vgl. *Weber-Grellet*, Massgeblichkeitsgrundsatz, 1997, S.385.
3 Vgl. *Schulze-Osterloh*, Gewinnermittlung, 1991, S.285.

der internationalen Harmonisierungsbestrebungen einem Wandel unterworfen ist.[4]

Unter der Vielzahl der Reformvorschläge zur Unternehmensbesteuerung weist die im deutschen Sprachraum unter dem Namen „zinsbereinigte Gewinnsteuer"[5] bekannt gewordene Konzeption[6] eindeutige Neutralitätseigenschaften hinsichtlich temporärer Bewertungsdifferenzen auf. Konkret wird durch die zinsbereinigte Gestaltung der Steuerbemessungsgrundlage der bei den gegenwärtigen Steuersystemen bestehende Zinseffekt bei zeitlichen Buchungsunterschieden vermieden. Dies hat zur Folge, dass die intertemporale Steuerlast von der handels- und steuerrechtlichen Periodenzuordnung unabhängig ist. Darüber hinaus ist durch diesen Neutralisierungseffekt eine Kompatibilität des zinsbereinigten Steuersystems sowohl mit der kontinental-europäischen als auch mit der anglo-amerikanischen Bilanzierungsphilosophie zu erwarten, die sich im wesentlichen durch zeitliche Bewertungsdifferenzen unterscheiden.

Auf europäischer Ebene wird zunehmend auf die zinsbereinigte Besteuerungskonzeption als mögliches Reformmodell hingewiesen.[7] Durch die Umsetzung dieser Besteuerungsform in Kroatien seit 1994 und den damit einhergehenden praktischen Erfahrungen kommt dieser Reformalternative auch im Hinblick auf eine internationale Harmonisierung des Unternehmenssteuerrechts eine besondere Bedeutung zu.[8]

Ausgehend von diesen Überlegungen wird die zinsbereinigte Gewinnbesteuerung im folgenden als Basis der Untersuchung gewählt.

---

4 Siehe dazu *EU-Kommission*, Harmonisierung, 1995; *Born*, Rechnungslegung, 1997 S.63, *Krumnow*, Durchbruch, 1998, S.8.

5 Die Bezeichnung „zinsbereinigte Gewinnsteuer" geht auf *Rose*, Plädoyer, 1991 zurück, der diese Konzeption als konkreten Reformansatz vorgeschlagen hat.

6 Der Ursprung dieses Reformvorschlags für eine neutrale Unternehmensbesteuerung stammt von *Boadway/Bruce*, Neutral Business Tax, 1982; *dieselben*, Neutral Business Tax 1984. Ein in wesentlichen Punkten übereinstimmender Vorschlag kommt von *Wenger*, Gleichmässigkeit, 1983, S.227-230.

7 Vgl. *Gammie*, "ACE" Proposal, 1991; *Rose*, Plödoyer, 1991; *Kommission der Europäischen Gemeinschaften*, Unternehmensbesteuerung, 1992; *Bundesministerium für Wirtschaft*, Steuerreform, 1996, S.14; *Donges u.a.* (Kronberger Kreis), Steuerreform, 1996; *Schreiber*, Steuerharmonisierung, 1998, S.127-143.

8 Das kroatische Besteuerungsmodell wurde von *Rose u.a.*, Empfehlungen, 1991, zuerst für Ungarn empfohlen.

2. Problemstellung

Es stellt sich die Frage, inwieweit bei einer Einführung eines Steuerreformmodells dies zu Auswirkungen innerhalb der gegenwärtigen Rechnungslegungen führt. Die Forschung hat sich bisher kaum mit der Problematik des Zusammenspiels von alternativen Steuersystemen mit bestehenden Rechnungslegungsvorschriften befasst. Ziel der vorliegenden Arbeit ist es daher, diese interdisziplinäre Fragestellung anhand der zinsbereinigten Gewinnbesteuerung zu untersuchen. Um die internationale Kompatibilität des zinsbereinigten Besteuerungskonzepts zu prüfen, werden die Auswirkungen innerhalb der deutschen und der US-amerikanischen Rechnungslegung dargestellt.

3. Vorgehensweise

Kapitel B widmet sich ausführlich dem Konzept der zinsbereinigten Gewinnbesteuerung. Die Grundlage bildet dabei die in Kroatien eingeführte Besteuerungsform. Zunächst werden die Prinzipien dieser Besteuerungskonzeption sowie die theoretischen Grundlagen zur Bewertungsneutralität erläutert. Im Anschluss daran wird die Ermittlung der zinsbereinigten Gewinnsteuerbemessungsgrundlage beschrieben, die an die handelsrechtliche Gewinnermittlung anknüpft. Ein wesentliches Merkmal der zinsbereinigten Gewinnsteuer stellt die steuerliche Abzugsfähigkeit der Eigenkapitalkosten dar. Anhand eines Berechnungsbeispiels wird die Systematik zur Bestimmung der Eigenkapitalkosten skizziert. Die abschliessende Modellrechnung demonstriert die intertemporal neutrale Wirkungsweise der zinsbereinigten Unternehmensbesteuerung im Hinblick auf temporär differierende Bewertungen.

Kapitel C behandelt die Auswirkungen auf das deutsche Bilanzrecht, die bei einer Einführung des zinsbereinigten Besteuerungskonzepts zu erwarten sind. Durch die generelle Anbindung der zinsbereinigten Steuerbemessungsgrundlage an die handelsrechtliche Gewinnermittlung wird die ursprüngliche, auf dem materiellen und umgekehrten Massgeblichkeitsprinzip beruhende Interdependenz von Handels- und Steuerbilanz aufgebrochen. Dadurch führt eine Änderung der steuerbilanziellen Rechnungslegung unmittelbar zu Auswirkungen innerhalb der bestehenden handelsrechtlichen Bilanzierung. Erläutert werden dabei sowohl die Auswirkungen in der steuerrechtlichen als auch in der handelsrechtlichen Rechnungslegung. Besondere Beachtung gilt den konkurrierenden Bewertungsvorschriften im Steuer- und Handelsrecht.

In Kapital D werden analog zu Kapital C die Auswirkungen einer Einführung des zinsbereinigten Steuerreformansatzes auf das US-amerikanische Steuerrecht und die handelsrechtliche Bilanzierung untersucht. Generell besteht in den USA eine strikte Trennung zwischen der steuerlichen Gewinnermittlung und der Handelsbilanz. Insofern sind hier, abgesehen von einzelnen Ausnahmen, die Auswirkungen im wesentlichen in der steuerrechtlichen Rechnungslegung zu finden.

Kapitel E gibt abschliessend einen Ausblick über die Möglichkeiten einer länderübergreifenden Einführung der zinsbereinigten Gewinnbesteuerung sowie über die Harmonisierungsbestrebungen der internationalen handelsrechtlichen Rechnungslegung, an die die zinsbereinigte Gewinnbesteuerung anknüpfen kann.

"Wer sucht nach Steuern aller Mängel bar,
sucht was nicht ist, noch sein wird, noch je war."[1]

B. Zinsbereinigte Gewinnsteuer

Die hier untersuchte Variante der Gewinnbesteuerung basiert auf der in Kroatien seit 1994 umgesetzten Besteuerungskonzeption.[2] Erstmalig wurde damit ein konsumorientiertes Gesamtsteuerkonzept realisiert, das seitdem als Vorbild einer marktkonformen Besteuerung gilt.[3]

1. Prinzipien

Die Grundprinzipien der zinsbereinigten Gewinnbesteuerung finden ihren Ursprung in steuertheoretischen Idealvorstellungen. So wird die in der Finanzwissenschaft erhobene Forderung von marktwirtschaftlicher Effizienz in Form von Investitions-, Finanzierungs- und Wachstumsneutralität durch die konsequente Orientierung des zinsbereinigten Steuerkonzepts am Konsum verfolgt.[4] Im Rahmen der Gewinnbesteuerung wird dies durch das Konzept der Zinsbereinigung realisiert. Unter dieser Zinsbereinigung ist die steuerliche Abzugsfähigkeit des mit einem Standard- bzw. Schutzzinssatz bewerteten Eigenkapitals von der Steuerbemessungsgrundlage zu verstehen. Im Zusammenhang mit der steuerlichen Abzugsfähigkeit der Fremdkapitalzinsen führt dies zu einer Freistellung der Unternehmensgewinne in Höhe einer standardisierten Verzinsung auf das im Unternehmen eingesetzte Fremd- und Eigenkapital.[5]

---

1 *Neumark*, Ideale, 1988, S.60. Übersetztes Zitat eines britischen Dichter-Philosophen.

2 Vgl. *Stöckler/Wissel*, Gewinnbesteuerung, 1995; *Wagner/Wenger*, Konzeption, 1996, S.399-415; *Schmidt/Wissel/Stöckler*, Croatian Tax System, 1996, S.155-163; *Kiesewetter*, Reform, 1997, S.27-30; *Gress/Rose/Wiswesser*, Einkommensteuer; *Rose/Wiswesser*, Tax Reform, 1998, S.257-278.

3 Als rechtliche Grundlage dieser Untersuchung dient die Übersetzung des Gewinnsteuergesetzes der Republik Kroatien in der ab 1. Januar 1997 geltenden Fassung sowie die Übersetzung der kroatischen Ordnungsrichtlinie zur Gewinnsteuer vom 26. Januar 1996.

4 Zum Nachweis der Neutralitätsbedingungen vgl. *Boadway/Bruce*, Neutral Business Tax 1984, S.235; *Kaiser*, Unternehmensbesteuerung, 1992, S.272-286; *Wiswesser*, Inflation, 1997, S.182f.

5 Modelltheoretisch entspricht der Schutz- bzw. Standardzinssatz dem auf einem vollkommenen Kapitalmarkt identischen Soll- und Habenzinssatz. Zur Problematik eines in der Realität bestehenden unvollkommenen Kapitalmarktes mit unterschiedlichen

Nur sog. inframarginale bzw. exzessive Gewinne, die diese Standardverzinsung übersteigen, werden besteuert. Besondere Bedeutung innerhalb der zinsbereinigten Konzeption kommt dem Prinzip der Einmalbesteuerung von Unternehmensgewinnen zu. Danach werden Unternehmensgewinne, unabhängig von der Rechtsform, abschliessend auf der Unternehmensebene versteuert, eine nochmalige steuerliche Erfassung auf der Ebene der Anteilseigner entfällt. Dies führt bei Beteiligungsgesellschaften zu steuerlichen Korrekturmassnahmen gegenüber dem handelsrechtlichen Gewinnausweis. Ein weiteres Merkmal dieses Besteuerungskonzeptes ist die Aufzinsung eines steuerlichen Verlustvortrages mit dem Standardzinssatz. Im Zusammenspiel mit der Abzugsfähigkeit der Kapitalkosten erfolgt dadurch steuerlich eine Zinskorrektur von temporären Buchungsunterschieden.

2. Theoretische Grundlagen zur Bewertungsneutralität

Unter Bewertungsneutralität in dem hier verwendeten Sinne wird die Nichtbeeinflussung des Kapitalwerts einer Investition bzw. des Barwertes der Steuerzahlung durch eine temporär unterschiedliche Bewertung eines Wirtschaftsgutes verstanden. Die im Steuer- und Handelsrecht bestehende Bewertungsproblematik, zu welchem Zeitpunkt die Aufwendungen für ein Investitionsobjekt anzusetzen sind, wird im folgenden anhand von unterschiedlichen Abschreibungssätzen erläutert.

Zur übersichtlicheren Darstellung des Wirkungsmechanismus der zinsbereinigten Gewinnbesteuerung wird ausschliesslich Eigenkapital eingesetzt.[6]

Allgemein lässt sich der Kapitalwert einer Investition vor Steuern schreiben als

$$(B.1)\ KW_{vSt} = -I_0 + \sum_{t=1}^{n} (E_t - A_t)(1+i)^{-t}$$

KW_{vSt} :Kapitalwert vor Steuern

I_0 : Investitionsvolumen

E_t : Ertrag zum Zeitpunkt t

A_t : Aufwand (ohne Abschreibungen) zum Zeitpunkt t

i : Nominalzinssatz = Sollzinssatz = Habenzinssatz = Schutzzinssatz

---

Zinssätzen vgl. *Wenger*, Gleichmässigkeit, 1983, S.243 ff. Die Freistellung der Unternehmensgewinne in Höhe der Standardverzinsung entspricht der Freistellung sämtlicher Zinsen aus Kapitalvermögen auf der Haushaltsebene.

6 Zur Finanzierungsneutralität der zinbereinigten Gewinnbesteuerung vgl. *Kaiser*, Unternehmensbesteuerung, 1992, S.286, 324.

Unter Berücksichtigung von Steuern ergibt sich der Kapitalwert der Investition allgemein als

(B.2) $KW_{nSt} = - I_0 + \sum_{t=1}^{n} (E_t - A_t)(1 + i)^{-t} - \sum_{t=1}^{n} S_t (1 + i)^{-t}$

KW_{nSt} : Kapitalwert nach Steuern
S_t : Steuerzahlung zum Zeitpunkt t

Bei der Berechnung des Barwertes der Steuerzahlung ist zu beachten, dass der Schutzzinsbetrag von der Steuerbemessungsgrundlage abzuziehen ist. Unter der Annahme, dass ausschliesslich Eigenkapital im Unternehmen eingesetzt wird, entspricht der Restbuchwert (RBW) des Investitionsobjekts zum Ende des vorangegangenen Steuerjahres dem berücksichtigungsfähigen Eigenkapital.
Dementsprechend lässt sich der Barwert der Steuerzahlungen bei einer ausschliesslich eigenfinanzierten Investition schreiben als[7]

(B.3) $\sum_{t=1}^{n} S_t (1 + i)^{-t} = \sum_{t=1}^{n} \tau (E_t - A_t - AfA_t - i\, RBW_{t-1})(1 + i)^{-t}$

dabei gilt:

(B.4) $AfA_t = (\alpha\, I_0)_t \; ; 0 < \alpha <= 1 \; ; \sum_{t=1}^{n} (\alpha\, I_0)_t = I_0$

(B.5) $RBW_t = I_0 - \sum_{T=1}^{t} AfA_T$

AfA_t : Abschreibung in t;
τ : Steuersatz
α : Abschreibungssatz

7 Vgl. *Kiesewetter*, Reform, 1997, S.28.

Nach Einsetzen von (B.4) und (B.5) in (B.3) lässt sich der Barwert der Steuerzahlung schreiben als

(B.6) $\sum_{t=1}^{n} S_t (1+i)^{-t} = \sum_{t=1}^{n} \tau (E_t - A_t)(1+i)^{-t} - \tau I_0$

Unter den getroffenen Annahmen entspricht der Barwert der Abschreibungen und Schutzzinsbeträgen gerade den Anschaffungskosten I_0.

Es zeigt sich, dass unterschiedliche Abschreibungssätze α, über den kompletten Zeitraum der Investition betrachtet, keinen Einfluss auf den Barwert der Steuerzahlung (B.6) ausüben. Die Abschreibungsmethode beeinflusst zwar die Höhe der Steuerbemessungsgrundlage und somit auch den zeitlichen Verlauf der Steuerzahlung, der Barwert der Steuerzahlung bleibt aber davon unberührt.

Nach Einsetzen von (B.6) in (B.2) ergibt sich

(B.7) $KW_{nSt} = (1-\tau)(I_0 + \sum_{t=1}^{n} (E_t - A_t)(1+i)^{-t})$

bzw.

(B.8) $KW_{nSt} = (1-\tau) KW_{vSt}$

Wie aus (B.7) bzw. (B.8) ersichtlich wird, spielt auch bei der Berechnung des Kapitalwertes der Investition der Abschreibungssatz α keine Rolle. Damit sind die o.g. Bedingungen für die Bewertungsneutralität erfüllt. Dieser Wirkungsmechanismus der zinsbereinigten Gewinnsteuer stellt sich bei sämtlichen Aufwendungen ein, sofern dem Nominalwertprinzip entsprochen wird. Somit hat auch eine zeitlich unterschiedliche Bildung von Rückstellungen keinen Einfluss auf den Kapitalwert der Investition bzw. auf den Barwert der Steuerzahlung.

Aus fiskalischer Sicht reduziert sich die gesamte Problematik der Bewertung auf den zeitlichen Verlauf der Steuerzahlung.

3. Ermittlungszeitraum

Der Ermittlungszeitraum für die zinsbereinigte Unternehmenssteuer ist das Kalenderjahr. Besteht die Steuerpflicht, z.B. bei Neugründung oder Umwandlungsvorgängen nicht das ganze Kalenderjahr, so tritt an die Stelle des Kalenderjahres der Zeitraum der Steuerpflicht.
Ist dem Ermittlungszeitraum ein Ermittlungszeitraum vorangegangen, so hat die Schlussbilanz nach Steuern des vorangegangen Ermittlungszeitraumes mit der Anfangsbilanz des nachfolgenden Ermittlungszeitraumes übereinzustimmen.

4. Gewinnsteuerpflicht

Die Steuerpflicht bei der zinsbereinigten Gewinnsteuer ist rechtsformneutral ausgestaltet. Der Steuerpflichtige der Gewinnsteuer ist das Unternehmen, das selbständig und nachhaltig eine Tätigkeit mit Gewinnerzielungsabsicht ausübt und bilanzierungspflichtig ist, unabhängig, ob als juristische Person, natürliche Person oder als Personenvereinigung.[8]
Die unbeschränkte Gewinnsteuerpflicht besteht für alle Unternehmen, die ihren Sitz oder ihre Geschäftsleitung im Inland haben. Unternehmen, die weder ihren Sitz noch ihre Geschäftsleitung im Inland haben, sind mit ihren dort erzielten Einkünften beschränkt gewinnsteuerpflichtig, sofern sie eine Betriebsstätte unterhalten oder ein ständiger Vertreter bestellt ist.
Einzelunternehmen oder Personenvereinigungen, die nicht gewinnsteuerpflichtig sind, unterliegen der Einkommensteuer. Allerdings wird diesen einkommensteuerpflichtigen Unternehmen die Möglichkeit eingeräumt, unter Beachtung der Bilanzierungsvorschriften für die Gewinnsteuer zu optieren.

5. Steuertarif

Bei der Festlegung des Gewinnsteuersatzes ist die Höhe des Einkommensteuersatzes in die Überlegungen miteinzubeziehen. Im strengen ökonomischen Sinne haben generell alle Einkommen unabhängig von ihrer Quelle ei-

8 Zur Definition der Steuerpflicht siehe §2 Übersetzung des Gewinnsteuergesetzes der Republik Kroatien.

ner einheitlichen Steuerbelastung zu unterliegen. Insofern ist ein weltweit anzutreffender Dualismus eines progressiven Einkommensteuersatzes mit einem proportionalen Gewinnsteuersatz nicht geboten. Wegen politischen Zwängen ist jedoch eine Angleichung des progressiven Einkommensteuersatzes an einen einheitlichen proportionalen Gewinnsteuertarif eher unwahrscheinlich. Damit stellt sich die Frage, wie die Integration der Einkommens- und Gewinnbesteuerung zumindest politisch und administrativ suboptimal gelöst werden kann.

Liegt der Gewinnsteuersatz unter dem Spitzeneinkommensteuersatz, ist damit zu rechnen, dass viele einkommensteuerpflichtige Unternehmen für die Gewinnsteuer optieren, mit der Konsequenz einer für Kleinunternehmen aufwendigen Buchführung. Desweiteren dürfte ein unter dem Spitzeneinkommensteuersatz liegender Gewinnsteuersatz, je nach Ausmass der Tarifspreizung, gesellschaftspolitische Irritationen hervorrufen.

Ein Gewinnsteuersatz über der höchsten einkommensteuerlichen Progressionsstufe ist ebenfalls politisch schwerlich zu rechtfertigen und stellt darüber hinaus eine Diskriminierung der bilanzierenden Unternehmen gegenüber nicht bilanzierenden Unternehmen dar. Dies dürfte einen verstärkten Steuerwiderstand der gewinnsteuerpflichtigen Unternehmen provozieren.

Argumentativ weniger angreifbar ist ein Gewinnsteuersatz, der dem Spitzensteuersatz der Einkommensteuer entspricht und damit eine Diskriminierung zwischen bilanzpflichtigen und nicht bilanzpflichtigen Unternehmen weitestgehend vermeidet.[9] Für einkommensteuerpflichtige Unternehmen entfällt dadurch die Überlegung, ob sie sich aufgrund steuerlicher Vorteile den administrativen Zwängen der Bilanzierung unterwerfen sollen.

---

9 Vgl. *Wiswesser*, Inflation, 1997, S.269; ähnlich *Lang*, Entwurf, 1993, S.143, Rz.517 f. u. *Stöckler/Wissel*, Gewinnbesteuerung, 1995, S.536. 1987 hat sich der wissenschaftliche Beirat beim BMF in einem Gutachten zur Tarifstruktur der Körperschaftsteuer wegen der wünschenswerten Neutralität der Besteuerung in Hinsicht auf Unternehmensrechtsform für die Beibehaltung der Bindung des Körperschaftsteuersatzes an den Einkommensteuerspitzensatz ausgesprochen. Vgl. *Bundesministerium der Finanzen*, Gutachten, 1987.

6. Gewinnsteuerbemessungsgrundlage

Die Gewinnsteuerbemessungsgrundlage bestimmt sich nach folgendem Berechnungsschema:[10]

	Differenz zwischen dem Eigenkapital am Ende und zu Beginn des Ermittlungszeitraumes
+/-	Gewinn/Verlust aus Beendigung des Unternehmens
+	Entnahmen
-	Einlagen
+/-	Gewinnsteueraufwendungen/Gewinnsteuererträge
+/-	negative/positive Gewinnbeiträge aus Anteilen an anderen gewinnsteuerpflichtigen Unternehmen
+/-	positive/negative Gewinnbeiträge aus Anteilen an Unternehmen nach dem Einkommensteuergesetz
+	steuerlich nicht abzugsfähige Aufwendungen
-	Eigenkapitalkosten
-	Verlustvortrag aus dem Vorjahr
=	Gewinnsteuerbemessungsgrundlage

6.1 Ergebnis nach handelsrechtlichem Vermögensvergleich

Die Ausgangslage der steuerlichen Gewinnermittlung ist die Differenz zwischen dem Eigenkapital am Ende und zu Beginn des Ermittlungszeitraumes. Das Eigenkapital zu Beginn des Ermittlungszeitraumes entspricht dem in der handelsrechtlichen Eröffnungsbilanz ausgewiesenen Eigenkapital. Das Eigenkapital zum Ende des Ermittlungszeitraumes entspricht dem in der handelsrechtlichen Schlussbilanz ausgewiesene Eigenkapital vor Steuern. Dazu zählen das gezeichnete Kapital, sämtliche Rücklagen, Gewinn- bzw. Verlustvorträge sowie das Jahresgesamtergebnis des Ermittlungszeitraumes vor Steuern.

Kommt es aufgrund eines vorsteuerlichen Jahresfehlbetrages, eines Verlustvortrages bzw. eines Bilanzverlustes zu einem negativen Eigenkapital, ist der

10 Vgl. §6 Übersetzung der kroatischen Ordnungsrichtlinie zur Gewinnsteuer.

nicht durch Eigenkapital gedeckte Fehlbetrag entsprechend mit negativem Vorzeichen anzusetzen.

6.2 Ergebnis aus Beendigung des Unternehmens

Eine Beendigung des Unternehmens im steuerrechtlichen Sinne wird unterstellt, wenn die Kontinuität der Besteuerung, die mit einer Buchwertfortführung untrennbar verbunden ist, nicht mehr gewährleistet werden kann. Zur Einhaltung des Prinzips der Einmalbesteuerung sind konsequenterweise die stillen Reserven aufzudecken und unmittelbar der Steuerbemessungsgrundlage zuzuführen. Umgekehrt werden realisierte Verluste von der Steuerbemessungsgrundlage abgezogen.
Die Vorgänge, die eine steuerliche Beendigung verursachen, sind in gesellschaftsrechtlichen Änderungen des Unternehmens begründet. Bei der Liquidation ist zwangsläufig von einer Beendigung auszugehen, wohingegen bei einer Veräusserung, Spaltung oder Rechtsformänderung die steuerliche Beendigung nur bei einer Neubewertung der Vermögensgegenstände und Schulden anzunehmen ist. Bei dem Vorgang der Verschmelzung ist hingegen eine Buchwertfortführung zwingend.

6.2.1 Liquidation

Bei der Liquidation werden die vorhandenen Vermögensgegenstände zur Tilgung der Schulden und zur Rückzahlung des Eigenkapitals veräussert.[11] Der Liquidationszeitraum beginnt mit der Liquidationseröffnungsbilanz, die der Schlussbilanz des vorangegangenen Geschäftsjahres entspricht, und endet mit der Liquidation zu der eine Liquidationsschlussbilanz aufzustellen ist. Der aus der Liquidation erzielte Liquidationsgewinn stellt die stillen Reserven dar und ist dem Jahresgesamtergebnis vor Steuern innerhalb der Liquidationsschlussbilanz hinzuzuaddieren sofern er nicht bereits als Gewinn in dem Gesamtergebnis realisiert ist. Analog zu Liquidationsgewinnen wird mit Liquidationsverlusten nur mit umgekehrtem Vorzeichen verfahren.

---

11 Vgl. *Küting/Weber*, Rechnungslegung, 1995, S.264, Rz.581.

6.2.2 Veräusserung

Wird die Unternehmung veräussert, ohne dass eine Buchwertfortführung durch den Rechtsnachfolger gewährleistet ist, fliesst der Veräusserungsgewinn, analog zu dem Vorgehen bei der Liquidation, in das Jahresgesamtergebnis vor Steuern der Veräusserungsschlussbilanz ein. Wie bei der Liquidation werden damit eventuell bestehende stille Reserven der Steuerbemessungsgrundlage zugeführt.

6.2.3 Spaltung

Bei der Spaltung wird generell zwischen Aufspaltung und Abspaltung unterschieden. Bei der Aufspaltung bringt die aufzuspaltende Unternehmung ihre Teilbetriebe in zwei oder mehrere Nachfolgeunternehmen ein. Daraufhin wird die Ursprungsgesellschaft aufgelöst. Bei der Abspaltung hingegen bleibt die Ursprungsgesellschaft bestehen und nur ein Teilbetrieb wird in eine neu zu gründende Unternehmung eingebracht.[12]
Werden die Buchwerte nicht weitergeführt, geht die aus der Spaltung resultierende Differenz des Eigenkapitals als Gewinn bzw. Verlust vor Steuern in die Steuerbemessungsgrundlage der zu spaltenden Unternehmung ein und ist von dieser zu versteuern.

6.2.4 Rechtsformänderung

Kommt es durch eine Rechtsformänderung zu einer Neubewertung der Buchwerte, wird auch in diesem Fall von einer steuerlichen Beendigung des Unternehmens ausgegangen. Analog zum Vorgehen bei der Spaltung wird die aus der Rechtsformänderung resultierende Differenz des Eigenkapitals als Gewinn bzw. Verlust vor Steuern der Bemessungsgrundlage des laufenden Ermittlungszeitraumes mit positivem bzw. negativem Vorzeichen hinzugerechnet.

---

12 *Jacobs*, Unternehmensbesteuerung, 1995, S.600f.

6.3 Entnahmen

Unter Entnahmen sind sämtliche Wertabgaben zu verstehen, die zu unternehmensfremden Zwecken aus dem Unternehmen im Ermittlungszeitraum entnommen wurden. Dies sind insbesondere Barentnahmen, Waren, Erzeugnisse, Nutzungen und Leistungen, die der Unternehmer für private oder andere unternehmensfremde Zwecke verwendet hat. Diese Entnahmen sind Minderungen des Betriebsvermögens, die steuerlich irrelevant sind und aus diesem Grund korrigiert werden müssen. Die Bewertung der Entnahmen erfolgt, sofern es sich nicht um Barentnahmen handelt, auf Schätzung eines vergleichbaren Marktwertes, der im Falle einer Veräusserung zu erzielen gewesen wäre.
Im gleichen Sinne werden gesellschaftsrechtlich veranlasste und verdeckte Gewinnausschüttungen behandelt.

6.4 Einlagen

Analog zu dem Begriff der Entnahmen sind unter Einlagen sämtliche Wertzuführungen in das Unternehmen innerhalb des Ermittlungszeitraumes zu verstehen, die nicht aus der Ausübung der Tätigkeit des Unternehmens stammen. Dieser Begriff umfasst im wesentlichen Bareinzahlungen, Waren, Erzeugnisse, Nutzungen und Leistungen, die der Unternehmer aus der Privatsphäre in das Unternehmen einbringt. Ebenso wie Entnahmen sind Einlagen steuerlich irrelevant und aus diesem Grund zu korrigieren. Die Bewertung der Einlagen erfolgt wiederum, sofern es sich nicht um Bareinlagen gehandelt hat, auf Schätzung eines vergleichbaren Marktwertes, der im Falle eines Einkaufs zu zahlen gewesen wäre.
Zu den Einlagen gehören auch gesellschaftsrechtlich veranlasste Einzahlungen sowie verdeckte Einlagen.

6.5 Gewinnsteueraufwendungen und -erträge

Im Geschäftsjahr als Aufwand gebuchte Gewinnsteuerbeträge bzw. als Ertrag gebuchte Gewinnsteuererstattungen nehmen Einfluss auf den Gewinn nach handelsrechtlichem Vermögensvergleich und somit auf die Ausgangsbasis für die Berechnung der Gewinnsteuerbemessungsgrundlage. Die Bemessungsgrundlage stellt ihrerseits aber den Gewinn vor Steuern dar, so dass hier die bereits durchgeführten Steuerbuchungen zu korrigieren sind. Gewinnsteueraufwendungen werden addiert und Gewinnsteuererträge subtrahiert.

6.6 Gewinnbeiträge aus Anteilen an gewinnsteuerpflichtigen Unternehmen

Der Korrektur der negativen bzw. positiven Gewinnbeiträge aus Anteilen an anderen gewinnsteuerpflichtigen Unternehmen liegt die Vorstellung zugrunde, dass alle handelsrechtlich verbuchten Gewinnbeiträge aus solchen Beteiligungen, unabhängig ob positiv oder negativ, bereits bei diesen Beteiligungen abschliessend steuerlich erfasst worden sind und somit bei dem Unternehmen, das diese Beteiligungen hält, steuerlich erfolgsneutral behandelt werden. Hier wird das Prinzip der Einmalbesteuerung an der Quelle deutlich.[13] Neben den von den Beteiligungen erhaltenen Dividenden und die auf diese Beteiligungswerte durchgeführten Abschreibungen bzw. Zuschreibungen sind es insbesondere Gewinnbeiträge aus gesellschaftsrechtlichen Vorgängen, die zu korrigieren sind. Unter diesen Gewinnbeiträgen aus gesellschaftsrechtlichen Vorgängen sind die Ergebnisse zu subsumieren, die sich aus der Liquidation, Veräusserung, Verschmelzung, Aufspaltung und Rechtsformänderung von und bei Anteilen an anderen gewinnsteuerpflichtigen Unternehmen ergeben und sich bei dem Anteilseigner handelsrechtlich auswirken.
Die steuerlichen Auswirkungen dieser gesellschaftsrechtlichen Vorgänge beim Anteilseigner sind wiederum davon abhängig, ob die sog. Kontinuität der Besteuerung, die eine Fortführung der Buchwerte bedingt und damit eine mögliche spätere Erfassung etwaiger stiller Reserven gewährleistet, bei der Beteiligung weiterhin gegeben ist oder ob die Beteiligung steuerlich ihre Geschäftstätigkeit beendet.

6.6.1 Dividenden

Als positive und damit in der Handelsbilanz der Beteiligungsgesellschaft bereits als eigenkapitalerhöhende Gewinnbeiträge gebucht sind zunächst die von den Beteiligungen erhaltenen Dividenden zu betrachten. Die Dividenden stellen den ausgeschütteten und bereits versteuerten Gewinn der Beteiligung dar. Um eine Doppelbesteuerung zu vermeiden, sind die Dividenden beim gewinn-

13 Vgl. *Stöckler/Wissel*, Gewinnbesteuerung, 1995, S.532.

steuerpflichtigen Anteilseigner von der Steuerbemessungsgrundlage auszunehmen.

6.6.2 Zu- und Abschreibungen

Ebenfalls von der Steuerbemessungsgrundlage der Beteiligungsgesellschaft auszunehmen sind Zuschreibungen auf den Buchwert der gehaltenen Anteile. Zuschreibungen stellen handelsrechtlich, ohne mit Zahlungen verbunden zu sein, eine eigenkapitalerhöhende Wertänderung der Beteiligung dar. Im streng ökonomischen Sinne entspricht der Umfang der Zuschreibung beim Anteilseigner dem bei der Beteiligung thesaurierten und bereits versteuerten Gewinn. Würde die handelsrechtliche Zuschreibung beim Anteilseigner nicht wieder von der steuerrechtlichen Bemessungsgrundlage abgezogen, würde dieser Erfolgsbeitrag zweimal steuerlich erfasst werden.
Umgekehrt sind handelsrechtliche Abschreibungen auf Beteiligungen der Steuerbemessungsgrundlage wieder hinzuzurechnen. Die Abschreibungen bei der Beteiligungsgesellschaft reflektieren die bei der Beteiligung durch einen Verlust verursachte Wertänderung des Eigenkapitals. Dieser Verlust wird steuerlich bei der Beteiligung mit zukünftigen Gewinnen verrechnet werden. Gemäss der Vorstellung der Einmalbesteuerung an der Quelle würde dieser Verlust der Beteiligung ohne die steuerliche Korrektur bei der Beteiligungsgesellschaft nochmals angesetzt werden.

6.6.3 Liquidationsgewinn

Wird die Beteiligung liquidiert, ist eine Fortführung dieses Unternehmens (sog. Going Concern-Prinzip) stets zu verneinen und steuerlich eine Beendigung zu unterstellen. Gemäss den Ausführungen in Abs. B.6.2.1 kommt es bei der gewinnsteuerpflichtigen Beteiligung konsequenterweise zu der sofortigen Aufdeckung und steuerlichen Erfassung etwaiger stiller Reserven. Ein entstehender Liquidationsgewinn/-verlust wird zinsbereinigt ausschliesslich auf der Ebene des zu liquidierenden Unternehmens steuerlich erfasst.
Entsprechend Abb.B.2 tritt beim gewinnsteuerpflichtigen Anteilseigner A der Anteil an dem zu verteilenden Liquidationsvermögen nach Steuern der Beteiligung C an die Stelle des ursprünglichen Buchwertes der Anteile an C. Ein etwaiger Unterschiedsbetrag bezeichnet den handelsrechtlich verbuchten Liqui-

dationsgewinn bzw. Liquidationsverlust, der steuerlich wieder egalisiert wird und als steuerlich irrelevante Eigenkapitaländerung zu betrachten ist.

Abb.B.1: Beteiligungsgesellschaft A gründet Beteiligung C

Eröffnungsbilanz A			
Andere Aktiva	50	100	Eigenkapital
Anteile an C	50		
Bilanzsumme	100	100	

Eröffnungsbilanz C			
Aktiva	50	50	Einlage von A
Bilanzsumme	50	50	

Abb.B 2: Liquidation der Beteiligung C

Schlussbilanz A nach Steuern			
Andere Aktiva	50	100	Eigenkapital
Liquidations-vermögen von C	70	20	Unterschieds-betrag
Bilanzsumme	120	120	

Liquidationsschlussbilanz C nach Steuern			
Aktiva	70	50	Einlage von A
		20	Gewinn (incl. Liquidations-gewinn n. Steuer)
Bilanzsumme	70	70	

6.6.4 Veräusserungsgewinn

Bei einer Veräusserung der Anteile ist steuerlich zu unterscheiden, ob es durch den Erwerber zu einer Neubewertung der Aktiva und Passiva innerhalb der Beteiligung kommt und damit eine Kontinuität der Besteuerung nicht mehr gewährleistet ist, oder ob es sich dabei um den Erwerb der Kapitalanteile handelt, ohne dass dabei die Bewertung der Vermögensgegenstände und Schulden der erworbenen Beteiligung verändert wird. Im ersten Fall spricht man von einem sog. „Asset-Deal", wohingegen der Erwerb der Kapitalanteile als sog. „Share-Deal" bezeichnet wird.

Steuerlich wird im ersten Fall die Beendigung der zu veräussernden gewinnsteuerpflichtigen Beteiligung unterstellt. Analog zum Vorgehen bei der Liquidation wird bei der Veräusserung der Gewinn bzw. der Verlust der gewinnsteuerpflichtigen Beteiligung zum Veräusserungszeitpunkt inklusive des Veräusserungsgewinns/-verlusts ermittelt und abschliessend bei dieser Beteiligung

steuerlich erfasst. Wie bei der Liquidation werden damit eventuell bestehende stillen Reserven der Steuerbemessungsgrundlage zugeführt.
Bei dem Veräusserer A tritt, analog zu Abb.B.2, der ihm zustehende Anteil am Veräusserungserlös nach Steuern an die Stelle des Buchwertes der Beteiligung. Ein etwaiger Unterschiedsbetrag bezeichnet den handelsrechtlich verbuchten Veräusserungsgewinn bzw. -verlust, der steuerlich wieder egalisiert wird und als steuerlich irrelevante Eigenkapitaländerung zu betrachten ist.
Der Erwerber wird in diesem Fall die Beteiligung gemäss seinen Anschaffungskosten handelsrechtlich neu bewerten und steuerlich wie ein neu gegründetes Unternehmen behandeln.

Im Gegensatz dazu wird im zweiten Fall bei einer Buchwertfortführung der Vermögensgegenstände und Verbindlichkeiten innerhalb der erworbenen Beteiligung steuerlich von einem Weiterbestehen des veräusserten Unternehmens ausgegangen, ohne Einfluss des Veräusserungserlöses auf die Steuerbemessungsgrundlage der Beteiligung. Für die Beteiligung selbst ist ihre Veräusserung steuerlich ohne Bedeutung. Die stillen Reserven bleiben weiterhin unbesteuert im Unternehmen bis eine steuerliche Beendigung der Geschäftstätigkeit eintritt.
Beim Veräusserer tritt der Veräusserungserlös an die Stelle des Buchwertes. Im Gegensatz zum Vorgang bei einem Asset-Deal fliesst dem Veräusserer der Veräusserungserlös direkt zu ohne Umweg über die veräusserte Beteiligung. Der Unterschiedsbetrag, der handelsrechtlich den Gewinn/Verlust aus dem Abgang von Vermögensgegenständen darstellt, ist steuerlich wiederum als irrelevante Eigenkapitaländerung zu behandeln und insofern steuerlich zu korrigieren.
Der Erwerber bewertet die Beteiligung handelsrechtlich mit den Anschaffungskosten und aktiviert damit auch die ursprünglich verdeckten stillen Reserven der Beteiligung. Steuerrechtlich sind diese stillen Reserven für den Erwerber ohne Bedeutung. Handelsrechtliche Abschreibungen bzw. Zuschreibungen von bzw. auf den Buchwert der erworbenen Beteiligung werden gemäss den Ausführungen in Abs. B.6.6.2 steuerlich wieder egalisiert.

Die Betrachtung verdeutlicht die unterschiedliche steuerliche Behandlung der stillen Reserven. In beiden Fällen werden die stillen Reserven aufgedeckt. Die steuerliche Erfassung erfolgt aber nur bei dem Asset-Deal, bei dem durch die Neubewertung der Vermögensgegenstände und Schulden die steuerliche Beendigung der zu veräussernden gewinnsteuerpflichtigen Beteiligung unterstellt wird und damit keine Möglichkeit mehr besteht, die stillen Reserven in der Zukunft zu erfassen. Bei einem Share-Deal ist die Kontinuität der Besteuerung gewahrt und damit eine spätere steuerliche Erfassung der stillen Reserven weiterhin gewährleistet.[14]

6.6.5 Verschmelzungsgewinn

Bei einer Verschmelzung, unabhängig ob durch Aufnahme oder Neubildung, werden alle Vermögensgegenstände und Schulden von einem anderen Unternehmen übernommen bzw. auf ein neu zu bildendes Unternehmen übertragen. Dabei ist eine Buchwertfortführung zwingend vorgeschrieben.
Besitzt das übernehmende Unternehmen A sämtliche Anteile an der zu verschmelzenden Beteiligung C, so wird ein etwaiger Unterschiedsbetrag zwischen dem Buchwert des Eigenkapitals des zu verschmelzenden Unternehmens C und dem Buchwert der Anteile beim aufnehmenden Unternehmen A bei diesem Unternehmen A als steuerneutrale Änderung des Eigenkapitals behandelt. Bei dem übernehmenden Unternehmen A tritt an die Stelle des Buchwertes der Anteile die Aktiva der zu verschmelzenden Beteiligung C. Ausgangslage ist Abb.B.1.

Abb.B.3: Verschmelzung der Beteiligung C auf die Beteiligungsgesellschaft A

Schlussbilanz A			
Andere Aktiva	50	100	Eigenkapital
Aktiva aus Verschmelzung	70	20	Unterschiedsbetrag
Bilanzsumme	120	120	

Verschmelzungsschlussbilanz C nach Steuern			
Aktiva	70	50	Einlage von A
		20	Gewinn
Bilanzsumme	70	70	

Gibt es mehrere Anteilseigner an dem zu verschmelzenden Unternehmen ist zu unterscheiden, ob diese ihre Anteile veräussern oder als Ausgleich für die Hingabe von Anteilen des zu verschmelzenden Unternehmens Anteile von dem übernehmenden Unternehmen erhalten.

14 Auf eine Ausnahme zur steuerlichen Freistellung von Veräusserungsgewinnen weist § 17 Abs.4 u. 5 der kroatischen Ordnungsrichtlinie zur Gewinnsteuer hin. Diese Regelung betrifft insbesondere die Tätigkeit der Börsenmarkler. Handelt es sich um einen gewerbsmässigen Handel von Wertpapieren und Anteilen gewinnsteuerpflichtiger Unternehmen, werden die Veräusserungsgewinne aus dem An- und Verkauf als Arbeitseinkünfte betrachtet und sind dementsprechend als solche zu versteuern.

Bei einer Veräusserung kommt es bei dem Veräusserer B gemäss Abb.B.4 zu der in Abs. B.6.6.4 beschriebenen steuerlich irrelevanten Eigenkapitaländerung in Höhe des positiven bzw. negativen Unterschiedsbetrages.
Bei dem aufnehmenden Unternehmen ist gedanklich zwischen den eigenen aufzunehmenden Anteilen und den erworbenen aufzunehmenden Anteilen zu differenzieren.

Abb.B.4: Verschmelzung der Beteiligung C auf die Beteiligungsgesellschaft A. Die Beteiligungsgesellschaften A und B halten jeweils 50 % an C. Unternehmen B veräussert seine Anteile an C mit einem Marktwert von 100 an A.

Schlussbilanz A nach Steuern			
Andere Aktiva	50	100	Eigenkapital
Aktiva von C aus Anteil A	80	30	Unterschiedsbetrag
Aktiva von C aus Anteil B	80	100	Verbindlichkeit an B
Geschäftswert	20		
Bilanzsumme	230	230	

Verschmelzungsschlussbilanz C nach Steuern			
Aktiva	160	50	Einlage von A
		50	Einlage von B
		30	Gewinnanteil A
		30	Gewinnanteil B
Bilanzsumme	160	160	

Schlussbilanz B nach Steuern			
Forderung an A	100	50	Eigenkapital
		50	Unterschiedsbetrag
Bilanzsumme	100	100	

Die Gesellschaft A hat gemäss dem hier gewählten Anteilsbesitz von 50 % Anspruch auf die Hälfte des Eigenkapitals der Gesellschaft C, das sich aus der ursprünglichen Einlage von A bei C in Höhe von 50 und dem ihr zustehenden halben Gewinn in Höhe von 30 ergibt. Auf der Aktivseite von A korrespondiert dieser Eigenkapitalanspruch mit einer Aktiva in gleicher Höhe. Bei einer Verschmelzung dieser eigenen Anteile ist wie in Abb.B.3 zu verfahren. Bei A tritt an die Stelle des Buchwertes der Anteile an C die der Gesellschaft A zustehende Aktiva der zu verschmelzenden Beteiligung C. Der Unterschiedsbetrag von 30 wird auf der Passivseite bei A als steuerneutrale Änderung des Eigenkapitals behandelt.
Die von A aus dem Anteilsbesitz von B zu den handelsrechtlichen Anschaffungskosten von 100 erworbenen Anteile an C reflektieren auf der Aktivseite

von A den steuerlichen Buchwert dieser Anteile in Höhe von 80 sowie einen steuerlichen Differenzbetrag in Höhe von 20. Dieser Differenzbetrag entspricht den stillen Reserven und/oder einem Geschäfts- bzw. Firmenwert.

Die Ausführungen verdeutlichen die steuerliche Behandlung einer Verschmelzung von eigenen und erworbenen Anteilen derselben Gesellschaft. Die Verschmelzung der eigenen Anteile erfolgt wie bei einem 100% Anteilsbesitz mit einer steuerlich irrelevanten Eigenkapitaländerung in Höhe des Unterschiedsbetrages, ohne dass etwaige stille Reserven aufgedeckt werden. Durch die Verschmelzung der erworbenen Anteile werden über die Anschaffungskosten zwar die stillen Reserven dieser Anteile aktiviert, aufgrund der Kontinuität der Besteuerung entstehen aber weder bei dem Veräusserer noch bei dem Erwerber steuerliche Folgewirkungen.

Abb.B.5: Verschmelzung von C auf A durch Anteilstausch mit B.

Schlussbilanz A nach Steuern			
Andere Aktiva	50	100	Eigenkapital
Aktiva von C	160	30	Unterschieds-betrag
		80	Einlage von B
Bilanzsumme	210	210	

Verschmelzungsschlussbilanz C nach Steuern			
Aktiva	160	50	Einlage von A
		50	Einlage von B
		30	Gewinnanteil A
		30	Gewinnanteil B
Bilanzsumme	160	160	

Schlussbilanz B nach Steuern			
Anteil an A	80	50	Eigenkapital
		30	Unterschieds-betrag
Bilanzsumme	80	80	

Bei einem Anteilstausch tauscht das übernehmende Unternehmen die Anteile der anderen ursprünglichen Anteilseigner an der zu verschmelzenden Unternehmung gegen eigene Anteile. Aufgrund der zwingend vorgeschriebenen Buchwertfortführung sind die bei der zu verschmelzenden Unternehmung ausgewiesenen Buchwerte, unabhängig von einem eventuell differierenden Marktwert, bei dem übernehmenden Unternehmen anzusetzen.

Zur steuerlichen Bilanzierung beim aufnehmenden Unternehmen ist gedanklich wieder zwischen den eigenen aufzunehmenden Anteilen und den aufzunehmenden Anteilen durch Anteilstausch zu differenzieren; als Bsp. dient die Darstellung in Abb.B.5. Entsprechend der Verschmelzungsschlussbilanz von C steht A aufgrund der Anteile die ursprüngliche Einlage in Höhe von 50 und der Gewinnanteil in Höhe von 30 zu. Die Differenz zum ursprünglichen bei A bilanzierten Buchwert der C-Anteile wird als eigenkapitalerhöhender Unterschiedsbetrag bei A erfolgsneutral passiviert. Als Ausgleich für die von B erhaltenen C-Anteile wird die Ausgabe eigener Anteile an B als Einlage von B betrachtet. Liegt der Marktwert der zu verschmelzenden Anteile von B an C über den Buchwerten, reduziert sich bei A der Unterschiedsbetrag zugunsten einer höheren Einlage von B.

Das Unternehmen B als ursprünglicher Anteilseigner von C ersetzt den ursprünglichen Bilanzwert der C-Anteile durch den Wert der dem Unternehmen B zustehenden Anteile an A, im obigen Fall in Höhe von 80. Der Unterschiedsbetrag zwischen dem ursprünglichen Buchwert der C-Anteile und dem neuen bilanzierten Buchwert der A-Anteile wird als Unterschiedsbetrag und damit als steuerlich unbeachtliche Eigenkapitaländerung auf der Passivseite bei B ausgewiesen.

Durch die zwingend vorgeschriebene Buchwertfortführung bei einer Verschmelzung, unabhängig, ob es sich um eigene Anteile, erworbene Anteile oder um einen Anteils-tausch handelt, kommt es weder bei dem zu verschmelzenden Unternehmen noch bei dem übernehmenden Unternehmen bzw. bei den ursprünglichen Anteilseignern zu steuerlichen Folgewirkungen. Durch die Kontinuität der Bewertung ist eine spätere steuerliche Erfassung der stillen Reserven weiterhin gewährleistet.

6.6.6 Spaltungsgewinn

Eine Spaltung ist ein Vorgang, der sich in umgekehrter Richtung zur Verschmelzung vollzieht. Im Gegensatz zum Vorgehen bei einer Verschmelzung ist bei einer Spaltung eine Buchwertfortführung jedoch nicht zwingend.

Wird eine Beteiligung unter Annahme der Buchwertfortführung gespalten, treten bei dem Anteilseigner der zu spaltenden Beteiligung an die Stelle des Buchwertes der Ursprungsbeteiligung die Buchwerte der durch die Spaltung neu entstandenen Beteiligungen. Diese bei dem Anteilseigner aktivierten Buchwerte der Nachfolgeunternehmen reflektieren die dem Anteilseigner zustehenden Eigenkapitalanteile an den Nachfolgeunternehmen. Ein Unterschiedsbetrag zwischen dem ursprünglichen Buchwert und den neuen Buchwerten wird als steuerlich unbeachtliche Eigenkapitaländerung bei dem Anteilseigner passiviert.

Abb.B.6: Situation vor Spaltung.

Schlussbilanz A vor Spaltung von C			
Andere Aktiva	50	100	Eigenkapital
Anteil an C	50		
Bilanzsumme	100	100	

Schlussbilanz C vor Spaltung			
Aktiva	80	50	Einlage von A
		30	Gewinn nach Steuern
Bilanzsumme	80	80	

Abb.B.7: Aufspaltung von C auf D und E bei Buchwertfortführung.

Eröffnungsbilanz D			
Aktiva	40	40	Einlage von A
Bilanzsumme	40	40	

Eröffnungsbilanz E			
Aktiva	40	40	Einlage von A
Bilanzsumme	40	40	

Eröffnungsbilanz A			
Andere Aktiva	50	100	Eigenkapital
Anteil an D	40	30	Unterschiedsbetrag
Anteil an E	40		
Bilanzsumme	130	130	

In diesem Beispiel ist die Buchwertfortführung bei den Nachfolgeunternehmen und damit die Kontinuität der Besteuerung weiterhin gewährleistet. Steuerliche Folgewirkungen treten weder bei der aufgespaltenen Beteiligung C noch bei dem Anteilseigner A auf.

Werden die Buchwerte nicht weitergeführt, geht gemäss den Ausführungen zu Abs. B.6.2.3 die aus der Spaltung resultierende Differenz des Eigenkapitals in die Steuerbemessungsgrundlage des gespaltenen Unternehmens ein und ist von diesem zu versteuern. Im Zuge dieser Neubewertung werden die stillen Reserven aufgedeckt und erfasst. Beim Anteilseigner tritt nun das neu bewertete Eigenkapital der neu entstandenen Beteiligungen an die Stelle des Buchwertes der Ursprungsgesellschaft. Der Unterschiedsbetrag gilt beim Anteilseigner wiederum als steuerneutrale Änderung des Eigenkapitals.

Sowohl bei der Buchwertfortführung als auch bei der Neubewertung treten im Rahmen einer Spaltung beim Anteilseigner keine steuerlichen Folgewirkungen auf. Allerdings hängt bei einer Neubewertung die Höhe des beim Anteilseigner zu passivierenden Unterschiedsbetrages von den steuerlichen Auswirkungen bei der zu spaltenden Beteiligung ab.

6.6.7 Gewinn aus Rechtsformänderung

Ändert sich die Rechtsform eines gewinnsteuerpflichtigen Unternehmens unter Beibehaltung der Buchwerte und der Gewinnsteuerpflicht, entstehen für dieses Unternehmen selbst keine steuerlichen Folgewirkungen. Beim Anteilseigner löst die Rechtsformänderung einer Beteiligung unter der Bedingung der Buchwertfortführung keine Neubewertung der Anteile aus. Dementsprechend entsteht im Gegensatz zu den Fällen der Veräusserung, Verschmelzung und Spaltung kein Unterschiedsbetrag bei dem Anteilseigner.
Sollten die Buchwerte bei der Rechtsformänderung nicht fortgeführt werden, wird eine steuerliche Beendigung des Unternehmens unterstellt. Der aus der Änderung resultierende Unterschiedsbetrag des Eigenkapitals wird als steuerbarer Gewinn der rechtsformändernden Gesellschaft betrachtet und ist von dieser zu versteuern.
Beim Anteilseigner wird der ursprüngliche Buchwert der Beteiligung durch das neu bewertete Eigenkapital der Beteiligung nach Steuern ersetzt. Der Unterschiedsbetrag wird auf der Passivseite als steuerneutrale Eigenkapitaländerung verbucht.

Auch im Falle der Rechtsformänderung ist eine steuerliche Auswirkung ausschliesslich auf Ebene der Beteiligung im Falle einer Neubewertung zu beachten.

6.7 Gewinnbeiträge aus Anteilen an Unternehmen nach dem Einkommensteuergesetz

Unternehmen nach dem Einkommensteuergesetz sind solche Personengesellschaften, die aufgrund ihrer geringen Grösse nicht bilanzierungspflichtig und damit auch nicht gewinnsteuerpflichtig sind. Diese Unternehmen besitzen zwar eine eigene Steuersubjekteigenschaft, sie sind aber nicht Einkommensteuerschuldner. Die von ihnen erzielten Gewinnbeiträge werden daher, im Gegensatz zu den Gewinnbeiträgen von gewinnsteuerpflichtigen Beteiligungen, dem Gesellschafter anteilig zugerechnet und sind von diesem zu versteuern.
Handelsrechtlich entsteht nach h.M. der Anspruch auf Gewinne und Verluste von Anteilen an einer Personengesellschaft beim gewinnsteuerpflichtigen Gesellschafter i.d.R. zum Abschlussstichtag der Personengesellschaft.[15] Ist dementsprechend im handelsrechtlichen Ergebnis des gewinnsteuerpflichtigen Anteilseigners dieser Anspruch bilanziell bereits realisiert, entfällt gemäss dem Berechnungsschema in Abs. B.4 die steuerrechtliche Korrektur.
Bei gesellschaftsrechtlichen Vorgängen ist weiter zu differenzieren.
Wird die Personengesellschaft liquidiert, muss eine Schlussbilanz aufgestellt werden. Das daraus resultierende Ergebnis ist der Bemessungsgrundlage des gewinnsteuerpflichtigen Anteilseigners zuzurechnen. Bei einer Verschmelzung, Aufspaltung oder Rechtsformänderung der Personengesellschaft hängen die steuerlichen Folgewirkungen wiederum von der Bewertungskontinuität ab. Bei einer Beibehaltung der Buchwerte entstehen keine weiteren steuerlichen Folgen. Kommt es zu einer Neubewertung, wird die Bewertungsdifferenz anteilig der Bemessungsgrundlage des Anteilseigners zugerechnet.

6.8 Nicht abzugsfähige Aufwendungen

Unter die nicht abzugsfähigen Aufwendungen sind alle in der Handelsbilanz gebuchten Aufwendungen zu subsumieren, die nach steuerrechtlichen Vorschriften nicht ansetzbar sind. Diese Abweichungen zwischen dem Handelsbilanzergebnis und dem steuerpflichtigen Gewinn werden, da sie sich in späteren Perioden nicht mehr ausgleichen, als sog. permanente Buchungsunter-

---

15 Vgl. *Knipping/Klein*, Beteiligungserträge, 1988, S.1964-1966; *HFA*, Personenhandelsgesellschaften, 1991.

schiede bezeichnet. Zur steuerlichen Erfassung werden sie der Steuerbemessungsgrundlage wieder hinzugerechnet.

Als steuerlich nicht abzugsfähige Aufwendungen kommen insbesondere in Betracht:

- überhöhte Schuldzinsen, die an einen im Inland nicht gewinnsteuerpflichtigen Gläubiger geleistet worden sind,
- zu niedrig angesetzte Guthabenzinsen, die einem im Inland nicht gewinnsteuerpflichtigen Schuldner gewährt worden sind,
- Anteile der Repräsentationskosten (Bewirtung, Geschenke sowie ähnliche Ausgaben),
- Ausgaben für Geldbussen, Ordnungsgelder und Verwarnungsgelder,
- sonstige Ausgaben, die nicht direkt im Zusammenhang mit der Gewinnerzielung stehen.

Durch die Korrektur der überhöhten Schuldzinsen bzw. der zu niedrig angesetzten Guthabenzinsen soll eine steuerliche Gewinnverlagerung auf inländische einkommensteuerpflichtige Personen bzw. auf im Ausland steuerpflichtige Unternehmen oder Personen verhindert werden. Die Nichtabzugsfähigkeit der kompletten Repräsentationskosten zielt auf die z.T. der privaten Lebensführung dienenden Ausgaben. Das Abzugsverbot für Geldstrafen, auch wenn sie betrieblich veranlasst sind, vermeidet die steuerliche Begünstigung unternehmerischer Ordnungswidrigkeiten.

6.9 Eigenkapitalkosten

Die Eigenkapitalkosten stellen für jedes Unternehmen eine Grösse dar, die zwar üblicherweise bei betrieblichen Kalkulationen von Finanzierungsalternativen in die Betrachtungen mit einbezogen wird, die bisher aber nicht zum Abzug von der Steuerbemessungsgrundlage zugelassen war. Die bei der zinsbereinigten Gewinnsteuer vorzunehmende Korrektur der Bemessungsgrundlage um die Eigenkapitalkosten bewirkt eine steuerliche Gleichbehandlung von Fremdkapital- und Eigenkapitalzinsen, wodurch generell, unter Vernachlässigung unterschiedlicher Soll- und Habenzinsen, das Kriterium der Finanzierungsneutralität erfüllt wird.

Die Eigenkapitalkosten ergeben sich aus der Multiplikation des berücksichtigungsfähigen Eigenkapitals mit dem sog. Schutzzins[16].

6.9.1 Berücksichtigungsfähiges Eigenkapital

Als berücksichtigungsfähiges Eigenkapital ist ausschliesslich dasjenige Eigenkapital zu erfassen, das im Unternehmen während des Geschäftsjahres eingesetzt ist. Unterjährige Abgänge bzw. Zugänge an Eigenkapital sind entsprechend der Verweildauer im Unternehmen zu berücksichtigen.

Das berücksichtigungsfähige Eigenkapital berechnet sich nach folgendem Schema:

	In der Handelsbilanz bilanziertes Eigenkapital zu Beginn des Geschäftsjahres
-	Buchwert der Anteile an anderen gewinnsteuerpflichtigen Unternehmen und an Unternehmen nach dem Einkommensteuergesetz zu Beginn des Geschäftsjahres
+/-	Einnahmen/Ausgaben für während des Geschäftsjahres veräusserte/erworbene Anteile an anderen gewinnsteuerpflichtigen Unternehmen und Unternehmen nach dem Einkommensteuergesetz
+	alle Arten von Einnahmen aus Anteilen an anderen gewinnsteuerpflichtigen Unternehmen und Unternehmen nach dem Einkommensteuergesetz
-	alle Arten von Auszahlungen an Anteilseigner
+/-	Gewinn/Verlust aus Beendigung des Unternehmens
+/-	Einlagen/Entnahmen
+/-	Gewinnsteuererstattungen/Gewinnsteuerzahlungen
-	steuerlich nicht abzugsfähige Aufwendungen
=	berücksichtigungsfähiges Eigenkapital

Ausgangslage zur Bestimmung des berücksichtigungsfähigen Eigenkapitals ist das in der Handelsbilanz bilanzierte Eigenkapital zu Beginn des Geschäftsjah-

16 Der sich in der neueren Literatur durchgesetzte Begriff des Schutzzinses im Zusammenhang mit dem zinsbereinigten Steuerkonzept geht auf *Rose*, Kapitalexistenzminimum, 1996, S.1089, zurück. Vgl. a. *Wiswesser*, Inflation, 1997, S.238.

res. Hierunter fallen das gezeichnete Kapital, sämtliche Kapital- und Gewinnrücklagen sowie Gewinn- bzw. Verlustvorträge.

Der Buchwert der Anteile an anderen gewinnsteuerpflichtigen Unternehmen und an Unternehmen nach dem Einkommensteuergesetz zu Beginn des Geschäftsjahres repräsentiert Eigenkapital, welches bei diesen Unternehmen eingesetzt ist. Dementsprechend berücksichtigen diese Unternehmen dieses Kapital bei der von ihnen durchgeführten Zinsbereinigung. Durch den Abzug dieses Kapitals von dem berücksichtigungsfähigen Eigenkapital bei dem Beteiligungsunternehmen wird eine Doppelerfassung von zu verzinsendem Eigenkapital verhindert.

Analog wird mit den Einnahmen und Ausgaben für während des Geschäftsjahres ver-äusserte bzw. erworbene Anteile an anderen gewinnsteuerpflichtigen Unternehmen und an Unternehmen nach dem Einkommensteuergesetz verfahren. Werden Anteile erworben, stellen die Ausgaben für diese Anteile den Abfluss von Kapital beim Beteiligungsunternehmen dar und gehören damit nicht mehr zum berücksichtigungsfähigen Eigenkapital dieses Unternehmens. Bei einer Veräusserung stellt der Kapitalzufluss in Höhe des Verkaufserlöses wiederum berücksichtigungsfähiges Eigenkapital dar und ist dementsprechend wieder hinzuzurechen.

Alle Arten von Einnahmen aus Anteilen an anderen gewinnsteuerpflichtigen Unternehmen und an Unternehmen nach dem Einkommensteuergesetz, wie z.B. erhaltene Dividenden, zurechenbare Gewinnanteile, Kapitalrückzahlungen etc., sind ebenfalls Teile des berücksichtigungsfähigen Eigenkapitals der Beteiligungsgesellschaft.

Umgekehrt stellen alle Arten von Auszahlungen an Anteilseigner, wie z.B. Dividendenzahlungen, Eigenkapitalminderungen dar, die dem Unternehmen nicht mehr zur Verfügung stehen und damit für die Bemessungsgrundlage des Schutzzinses irrelevant sind.

Die Gewinne bzw. Verluste, die bei einer steuerlichen Beendigung (Liquidation, Veräusserung, Spaltung oder Rechtsformänderung ohne Buchwertfortführung) des Unternehmens entstehen, sind Bestandteile des Eigenkapitals und somit bei der Berechnung des berücksichtigungsfähigen Eigenkapitals in analoger Weise zu erfassen.

Die bei der Berechnung der Gewinnsteuerbemessungsgrundlage in Abs. B.4 korrigierten Einlagen und Entnahmen sind bei der Bestimmung des berücksichtigungsfähigen Eigenkapitals in umgekehrter Weise zu erfassen. Einlagen stellen gebundenes Kapital im Unternehmen dar und werden damit dem berücksichtigungsfähigen Eigenkapital hinzugerechnet. Entnahmen hingegen stehen dem Unternehmen nicht mehr zur Verfügung, sie stellen eine Reduzierung des berücksichtigungsfähigen Eigenkapitals dar.

Gewinnsteuererstattungen sind bei dem erhaltenden Unternehmen als Eigenkapital zu qualifizieren und dementsprechend dem berücksichtigungsfähigen Eigenkapital hinzuzählen. Umgekehrt werden Gewinnsteuerzahlungen aus dem berücksichtigungsfähigen Eigenkapital getätigt und sind dementsprechend von diesem zu subtrahieren.

Die der Steuerbemessungsgrundlage unmittelbar hinzugerechneten steuerlich nicht abzugsfähigen Aufwendungen sind de facto Abgänge von Eigenkapital und als solche von dem berücksichtigungsfähigen Eigenkapital abzuziehen.

6.9.2 Schutzzinssatz

Der Schutzzinssatz ist eine der zentralen Grössen innerhalb des zinsbereinigten Steuerkonzepts. Aufgabe dieses Zinssatzes ist es, die marktübliche Verzinsung des Kapitals vor dem steuerlichen Zugriff zu schützen.
Theoretisch entspricht dieser Schutzzinssatz auf einem vollkommenen Kapitalmarkt dem beobachtbaren Nominalzins.[17] In der Realität, in der Soll- und Habenzinsen voneinander abweichen und damit ein vollkommener Kapitalmarkt nicht existiert, sollte ein Zinssatz gewählt werden, der dem idealen Nominalzins so weit wie möglich entspricht. Hier bietet sich eine auf dem Kapitalmarkt beobachtbare durchschnittliche Verzinsung von festverzinslichen Wertpapieren mit mittelfristigen bis langfristigen Laufzeiten an. Durch die Bindung an einen Nominalzins erfolgt gleichzeitig automatisch eine Inflationsbereinigung der Bemessungsgrundlage.[18]

---

17 Vgl. *Wiswesser*, Inflation, 1997, S.238.

18 Zur weiterführenden Diskussion von Inflationswirkungen auf die Einkommens- und Gewinnbesteuerung vgl. *Wiswesser*, Inflation, 1997.

Die Erklärung des Zusammenhangs zwischen dem Schutzzinssatz z, der annahmegemäss dem Nominalzins i entspricht, und der Inflationsrate p und dem Realzins r liefert die sog. Fisher-Formel. Es gilt:

(B.9) $$z = i = p + r\left(1 + \frac{p}{100}\right)$$

wobei

z_t : jährlicher Schutzzinssatz (in %)
i : jährlicher Nominalzins (in %)
r : jährlicher Realzins (in %)
p : jährliche Inflationsrate[19] (in %).

Unterjährige Veränderungen der Inflationsrate respektive des Realzinssatzes bewirken folgerichtig eine Veränderung des Nominalzinssatzes und dementsprechend eine Veränderung des anzusetzenden Schutzzinses. In der Praxis lassen sich diese unterjährigen Schwankungen z.B. durch eine monatliche Festsetzung des Schutzzinses erfassen.[20]

Zur Bestimmung eines unterjährigen Schutzzinssatzes ist die Formel entsprechend zu modifizieren. Es gilt:

(B.10) $$z_m = p_m + m\,\frac{r}{12}\left(1 + \frac{p_m}{100}\right)$$

wobei

z_m : Schutzzins für die letzten m Monate des Steuerjahres (in %)
p_m : Inflationsrate für die letzten m Monate des Steuerjahres (in %).

6.9.3 Berechnung

Zur Berechnung der Eigenkapitalkosten, die annahmegemäss dem Schutzzinsbetrag entsprechen, ist das berücksichtigungsfähige Eigenkapital mit dem Schutzzins zu multiplizieren. Unterjährige Veränderungen des Eigenkapitals

19 In Kroatien wird als Inflationsrate die vom staatlichen Amt für Statistik bekanntgegebene Zuwachsrate der Erzeugerpreise der Industrieprodukte festgesetzt.

20 Gemäss § 7 GStG erfolgt in Kroatien die Berechnung des Schutzzinssatzes auf Monatsbasis.

sind dementsprechend mit einem adäquaten unterjährig anzusetzenden Schutzzinssatz zu bewerten.

Zur beispielhaften Berechnung des Schutzzinsbetrages und dessen Auswirkungen auf die Steuerbemessungsgrundlage dienen die folgende handelsrechtliche Eröffnungsbilanz und Schlussbilanz vor Steuern im Jahr 01 sowie die nachfolgenden unterjährigen Eigenkapitaländerungen 1.-5.

Eröffnungsbilanz 01			
Anteil an A	700	1000	Gez. Kapital
Andere Aktiva	300		
Bilanzsumme	1000	1000	

Schlussbilanz vor Steuern 01			
Anteil an B	500	1000	Gez. Kapital
Andere Aktiva	800	- 300	Ausschüttung
		600	Gewinn vor Steuern
Bilanzsumme	1300	1300	

1. EK-Änderung: Im Jahr 01 werden jeden Monat Gewinnsteuervorauszahlungen in Höhe von 20 vorgenommen. Diese Zahlungen werden aus dem zu Beginn des in 01 ausgewiesenen Eigenkapitals geleistet und sind dementsprechend bei der Berechnung des Schutzzinsbetrages, mit dem jeweiligen Schutzzinssatz bewertet, abzuziehen. Es wird unterstellt, dass die Zahlungen jeweils zum Monatsanfang geleistet werden.

2. EK-Änderung: Das Unternehmen erhält im Januar 01 eine Dividende von Tochtergesellschaft A in Höhe von 120. Dadurch erhöht sich das berücksichtigungsfähige Eigenkapital beim Unternehmen, wobei der Zufluss zum Monatsende fingiert wird.[21] Dementsprechend ist die positive Eigenkapitaländerung ab Februar 01 bis zum Jahresende 01, mit dem im Februar geltenden Schutzzinssatz bewertet, hinzuzurechnen.

21 Bei dem ausschüttenden Unternehmen wird spiegelbildlich der Abfluss des Kapitals zum Monatsanfang fingiert.

3. EK-Änderung: Das Unternehmen veräussert im April 01 die Tochtergesellschaft A mit einem Buchwert von 700. Der Verkaufserlös beträgt 780. Wie bereits in B.6.9.1 dargestellt wird das um den Beteiligungsbuchwert gekürzte Eigenkapital verzinst. Bei einer Veräusserung ist daher der Zinsbetrag zu addieren, der aus der Verzinsung des abgehenden Buchwertes vom Monatsende bis zum Jahresende resultiert. Gleiches gilt für den Veräusserungsgewinn in Höhe von 80, der ebenfalls eine positive bis zum Jahresende geltende Eigenkapitaländerung darstellt und mit dem Schutzzins bewertet dem Schutzzinsbetrag hinzuzuzählen ist.[22]

4. EK-Änderung: Das Unternehmen beschliesst eine Gewinnausschüttung im Juli 01 in Höhe von 300. Die Gewinnausschüttung wird aus dem zum Jahresanfang 01 ausgewiesenen und bei der Schutzzinsberechnung bereits berücksichtigten Eigenkapital geleistet. Dementsprechend reduziert dieser verzinste Eigenkapitalabfluss den Schutzzinsbetrag. Als Ausschüttungszeitpunkt wird der Monatsanfang fingiert.

5. EK-Änderung: Das Unternehmen erwirbt im November 01 eine Beteiligung B in Höhe von 500. Wird unterjährig eine Beteiligung erworben, ist eine Kürzung des Eigenkapitals um den Buchwert der Beteiligung vorzunehmen, da die Beteiligung zum Beginn des Geschäftsjahres noch nicht bestanden hat. Dies führt unter Beachtung des anzusetzenden Schutzzinssatzes zu einer Reduzierung des Schutzzinsbetrages ab dem Monatsanfang.

Im folgenden werden zur Berechnung der jeweiligen Schutzzinsbeträge die einzelnen Eigenkapitaländerungen in tabellarischer Form dargestellt.

---

22 Die Aufteilung des Veräusserungserlöses in Buchwert und Veräusserungserfolg dient ausschliesslich zur Verdeutlichung des Vorgangs. Materiell erhöht sich das berücksichtigungsfähige Eigenkapital immer um den vollen Veräusserungserlös.

Tabelle B.1 **Beispielhafte Berechnung des Schutzzinsbetrages bei unterjähriger Eigenkapitaländerung und variierendem Schutzzinssatz z_m.**[23]

	1. EK-Änderung	2. EK-Änderung	3. EK-Änderung	4. EK-Änderung	5. EK-Änderung	Σ EK-Änderung	Z_m	Σ Schutzzinsbetrag
Januar	- 20					- 20	5,3	- 1,06
Februar	- 20	120				100	4,9	4,9
März	- 20					- 20	4,1	- 0,82
April	- 20					- 20	3,5	- 0,7
Mai	- 20		780			760	3,0	22,8
Juni	- 20					- 20	2,4	- 0,48
Juli	- 20			- 300		- 320	2,1	- 6,72
August	- 20					- 20	1,7	- 0,34
September	- 20					- 20	1,1	- 0,22
Oktober	- 20					- 20	0,8	- 0,16
November	- 20				- 500	- 520	0,5	- 2,6
Dezember	- 20					- 20	0,3	- 0,06
Gesamt								**14,54**

Der aufgrund der unterjährigen Eigenkapitaländerungen ermittelte Schutzzinsbetrag in Höhe von 14,54 ist bei der nachfolgenden Berechnung der Steuerbemessungsgrundlage entsprechend dem Schema in B.6.9.1 zu berücksichtigen.

a) Berechnung des steuerlichen Gewinns ohne Berücksichtigung des Schutzzinsbetrages

	Eigenkapital am Ende des Ermittlungszeitraumes 01 vor Steuern	1300,00
-	Eigenkapital zu Beginn des Ermittlungszeitraumes 01	-1000,00
+	Entnahmen	300,00
-	Erhaltene Dividende	- 120,00
-	Veräusserungsgewinn	- 80,00
=	Steuerlicher Gewinn ohne Berücksichtigung des Schutzzinsbetrages	400,00

23 Die hier angenommenen Werte für z_m sind willkürlich gewählt.

b) Berechnung Schutzzinsbetrag

	Schutzzinsen auf den Buchwert des Eigenkapitals zu Beginn von 01 vermindert um den Buchwert der Anteile an A. (1000 – 700) x 5,3% =	15,90
+	Σ Schutzzinsbetrag aufgrund der EK-Änderungen gemäss Tabelle B.1	14,54
=	Schutzzinsbetrag	30,44

c) Berechnung Steuerbemessungsgrundlage

	Steuerlicher Gewinn ohne Berücksichtigung des Schutzzinsbetrages	400,00
-	Schutzzinsbetrag	- 30,44
=	**Steuerbemessungsgrundlage**	**369,56**

6.10 Verlustvortrag

Ein steuerlicher Verlustvortrag aus dem Vorjahr wird mit dem im aktuellen Besteuerungszeitraum gültigen Schutzzins aufgezinst und von der Bemessungsgrundlage abgezogen. Kann aufgrund eines weiterhin negativen bzw. eines zu geringen positiven Ergebnisses in der aktuellen Periode der Verlustvortrag nicht bzw. nicht komplett abgezogen werden, wird der dann ausgewiesene Verlust weiter in die nächste Periode vorgetragen und entsprechend aufgezinst.

7. Wirkungsweise

Im folgenden wird anhand einer Zwei-Perioden-Modellrechnung die Wirkungsweise eines zinsbereinigten Gewinnsteuerkonzeptes auf die zeitlich unterschiedliche Erfassung von Aufwendungen und Erträgen innerhalb der Handelsbilanz verdeutlicht. Anhand von unterschiedlichen Abschreibungsmethoden und einer zeitlich unterschiedlichen Erfassung von Rückstellungssachverhalten soll gezeigt werden, dass temporäre Buchungsunterschiede innerhalb der Totalperiode keinen Einfluss auf die reale Steuerzahlung und auf das reale Ausschüttungsvolumen nehmen.

Zur besseren Darstellung der Neutralitäts- bzw. Kompensationseffekte wird die Wirkungsweise der zinsbereinigten Unternehmensbesteuerung auf die unterschiedlichen Abschreibungs- und Rückstellungsmodalitäten getrennt betrachtet. Bei beiden Betrachtungen erfolgt nach Beendigung der Periode 01 eine weitere Differenzierung. Bei der Alternative a) wird die Fiktion der Vollausschüttung bzw. Teilausschüttung unterstellt, während bei Alternative b) die Gewinne jeweils thesauriert werden.

Folgende weitere Annahmen liegen dem Modell zugrunde:

Schutzzinssatz in 01: 6 %
Schutzzinssatz in 02: 8 %
Gewinnsteuersatz: 40%
Eingesetztes Eigenkapital: 100
Umsatz im Jahr 01: 60
Umsatz im Jahr 02: 80
Beendigung des Unternehmens mit Beendigung der Periode 02

7.1 Wirkungsweise bei unterschiedlichen Abschreibungssätzen

Bei dieser Betrachtung wird das eingesetzte Kapital zur Anschaffung einer Maschine verwendet, die eine wirtschaftliche Nutzungsdauer von 2 Jahren besitzt.

Im Fall 1 wird eine Sofortabschreibung im ersten Jahr unterstellt, wohingegen im Fall 2 von einer linearen Abschreibung über zwei Jahre ausgegangen wird. Nach Beendigung der Periode 01 wird innerhalb dieser Betrachtung bei der Alternative a) die Fiktion der Vollausschüttung unterstellt, während bei Alternative b) die Gewinne thesauriert werden.

Jahr 01:

Fall 1: Sofortabschreibung in 01	Fall 2: lineare Abschreibung über 2 Jahre

Fall 1 Eröffnungsbilanz 01			
Maschine	100,00	100,00	Gez. Kapital
Bilanzsumme	100,00	100,00	

Fall 2 Eröffnungsbilanz 01			
Maschine	100,00	100,00	Gez. Kapital
Bilanzsumme	100,00	100,00	

Fall 1 Gewinn- und Verlustrechnung 01			
Abschreibung	100,00	60,00	Umsatz
		40,00	Verlust 01
Σ	100,00	100,00	

Fall 2 Gewinn- und Verlustrechnung 01			
Abschreibung	50,00	60,00	Umsatz
Gewinn 01	10,00		
Σ	60,00	60,00	

Fall 1 Schlussbilanz vor Steuern 01			
Maschine	0,00	100,00	Gez. Kapital
Andere Aktiva	60,00	-40,00	Verlust 01
Bilanzsumme	60,00	60,00	

Fall 2 Schlussbilanz vor Steuern 01			
Maschine	50,00	100,00	Gez. Kapital
Andere Aktiva	60,00	10,00	Gewinn 01
Bilanzsumme	110,00	110,00	

Die Position „Andere Aktiva" ist als aktivischer Sammelposten zu betrachten, der die bilanzielle Gegenbuchung zu den innerhalb der Gewinn- und Verlustrechnung ausgewiesenen Erträgen darstellt.

Gemäss dem Berechnungsschema aus Abschnitt B.6 ergibt sich für den Ermittlungszeitraum 01 für den jeweiligen Fall die folgende Steuerbemessungsgrundlage bzw. Steuerschuld:

		Fall 1	Fall 2
	Eigenkapital am Ende des Ermittlungszeitraumes 01	60,00	110,00
-	Eigenkapital zu Beginn des Ermittlungszeitraumes 01	-100,00	-100,00
-	Eigenkapitalkosten (6% Schutzzins auf Eigenkapital zu Beginn des Ermittlungszeitraumes 01)	-6,00	-6,00
=	Steuerbemessungsgrundlage	-46,00	4,00
	Steuerschuld (40% auf positive Steuerbemessungsgrundlage)	0,00	1,60
	Vorzutragender Verlust nach 02	-46,00	0,00

Unabhängig von den in der Gewinn- und Verlustrechnung ausgewiesenen Gewinnen bzw. Verlusten wird gemäss dem Berechnungsschema durch den steuerlichen Abzug der Eigenkapitalkosten ein Gewinn bezogen auf das eingesetzte Eigenkapital in Höhe des Schutzzinssatzes steuerfrei gestellt.

Aufgrund des negativen Ergebnisses in Fall 1 entspricht die Handelsbilanz vor Steuern der Handelsbilanz nach Steuern. In Fall 2 wird die sich ergebende Steuerschuld in Höhe von 1,6 gewinnmindernd in die Handelsbilanz eingebucht.

Fall 1 Schlussbilanz nach Steuern 01			
Maschine	0,00	100,00	Gez. Kapital
Andere Aktiva	60,00	-40,00	Verlust 01
Bilanzsumme	60,00	60,00	

Fall 2 Schlussbilanz nach Steuern 01			
Maschine	50,00	100,00	Gez. Kapital
Andere Aktiva	58,40	8,40	Gewinn 01
Bilanzsumme	108,40	108,40	

Die Schlussbilanzen nach Steuern weisen aufgrund unterschiedlicher Abschreibungen und damit unterschiedlicher Steuerzahlungen folgerichtig in der Höhe divergierende Werte bei der Position „Andere Aktiva“ auf. Dieser unterschiedlichen „Anderen Aktiva“ steht konsequenterweise auf der Passivseite unterschiedliches Eigenkapital entgegen, das normalerweise wiederum für weitere Investitionen verwendet wird. Dies kann zu bilanziellen Nebeneffekten in der Periode 02 führen, die den eigentlich zu zeigenden Wirkungsmechanismus der Neutralität bzgl. der Abschreibungsmethode für die ursprünglich getätigte Investition verzerrt. Um diese Nebeneffekte für die Folgeperiode 02 auszuschliessen, sind weitere Annahmen zu treffen.

Alternative a) Vollausschüttung der in der Schlussbilanz 01 nach Steuern ausgewiesenen „Anderen Aktiva“

Bei der Alternative a) wird nach Beendigung der Periode 01 die komplette Ausschüttung der „Anderen Aktiva“ an die Anteilseigner unterstellt. Bei dieser theoretischen Alternative ist von in der Praxis bestehenden handelsrechtlichen Ausschüttungssperren zu abstrahieren. Dies bedeutet im Fall 1 eine Ausschüttung in Höhe von 60, im Fall 2 eine Ausschüttung in Höhe von 58,40. Damit wird für beide Fälle wieder die gleiche Ausgangsposition zu Beginn der Periode 02 hergestellt, mit der Maschine als einzigstes Investitionsobjekt.

Jahr 02:

Fall 1: Sofortabschreibung in 01

Fall 2: lineare Abschreibung über 2 Jahre

Fall 1 Eröffnungsbilanz 02 nach Ausschüttung			
Maschine	0,00	100,00	Gez. Kapital
		-40,00	Verlust 01
		-60,00	Ausschüttung
Bilanzsumme	0,00	0,00	

Fall 2 Eröffnungsbilanz 02 nach Ausschüttung			
Maschine	50,00	100,00	Gez. Kapital
		8,40	Gewinn 01
		-58,40	Ausschüttung
Bilanzsumme	50,00	50,00	

Fall 1 Gewinn- und Verlustrechnung 02			
Abschreibung	0,00	80,00	Umsatz
Gewinn 02	80,00		
Σ	80,00	80,00	

Fall 2 Gewinn- und Verlustrechnung 02			
Abschreibung	50,00	80,00	Umsatz
Gewinn 02	30,00		
Σ	80,00	80,00	

Fall 1 Schlussbilanz vor Steuern 02			
Maschine	0,00	100,00	Gez. Kapital
		-40,00	Verlust 01
		-60,00	Ausschüttung
Andere Aktiva	80,00	80,00	Gewinn 02
Bilanzsumme	80,00	80,00	

Fall 2 Schlussbilanz vor Steuern 02			
Maschine	0,00	100,00	Gez. Kapital
		8,40	Gewinn 01
		-58,40	Ausschüttung
Andere Aktiva	80,00	30,00	Gewinn 02
Bilanzsumme	80,00	80,00	

	Berechnung der Steuerschuld:	Fall 1	Fall 2
	Eigenkapital am Ende des Ermittlungszeitraumes 02	80,00	80,00
-	Eigenkapital zu Beginn des Ermittlungszeitraumes 02	0,00	-50,00
-	Eigenkapitalkosten (8% Schutzzins auf Eigenkapital zu Beginn des Ermittlungszeitraumes 02)	0,00	-4,00
	Verlustvortrag aus 01 aufgezinst mit 8% Schutzzins	-49,68	0,00
=	Steuerbemessungsgrundlage	30,32	26,00
	Steuerschuld (40% auf positive Steuerbemessungsgrundlage)	12,13	10,40

Die sich ergebenden Steuerschulden im Fall 1 in Höhe von 12,13 bzw. im Fall 2 in Höhe von 10,40 werden in die jeweilige Handelsbilanz eingebucht.

Fall 1 Schlussbilanz nach Steuern 02			
Maschine	0,00	100,00	Gez. Kapital
		-40,00	Verlust 01
		-60,00	Ausschüttung
Andere Aktiva	67,87	67,87	Gewinn 02
Bilanzsumme	67,87	67,87	

Fall 2 Schlussbilanz nach Steuern 02			
Maschine	0,00	100,00	Gez. Kapital
		8,40	Gewinn 01
		-58,40	Ausschüttung
Andere Aktiva	69,60	19,60	Gewinn 02
Bilanzsumme	69,60	69,60	

Bei der unterstellten Beendigung der Unternehmen nach der Periode 02 und unter Vernachlässigung von stillen Reserven wird das der Bilanzsumme entsprechende Eigenkapital steuerfrei an die Anteilseigner ausgeschüttet.

Ergebnis der Alternative a)	Fall 1	Fall 2
Steuerzahlung in 01	0,00	1,60
Steuerzahlung in 02	12,13	10,40
Kapitalwert der Gesamtsteuerzahlung zum Zeitpunkt 01 (Steuerzahlung in 02 wird mit dem Schutzzins aus 02 diskontiert)	**11,23**	**11,23**
Ausschüttung an Anteilseigner in 01	60,00	58,40
Ausschüttung an Anteilseigner in 02	67,87	69,60
Kapitalwert der Gesamtausschüttung zum Zeitpunkt 01 (Ausschüttung in 02 wird mit dem Schutzzins aus 02 diskontiert)	**122,84**	**122,84**

Aus der Ergebnisübersicht wird deutlich, dass sich bei beiden Fällen und damit unabhängig von der Abschreibungsmethode, dieselbe reale Steuerzahlung und dieselbe Gesamtausschüttung an die Anteilseigner ergibt.

Alternative b) Thesaurierung

Bei der Alternative b) werden die Gewinne aus Periode 01 komplett thesauriert. Um nun den Einfluss dieser der Höhe nach unterschiedlichen „Anderen Aktiva" auf den Wirkungsmechanismus auszuschliessen, wird für beide Fälle eine Verzinsung der „Anderen Aktiva" auf dem Kapitalmarkt mit dem Schutzzinssatz von 8% unterstellt. Dadurch wird eine steuerfreie Durchleitung dieser Erträge innerhalb des Unternehmens bis zur Ausschüttung erreicht und somit

einer Alternativanlage auf dem Kapitalmarkt mit dem Nominalzins gleichgestellt.
Es ergeben sich, neben den vorgegebenen Umsätzen von 80 aus der Investition in die Maschine, im Fall 1 ein zusätzlicher Zinsertrag in Höhe von 4,80 und im Fall 2 ein zusätzlicher Zinsertrag in Höhe von 4,67.

Fall 1: Sofortabschreibung in 01

Fall 1 Eröffnungsbilanz 02			
Maschine	0,00	100,00	Gez. Kapital
Andere Aktiva	60,00	-40,00	Verlust 01
Bilanzsumme	60,00	60,00	

Fall 1 Gewinn- und Verlustrechnung 02			
Abschreibung	0,00	80,00	Umsatz
Gewinn 02	84,80	4,80	Zinserträge
Σ	84,40	84,40	

Fall 1 Schlussbilanz vor Steuern 02			
Maschine	0,00	100,00	Gez. Kapital
		-40,00	Verlust 01
Andere Aktiva	144,80	84,80	Gewinn 02
Bilanzsumme	144,80	144,80	

Fall 2: lineare Abschreibung über 2 Jahre

Fall 2 Eröffnungsbilanz 02			
Maschine	50,00	100,00	Gez. Kapital
Andere Aktiva	58,40	8,40	Gewinn 01
Bilanzsumme	108,40	108,40	

Fall 2 Gewinn- und Verlustrechnung 02			
Abschreibung	50,00	80,00	Umsatz
Gewinn 02	34,67	4,67	Zinserträge
Σ	84,67	84,67	

Fall 2 Schlussbilanz vor Steuern 02			
Maschine	0,00	100,00	Gez. Kapital
		8,40	Gewinn 01
Andere Aktiva	143,07	34,67	Gewinn 02
Bilanzsumme	143,07	143,07	

	Berechnung der Steuerschuld:	Fall 1	Fall 2
	Eigenkapital am Ende des Ermittlungszeitraumes 02	144,80	143,07
-	Eigenkapital zu Beginn des Ermittlungszeitraumes 02	-60,00	-108,40
-	Eigenkapitalkosten (8% Schutzzins auf Eigenkapital zu Beginn des Ermittlungszeitraumes 02)	-4,80	-8,67
	Verlustvortrag aus 01 aufgezinst mit 8% Schutzzins	-49,68	0,00
=	Steuerbemessungsgrundlage	30,32	26,00
	Steuerschuld (40% auf positive Steuerbemessungsgrundlage)	12,13	10,40

Die Einbeziehung der „Anderen Aktiva“ spiegelt sich innerhalb des Berechnungsschemas in der Position „Eigenkapital zu Beginn des Ermittlungszeitraumes 02“ wider. Durch den Abzug der Eigenkapitalkosten auf dieses Eigenkapital zu Beginn des Ermittlungszeitraumes 02 in Höhe des Schutzzinses werden die in 02 vereinnahmten Zinserträge steuerfrei gestellt. Damit wird ein Einfluss der „Anderen Aktiva“ auf den eigentlichen Neutralisierungseffekt der zinsbereinigten Gewinnsteuer bei unterschiedlicher Abschreibungsdauer vermieden.

Die sich ergebenden Steuerschulden im Fall 1 in Höhe von 12,13 bzw. im Fall 2 in Höhe von 10,40 werden in die jeweilige Handelsbilanz eingebucht.

Fall 1 Schlussbilanz nach Steuern 02			
Maschine	0,00	100,00	Gez. Kapital
		-40,00	Verlust 01
Andere Aktiva	132,67	72,67	Gewinn 02
Bilanzsumme	132,67	132,67	

Fall 2 Schlussbilanz nach Steuern 02			
Maschine	0,00	100,00	Gez. Kapital
		8,40	Gewinn 01
Andere Aktiva	132,67	24,27	Gewinn 02
Bilanzsumme	132,67	132,67	

Analog zu dem Vorgehen bei Alternative a) wird das der Bilanzsumme entsprechende Eigenkapital an die Anteilseigner ausgeschüttet.

Ergebnis der Alternative b)	Fall 1	Fall 2
Steuerzahlung in 01	0,00	1,60
Steuerzahlung in 02	12,13	10,40
Kapitalwert der Gesamtsteuerzahlung zum Zeitpunkt 01 (Steuerzahlung in 02 wird mit dem Schutzzins aus 02 diskontiert)	**11,23**	**11,23**
Ausschüttung an Anteilseigner in 01	0,00	0,00
Ausschüttung an Anteilseigner in 02	132,67	132,67
Kapitalwert der Gesamtausschüttung zum Zeitpunkt 01 (Ausschüttung in 02 wird mit dem Schutzzins aus 02 diskontiert)	**122,84**	**122,84**

Auch bei der Thesaurierung ergibt sich in beiden Fällen, unabhängig von der Abschreibungsmethode, dieselbe reale Steuerzahlung und dieselbe reale Gesamtausschüttung an die Anteilseigner.

Desweiteren stimmen die Endergebnisse im Falle der Ausschüttung mit den Endergebnissen bei Thesaurierung überein. Damit wird deutlich, dass innerhalb einer zinsbereinigten Gewinnbesteuerung weder durch die Abschreibungsmethode noch durch die Gewinnverwendung, über die Totalperiode betrachtet, Einfluss auf die reale Steuerzahlung und das reale Ausschüttungsvolumen genommen werden kann.
Somit spielt auch für die Anteilseigner realwirtschaftlich betrachtet die Wahl der Abschreibungsmethode bzw. das Ausschüttungsverhalten des Unternehmens keine Rolle.

Der Grund für diese Wirkungsweise auf der Unternehmensebene liegt in der gegenseitigen Beeinflussung der handelsrechtlichen Aufwendungen für ein Investitionsprojekt, in diesem Fall der Abschreibungen, auf den steuerrechtlichen Abzugsposten aus der kalkulatorischen Eigenkapitalverzinsung und auf den aufzuzinsenden Verlustvortrag.
Die Sofortabschreibung in Fall 1 führt gegenüber der geringeren linearen Abschreibung im Fall 2 zwangsläufig aufgrund des ausgewiesenen Verlustes in 01 zu einem geringeren Buchwert des Eigenkapitals in der Schlussbilanz in 01 bzw. in der Eröffnungsbilanz in 02 und somit zu einem geringeren Abzug der Eigenkapitalzinsen in 02. Umgekehrt ergibt sich bei der geringeren linearen Abschreibung in 01 ein entsprechend höherer Ausweis des Eigenkapitals zum Ende von 01 bzw. zum Anfang von 02 und damit höhere steuerlich wirksame Eigenkapitalkosten in 02.

Wie an diesem Beispiel deutlich wird, lassen sich auch innerhalb eines Systems der zinsbereinigten Gewinnbesteuerung die Steuerzahlungen durch vorgezogene Abschreibungen zeitlich in nachfolgende Perioden verlagern, allerdings ohne dass sich dadurch ein realer Zinsvorteil erzielen lässt.[24]
Analog zu der hier gewählten Darstellung mit unterschiedlichen Abschreibungsmethoden ergibt sich die gleiche Wirkungsweise bei der Ansatz- und Bewertungsproblematik im Rahmen der Anschaffungs- bzw. Herstellungskosten für ein Investitionsobjekt. Die eigentliche handelsrechtliche Problemstellung, welche Aufwendungen den Anschaffungs- bzw. Herstellungskosten hinzuzurechnen sind bzw. welche Aufwendungen unmittelbar als Aufwand zu verbuchen sind, ist aus steuerrechtlicher Sicht unerheblich. Unmittelbar als

24 Ein für die Unternehmen positiver Zinseffekt lässt sich dann erzielen, wenn die interne Verzinsung des eingesetzten Kapitals höher ist als der Schutzzinssatz. Allerdings wird dieser Effekt bei einer zinsbereinigten Gewinnbesteuerung gedämpft im Vergleich zu dem Zinseffekt im gegenwärtigen Körperschaftsteuersystem.

Aufwand gebuchte Aufwendungen für ein Investitionsobjekt stellen nichts anderes als Sofortabschreibungen dieser Teilbeträge dar, wohingegen die den Anschaffungs- bzw. Herstellungskosten zuzurechnenden Aufwendungen über die Nutzungsdauer des Investitionsobjekts abgeschrieben werden.

7.2 Wirkungsweise bei zeitlich unterschiedlicher Bildung von Rückstellungen

Im folgenden wird die Wirkungsweise der zinsbereinigten Unternehmensbesteuerung bei zeitlich unterschiedlicher Erfassung von Rückstellungen demonstriert.
Ungeachtet der Art der Rückstellung werden Rückstellungen als Passivposten für Verluste, Verbindlichkeiten oder Aufwendungen gebucht, die in ihrer zeitlichen Entstehung und/oder ihrer Höhe nach ungewiss sind, aber der Periode der Verursachung zugerechnet werden müssen.

Im Fall 1 wird in Periode 01 eine Rückstellung in Höhe von 40 gebildet. In Periode 02 wird diese Rückstellung in Höhe von 35 verbraucht. Die überhöhte Rückstellungsbildung in 01 von 5 wird in Periode 02 wieder gewinnerhöhend aufgelöst.
Im Fall 2 werden in Periode 01 Rückstellungen in Höhe von nur 20 gebildet. Um eine Äqivalenz nach dem Nominalwertprinzip zu Fall 1 zu erzielen, sind in Periode 02 weitere Aufwendungen in Höhe von 15 zu buchen.

Die Position „Aktiva" beinhaltet ausschließlich Positionen des Umlaufvermögens. Abschreibungen finden nicht statt.

Jahr 01:

Fall 1: Rückstellung in Höhe von 40 in 01

Fall 1 Eröffnungsbilanz 01			
Aktiva	100,00	100,00	Gez. Kapital
Bilanzsumme	100,00	100,00	

Fall 2: Rückstellung in Höhe von 20 in 01

Fall 2 Eröffnungsbilanz 01			
Aktiva	100,00	100,00	Gez. Kapital
Bilanzsumme	100,00	100,00	

Fall 1 Gewinn- und Verlustrechnung 01			
Zuführung zur		60,00	Umsatz
Rückstellung	40,00		
Gewinn 01	20,00		
Σ	60,00	60,00	

Fall 2 Gewinn- und Verlustrechnung 01			
Zuführung zur		60,00	Umsatz
Rückstellung	20,00		
Gewinn 01	40,00		
Σ	60,00	60,00	

Fall 1 Schlussbilanz vor Steuern 01			
Aktiva	160,00	100,00	Gez. Kapital
		20,00	Gewinn 01
		40,00	Rückstellung
Bilanzsumme	160,00	160,00	

Fall 2 Schlussbilanz vor Steuern 01			
Aktiva	160,00	100,00	Gez. Kapital
		40,00	Gewinn 01
		20,00	Rückstellung
Bilanzsumme	160,00	160,00	

	Berechnung der Steuerschuld:	Fall 1	Fall 2
	Eigenkapital am Ende des Ermittlungszeitraumes 01	120,00	140,00
-	Eigenkapital zu Beginn des Ermittlungszeitraumes 01	-100,00	-100,00
-	Eigenkapitalkosten (6% Schutzzins auf Eigenkapital zu Beginn des Ermittlungszeitraumes 01)	-6,00	-6,00
=	Steuerbemessungsgrundlage	14,00	34,00
	Steuerschuld (40% auf positive Steuerbemessungsgrundlage)	5,60	13,60

Die Rückstellungen gehören nicht zum Eigenkapital und sind somit bei der Berechnung der Eigenkapitalkosten nicht zu berücksichtigen.

Die sich ergebenden Steuerschulden in Fall 1 in Höhe von 5,60 bzw. in Fall 2 in Höhe von 13,60 werden in die jeweilige Handelsbilanz eingebucht.

Fall 1 Schlussbilanz nach Steuern 01			
Aktiva	154,40	100,00	Gez. Kapital
		14,40	Gewinn 01
		40,00	Rückstellung
Bilanzsumme	154,40	154,40	

Fall 2 Schlussbilanz nach Steuern 01			
Aktiva	146,40	100,00	Gez. Kapital
		26,40	Gewinn 01
		20,00	Rückstellung
Bilanzsumme	146,40	146,40	

Ähnlich zu dem Vorgehen in Abs.5.1 wird im folgenden differenziert zwischen der Alternative a), bei der eine Ausschüttung des Bilanzgewinns unterstellt wird, und der Alternative b), innerhalb der die Gewinne bis zur Liquidation des Unternehmens in 02 thesauriert werden.
Die Position „Aktiva" wird analog zu dem Vorgehen in Abs. 5.1 mit dem in Periode 02 geltenden Schutzzinssatz von 8% verzinst.

Jahr 02:

Alternative a) Ausschüttung des in der Schlussbilanz 01 nach Steuern ausgewiesenen Gewinns.

Fall 1: Rückstellung in Höhe von 40 in 01

Eröffnungsbilanz 02 nach Gewinnausschüttung			
Aktiva	140,00	100,00	Gez. Kapital
		14,40	Gewinn 01
		-14,40	Ausschüttung
		40,00	Rückstellung
Bilanzsumme	140,00	140,00	

Fall 1 Gewinn- und Verlustrechnung 02			
Gewinn 02	96,20	80,00	Umsatz
			Auflösung
		5,00	Rückstellung
		11,20	Zinserträge
Σ	96,20	96,20	

Fall 1 Schlussbilanz vor Steuern 02			
Aktiva	196,20	100,00	Gez. Kapital
		96,20	Gewinn 02
Bilanzsumme	196,20	196,20	

Fall 2: Rückstellung in Höhe von 20 in 01

Eröffnungsbilanz 02 nach Gewinnausschüttung			
Aktiva	120,00	100,00	Gez. Kapital
		26,40	Gewinn 01
		-26,40	Ausschüttung
		20,00	Rückstellung
Bilanzsumme	120,00	120,00	

Fall 2 Gewinn- und Verlustrechnung 02			
Aufwand	15,00	80,00	Umsatz
Gewinn 02	74,60	9,60	Zinserträge
Σ	89,60	89,60	

Fall 2 Schlussbilanz vor Steuern 02			
Aktiva	174,60	100,00	Gez. Kapital
		74,60	Gewinn 02
Bilanzsumme	174,60	174,60	

Berechnung der Steuerschuld:		Fall 1	Fall 2
	Eigenkapital am Ende des Ermittlungszeitraumes 02	196,20	174,60
-	Eigenkapital zu Beginn des Ermittlungszeitraumes 02	-100,00	-100,00
-	Eigenkapitalkosten (8% Schutzzins auf Eigenkapital zu Beginn des Ermittlungszeitraumes 02)	-8,00	-8,00
=	Steuerbemessungsgrundlage	88,20	66,60
	Steuerschuld (40% auf positive Steuerbemessungsgrundlage)	35,28	26,64

Die sich ergebenden Steuerschulden im Fall 1 in Höhe von 35,28 bzw. im Fall 2 in Höhe von 26,64 werden in die jeweilige Handelsbilanz eingebucht.

Fall 1 Schlussbilanz nach Steuern 02			
Aktiva	160,92	100,00	Gez. Kapital
		60,92	Gewinn 02
Bilanzsumme	160,92	160,92	

Fall 2 Schlussbilanz nach Steuern 02			
Aktiva	147,96	100,00	Gez. Kapital
		47,96	Gewinn 02
Bilanzsumme	147,96	147,96	

Bei der unterstellten Beendigung der Unternehmen nach der Periode 02 und unter Vernachlässigung von stillen Reserven wird das der Bilanzsumme entsprechende Eigenkapital an die Anteilseigner ausgeschüttet.

Ergebnis der Alternative a)	Fall 1	Fall 2
Steuerzahlung in 01	5,60	13,60
Steuerzahlung in 02	35,28	26,64
Kapitalwert der Gesamtsteuerzahlung zum Zeitpunkt 01 (Steuerzahlung in 02 wird mit dem Schutzzins aus 02 diskontiert)	**38,27**	**38,27**
Ausschüttung an Anteilseigner in 01	14,40	26,40
Ausschüttung an Anteilseigner in 02	160,92	147,96
Kapitalwert der Gesamtausschüttung zum Zeitpunkt 01 (Ausschüttung in 02 wird mit dem Schutzzins aus 02 diskontiert)	**163,40**	**163,40**

Analog zu der Ergebnisübersicht aus Abschnitt 5.1 wird auch hier deutlich, dass sich in beiden Fällen unabhängig von der zeitlichen Buchung der Rückstellung, dieselbe reale Steuerzahlung und dieselbe reale Gesamtausschüttung an die Anteilseigner ergibt.

Alternative b) Thesaurierung

Fall 1: Rückstellung in Höhe von 40 in 01

Fall 1 Eröffnungsbilanz 02			
Aktiva	154,40	100,00	Gez. Kapital
		14,40	Gewinn 01
		40,00	Rückstellung
Bilanzsumme	154,40	154,40	

Fall 1 Gewinn- und Verlustrechnung 02			
Gewinn 02	97,35	80,00	Umsatz
			Auflösung
		5,00	Rückstellung
		12,35	Zinserträge
Σ	97,35	97,35	

Fall 1 Schlussbilanz vor Steuern 02			
Aktiva	211,75	100,00	Gez. Kapital
		14,40	Gewinn 01
		97,35	Gewinn 02
Bilanzsumme	211,75	211,75	

Fall 2: Rückstellung in Höhe von 20 in 01

Fall 2 Eröffnungsbilanz 02			
Aktiva	146,40	100,00	Gez. Kapital
		26,40	Gewinn 01
		20,00	Rückstellung
Bilanzsumme	146,40	146,40	

Fall 2 Gewinn- und Verlustrechnung 02			
Aufwand	15,00	80,00	Umsatz
Gewinn 02	76,71	11,71	Zinserträge
Σ	91,71	91,71	

Fall 2 Schlussbilanz vor Steuern 02			
Aktiva	203,11	100,00	Gez. Kapital
		26,40	Gewinn 01
		76,71	Gewinn 02
Bilanzsumme	203,11	203,11	

	Berechnung der Steuerschuld:	Fall 1	Fall 2
	Eigenkapital am Ende des Ermittlungszeitraumes 02	211,75	203,11
-	Eigenkapital zu Beginn des Ermittlungszeitraumes 02	-114,40	-126,40
-	Eigenkapitalkosten (8% Schutzzins auf Eigenkapital zu Beginn des Ermittlungszeitraumes 02)	-9,15	-10,11
=	Steuerbemessungsgrundlage	88,20	66,60
	Steuerschuld (40% auf positive Steuerbemessungsgrundlage)	35,28	26,64

Die sich ergebenden Steuerschulden im Fall 1 in Höhe von 35,28 bzw. im Fall 2 in Höhe von 26,64 werden in die jeweilige Handelsbilanz eingebucht.

Fall 1 Schlussbilanz nach Steuern 02			
Aktiva	176,47	100,00	Gez. Kapital
		14,40	Verlust 01
		62,07	Gewinn 02
Bilanzsumme	176,47	176,47	

Fall 2 Schlussbilanz nach Steuern 02			
Aktiva	176,47	100,00	Gez. Kapital
		26,40	Gewinn 01
		50,07	Gewinn 02
Bilanzsumme	176,47	176,47	

Das der Bilanzsumme entsprechende Eigenkapital wird an die Anteilseigner steuerfrei ausgeschüttet.

Ergebnis der Alternative b)	Fall 1	Fall 2
Steuerzahlung in 01	5,60	13,60
Steuerzahlung in 02	35,28	26,64
Kapitalwert der Gesamtsteuerzahlung zum Zeitpunkt 01 (Steuerzahlung in 02 wird mit dem Schutzzins aus 02 diskontiert)	**38,27**	**38,27**
Ausschüttung an Anteilseigner in 01	0,00	0,00
Ausschüttung an Anteilseigner in 02	176,47	176,47
Kapitalwert der Gesamtausschüttung zum Zeitpunkt 01 (Ausschüttung in 02 wird mit dem Schutzzins aus 02 diskontiert)	**163,40**	**163,40**

Auch hier zeigt sich, dass weder temporäre Buchungsunterschiede in der Handelsbilanz, noch der Zeitpunkt der Gewinnausschüttungen durch den Wirkungsmechanismus der zinsbereinigten Unternehmensbesteuerung aus realwirtschaftlicher Sicht einen Einfluss auf die Steuerzahlung und die Ausschüttungshöhe ausüben.
Neben dem bereits diskutierten Bereich der Bewertung von Investitionsobjekten ergeben sich, in dem nicht minder kontrovers diskutierten Feld der Rückstellungen, enorme Simplifikationen.

7.3 Ergebnis

Durch den Wirkungsmechanismus der zinsbereinigten Gewinnbesteuerung übt die Periodenzuordnung innerhalb der Handelsbilanz, sofern es sich um im Zeitablauf kompensierende Effekte nach dem Nominalwertprinzip handelt, auf die nach intertemporalen Gesichtspunkten betrachtete Steuerzahlung keinen Einfluss aus. Damit sind ebenfalls temporäre Buchungsunterschiede zwischen der Handelsbilanz und der Steuerbilanz irrelevant für die reale Steuerlast.
Aus praktischer Sicht bewirkt das zinsbereinigte Gewinnsteuerkonzept dadurch wesentliche Vereinfachungen. Die Motivation der Steuerpflichtigen, über beschleunigte Abschreibungen, zu niedrig angesetzte Anschaffungs- bzw. Herstellkosten oder über erhöhte Rückstellungen die Steuerzahlungen zeitlich in die Zukunft zu verlagern um einen positiven Zinseffekt zu erzielen, entfällt. Den Streitfällen zwischen Finanzverwaltung und Steuerpflichtigen bezüglich der „richtigen“ Periodenzuordnung in diesen Bereichen wird damit die Grundlage entzogen.
Durch die fiskalische Irrelevanz der handelsrechtlichen Periodisierung ist es nun möglich, sich ausschliesslich auf die handelsrechtlichen Regelungen zu stützen. Konkurrierende steuerrechtliche Vorschriften, die aus rein fiskalischen Gründen die handelsrechtliche Bilanzierung einschränken, verlieren ihre Bedeutung.

C. Auswirkungen innerhalb der deutschen Rechnungslegung

Aufgabe dieses Kapitels ist es, die wesentlichen Auswirkungen innerhalb der deutschen Rechnungslegung aufzuzeigen, die bei einer Einführung einer zinsbereinigten Unternehmensbesteuerung zu erwarten sind. Zum Verständnis der Auswirkungen sind die Grundlagen des gegenwärtigen Bilanzrechts, die zunächst erläutert werden, unerlässlich.

1. Grundlagen

Das deutsche Bilanzrecht ist ein Verhältnis zwischen Handelsbilanzrecht und Steuerbilanzrecht, das durch das Massgeblichkeitsprinzip seit mehr als einhundert Jahren geprägt ist. Trotz der ausschliesslich steuerrechtlichen Verankerung dieses Prinzips, ist es der Eckpfeiler im deutschen Bilanzrecht, mit dessen Auslegung unmittelbar die wechselseitigen Verknüpfungen von handels- und steuerbilanzieller Rechnungslegung bestimmt werden.

1.1 Handelsbilanzrecht

Mit dem am 19.12.1985 verkündeten Bilanzrichtlinien-Gesetz[1] (BiRiLiG) zur Durchführung der Vierten[2], Siebenten[3] und Achten[4] Richtlinie des Rates der Europäischen Gemeinschaften zur Koordinierung des Gesellschaftsrechts ist eine grundlegende Neuordnung des Handelsbilanzrechts vollzogen worden. Die handelsrechtliche Bilanzierung für alle Unternehmensformen ist damit im III. Buch des HGB gemäss den Vorschriften §§ 238 ff. geregelt. Die enge Verknüpfung des Handelsbilanzrechts mit dem Steuerbilanzrecht wird insbesondere durch die Vierte EG-Richtlinie, die sog. Bilanzrichtlinie, deutlich, bei deren Umsetzung die Wahrung der Steuerneutralität als verfolgtes Ziel zu beachten war.[5] Damit ermöglichte man die Inanspruchnahme steuerrechtlicher Bilanzierungsvergünstigungen im Handelsbilanzrecht entgegen den Grundsätzen ordnungsmässiger Buchführung (GoB). Dies ist ein erster Eindruck auf das

1 BGBl. I 1985, S.2355-2433.
2 ABl L 222 v. 14.8.1978, S.11 ff.
3 ABl L 193 v. 18.7.1983, S.1 ff.
4 ABl L 126 v. 12.5.1984, S.20 ff
5 Vgl. BT-Drucks. 10/4268, S.2f.

recht undurchsichtige Verhältnis zwischen Handels- und Steuerbilanzrecht, das im weiteren Verlauf dieses Kapitels näher beschrieben wird.
Zunächst werden jedoch die ursprünglichen Zielsetzungen und Grundsätze des Handelsbilanzrechts erläutert.

1.1.1 Zielsetzungen

Das deutsche Handelsrecht ist von der Vorstellung des Gläubigerschutzprinzips geprägt.[6] Als zentrale Aufgabe gilt die Ausschüttungsbemessung[7], die eine gewisse Vermittlungsfunktion zwischen den Interessen der Anteilseigner und denen der Gläubiger ausübt. Die Kapitaleigner eines Unternehmens sind i.d.R. an einer maximalen Gewinnausschüttung interessiert. Dahingegen muss im Interesse des Gläubigerschutzes[8], insbesondere bei Kapitalgesellschaften aufgrund ihrer Haftungsbeschränkung auf das Gesellschaftsvermögen, die Erhaltung des Mindesthaftungsvermögens garantiert sein, d.h. die Haftungssubstanz darf nicht durch eine über den Bilanzgewinn hinausgehende Ausschüttung verringert werden. Diese Regelung wird auch als Ausschüttungssperre bezeichnet. Der Bilanzgewinn stellt dabei den um die Rücklagenbildung bzw. Rücklagenauflösung sowie um Gewinn- oder Verlustvorträge veränderten Jahresüberschuss dar.[9]
Desweiteren hat die Handelsbilanz eine Informationsfunktion zu erfüllen. Neben der internen Rechenschaft für die Geschäftsleitung gilt es hier insbesondere Anteilseigner, Gesellschafter und potentielle Anleger aber auch Kreditgeber, Lieferanten, Kunden, Arbeitnehmer, Gewerkschaften und nicht zuletzt die interessierte Öffentlichkeit zu informieren.[10] Die Publizitätspflicht ist wie die Ausschüttungssperre Ausfluss der Gläubigerschutzfunktion und hat das Ziel Schuldendeckungsmöglichkeiten aufzuzeigen, das Haftungskapital auszuweisen und die frühzeitige Erkennung von Insolvenzgefahren zu ermöglichen.[11]

---

6 Kritisch dazu *Born*, Rechnungslegung, 1997, S.297 ff.
7 Vgl. *Stobbe*, Rechnungslegung, 1991, S.24 m.w.N.
8 Charakteristisch für das deutsche Bilanzrecht ist die Dominanz des Gläubigerschutzes, der die Erhaltung und Substanzstärkung der Unternehmen zum Ziel hat und über das Vorsichtsprinzip tendenziell die Bildung von stillen Reserven ermöglicht. Vgl. *Pooten*, Rechnungslegung, 1994, S.318.
9 Vgl. *Pooten*, Rechnungslegung, 1994, S.313 f.
10 Vgl. *Gräfer*, Bilanzanalyse, 1988, S.43.
11 Vgl. *Pooten*, Rechnungslegung, 1994, S.314.

1.1.2 Grundsätze ordnungsmässiger Buchführung

Der Begriff „Grundsätze ordnungsmässiger Buchführung“ (GoB) umfasst alle handelsrechtlichen Buchführungs- und Bilanzierungsgrundsätze.[12] Die GoB sind im wesentlichen durch das BiRiLiG kodifiziert worden, z.T. bestehen aber auch nicht kodifizierte Regeln, die dann entsprechend abzuleiten sind.[13]
Generell lassen sich die GoB wie folgt umschreiben: „Regeln nach denen der Kaufmann zu verfahren hat, um zu einer dem gesetzlichen Zweck entsprechenden Bilanz zu gelangen.“[14]
Die Generalnorm für den Jahresabschluss von Kapitalgesellschaften ist in § 264 Abs.2 HGB geregelt. „Der Jahresabschluss von Kapitalgesellschaften hat unter Beachtung der Grundsätze ordnungsmässiger Buchführung ein den tatsächlichen Verhältnissen entsprechendes Bild der Vermögens-, Finanz- und Ertragslage zu vermitteln.“

1.2 Steuerbilanzrecht

Das Steuerbilanzrecht oder auch Bilanzsteuerrecht wird allgemein als der Teil des Steuerrechts bezeichnet, der sich mit der ertragsteuerlichen Gewinnermittlung durch Bilanzierung befasst.[15] Das Bilanzsteuerrecht erfährt keine einheitliche Kodifizierung. Es zeichnet sich ganz im Gegenteil durch eine beispiellose Zersplitterung aus, die keine Systematik erkennen lässt. Die grundlegenden Normen zur Definition des Gewinns und zur Gewinnermittlung ergeben sich aus den §§ 4-7 k EStG, die auch für den Bereich der Körperschaftsteuer Anwendung finden. Darüber hinaus finden sich in einer Vielzahl anderer Gesetze weitere Rechtsquellen des Bilanzsteuerrechts. Von besonderer Bedeutung sind dabei die Regelungen der §§ 140 ff. AO und §§ 238 ff. HGB. Der zentrale Grundbegriff des Bilanzsteuerrechts ist der Massgeblichkeitsgrundsatz, durch den die Verflechtung von handels- und steuerrechtlicher Rechnungslegung manifestiert wird.

---

12 Eine Übersicht über die GoB liefert *Weber-Grellet*, Bilanzsteuerrecht, 1995, S.27. Zur Entstehung der GoB vgl. *Döllerer*, Grundsätze, 1959.

13 In der Literatur wird überwiegend die deduktive Methode bevorzugt (Vgl. *Moxter*, Gewinnermittlung, 1983, S.300 ff.; *Schneider*, Deduktion, 1983, S.158 f.; *Beisse*, Bilanzrecht, 1984, S.3 f.) i.V.m. der Hemeneutik (Vgl. *Larenz*, Methodenlehre, 1983, S.195 f.).

14 BFH v. 3.2.1969, BStBl. II 1969, 291.

15 Vgl. *Weber-Grellet*, Bilanzsteuerrecht, 1995, S.1 m.w.N.

1.2.1 Zielsetzungen

Die Hauptaufgabe der steuerrechtlichen Rechnungslegung liegt nach den Ausführungen des BFH in der Ermittlung des Gewinns als Indikator der wirtschaftlichen Leistungsfähigkeit und der steuerlichen Belastbarkeit eines Unternehmens zum Zwecke einer gesetzmässigen, insbesondere gleichmässigen Besteuerung.[16] Daneben werden im deutschen Steuerrecht traditionell noch wirtschafts-, sozial- und gesellschaftspolitische Ziele verfolgt, die allerdings eine Beeinträchtigung der Gleichmässigkeit der Besteuerung und des Leistungsfähigkeitsprinzips darstellen und die ursprüngliche Zielsetzung einer periodengerechten Gewinnermittlung unterlaufen.[17]

Es wird hier deutlich, dass die originären Zielsetzungen von Handels- und Steuerbilanz unterschiedlich sind. Dennoch bestehen durch die Ausschüttungsbemessungsfunktion und Steuerbemessungsfunktion gewisse Übereinstimmungen und Gemeinsamkeiten. Betrachtet man die handelsrechtliche Gewinnermittlung als Ausgangsbasis für die steuerrechtliche Gewinnermittlung, so kann man von einer Komplementarität der handels- und steuerrechtlichen Hauptzwecke sprechen.[18]

1.2.2 Grundsatz der Massgeblichkeit

Die eigentliche Geburtsstunde der Massgeblichkeit geht nach den Ausführungen von *Weber-Grellet*[19] auf das bremische EStG vom 17.12.1874 zurück, in dem erstmalig der Gewinn, der sich auf der Basis der handelsrechtlichen Buchführung ergibt, für die steuerliche Einkommensermittlung massgeblich war. Durch die Aufnahme in das Einkommensteuergesetz 1920 erlangte der Grundsatz der Massgeblichkeit im gesamten damaligen Reichsgebiet Geltung. Seit dem Einkommensteuergesetz 1934 ist dieses steuerrechtliche Prinzip in § 5 Abs.1 EStG verankert.[20] Danach ist "...das Betriebsvermögen anzusetzen,

---

16 Vgl. BFH GrS v. 2.3.1969, BStBl II 1969, 291.

17 Vgl. *Stobbe*, Rechnungslegung, 1991, S.29 f. m.w.N.

18 Vgl. *Stobbe*, Rechnungslegung, 1991, S.31.

19 Vgl. *Weber-Grellet*, Bilanzsteuerrecht, 1995, S.28.

20 Vgl. *Krieger*, Massgeblichkeit, 1988, S.331 f.; Zur geschichtlichen Entwicklung des Massgeblichkeitsprinzips vgl. auch *Barth*, Entwicklung, 1955; ebenso *Schneider*, Entstehung, 1991.

das nach den handelsrechtlichen Grundsätzen ordnungsmässiger Buchführung auszuweisen ist." Damit war die materielle Massgeblichkeit der Handelsbilanz für die Steuerbilanz statuiert und die handelsrechtlichen Grundsätze als Teil des Handelsrechts in das Bilanzsteuerrecht inkorporiert.
Es liegt auf der Hand, dass mit einer solchen Regelung Interessenkonflikte ausgelöst wurden, die bis zum heutigen Tage die Gemüter bewegen.[21]
Durch die Anwendung statischer Bilanzierungsgrundsätze auf der Grundlage des Vorsichtsprinzips zum Schutz der Gläubiger, versuchten die Kaufleute die Steuerbelastung zu mindern, wohingegen die Finanzverwaltung und die Finanzgerichte die vor allem von *Schmalenbach*[22] entwickelte dynamische Bilanzlehre aufnahmen, die dem Prinzip einer periodengerechten Erfolgsermittlung folgt und im allgemeinen zu einem höheren Jahresergebnis führt.[23]
Insbesondere aus fiskalischen Gründen ist die Massgeblichkeit im Laufe der Zeit durch eine Vielzahl von steuerlichen Gesetzesvorbehalten begrenzt worden,[24] die sich im heutigen Steuerrecht aus § 5 Abs.6 EStG ergeben.[25] Danach tritt die Bezugnahme auf die GoB dann zurück, wenn sich das Steuerbilanzrecht eigene Bewertungen vorbehält, die im wesentlichen dazu dienen, gewinnmindernde handelsrechtliche Wertansätze einzuschränken. Diese nur in der Steuerbilanz geltenden Einschränkungen der handelsrechtlichen Bewertungsmethoden sind aus ökonomischer Sicht zumindest fraglich, sie lassen sich aber unter fiskalischen Aspekten erklären.

---

21 Der Höhepunkt der ablehnenden Haltung gegen das Massgeblichkeitsprinzip gipfelte in einem von der Steuerreformkomission 1971 veröffentlichten Gutachten, in dem vorgeschlagen wurde, den Grundsatz der Massgeblichkeit formal aufzugeben und für die steuerrechtliche Gewinnermittlung eine eigenständige Steuerbilanz vorzuschreiben. Vgl. *Steuerreform-Kommission*, Gutachten, 1971, S.430. Bedenkt man die Probleme, die sich bei zwei auseinanderstrebenden eigenständigen Rechtsgebieten entwickeln können, ohne dass für eine solche Trennung aus ökonomischer Sicht überhaupt eine Notwendigkeit besteht, war die heftige Kritik (Vgl. *Döllerer*, Massgeblichkeit, 1971; auch *Schneider*, Reform, 1971) und die Ablehnung dieses Gutachtens mehr als gerechtfertigt.

22 Vgl. *Schmalenbach*, Bilanz, 1962.

23 Vgl. *Krieger*, Massgeblichkeit, 1988, S.330 f.

24 Vgl. *Weber-Grellet*, Bilanzsteuerrecht, 1995, S.28, m.w.N.

25 „Der steuerrechtliche Bewertungsvorbehalt des § 5 Abs.6 EStG stammt aus dem EStG 1934, aus einer Zeit also, als handelsrechtlich noch in weitgehendem, nahezu unbeschränktem Umfang Unterbewertungen zulässig waren. Zur Verwirklichung des Besteuerung nach der Leistungsfähigkeit und im Interesse der Gleichmässigkeit der Besteuerung war damals für die steuerliche Gewinnermittlung die Statuierung von Mindestbewertungsvorschriften für die Aktiva und Höchstbewertungsvorschriften für die Passiva geboten." *Knobbe-Keuk,* Unternehmenssteuerrecht, 1993, S.155.

Die eigentliche Verwirrung entstand jedoch durch die explizite Kodifizierung des umgekehrten Massgeblichkeitsprinzips[26] gem. § 6 Abs.3 EStG a.F. durch das BiRiLiG im Jahre 1985. Auf Betreiben der deutschen Delegation, entgegen der ursprünglichen Absicht der EG-Kommission, ist durch Art.35 Abs.1 Buchst. d und Art.39 Abs.1 Buchst.e der Vierten EG-Richlinie ein Wahlrecht zur Anwendung des umgekehrten Massgeblichkeitsprinzips durchgesetzt worden.[27] Die eigentliche Zielsetzung des BiRiLiG war es, eine EG-weite Koordination des Gesellschaftsrechts zu erzielen, insbesondere um eine Vergleichbarkeit und Gleichwertigkeit der Jahresabschlüsse zu gewährleisten. Nicht zuletzt sollte damit auch eine Brücke zwischen dem kontinentaleuropäischen Denken des Gläubigerschutzes als Ausfluss des Vorsichtsprinzips und dem im angelsächsischen vorherrschenden true-and-fair-view Gedanken errichtet werden. In Anbetracht der Vielzahl von nationalen Wahlrechten[28] innerhalb der Vierten Richtlinie, mit denen den Mitgliedstaaten ein Festhalten an ihren traditionellen Bilanzierungsphilosophien gestattet wird, ist das Ziel einer einheitlichen europäischen Rechnungslegung nicht erreicht worden.
Der Siegeszug der umgekehrten Massgeblichkeit wurde durch die Neuregelung in § 5 Abs.1 S.2 EStG durch das Wohnungsbauförderungsgesetz[29] (WoBauFG) vom 22.12.1989 zunächst einmal vollendet.[30] Dadurch wurde die Massgeblichkeit verschiedener steuerrechtlicher Regelungen und Wertansätze für die Handelsbilanz deklariert.[31] Abgesehen davon, dass diese Deformierung der Handelsbilanz durch steuerrechtliche Vorschriften aus einer rationalen ökonomischen Perspektive nicht nachvollziehbar ist,[32] werden die o.g. fiskalisch begründeten Bewertungsvorbehalte nach § 5 Abs.6 EStG durch diese Umkehrung der Massgeblichkeit konterkariert. Erlaubt doch gerade die um-

---

26 In der Literatur wird oftmals noch zwischen der formellen und der umgekehrten Massgeblichkeit unterschieden. Vgl. *Stobbe,* Rechnungslegung, 1991, S.33; *Eichinger*, Rechnungslegung, 1993, S.15 f. Nach *Weber-Grellet* existiert die formelle Massgeblichkeit, nach der der konkret gewählte Wertansatz in der Steuer- und Handelsbilanz übereinstimmen muss, nur noch in Gestalt der umgekehrten Massgeblichkeit. Vgl. *Weber-Grellet,* Bilanzsteuerrecht, 1995, S.29 f.; ähnlich *Knobbe-Keuk,* Unternehmenssteuerrecht, 1993, S.22.

27 Vgl. *Krieger,* Massgeblichkeit, 1988, S.336.

28 Kritik dazu vgl. *Biener,* Harmonisierung, 1993, S.15; *Busse von Colbe,* Globalisierung, 1993, S.322; *Kütting,* Rechtsangleichung, 1994, S.70.

29 Gesetz zur steuerlichen Förderung des Wohnungsbaus und zur Ergänzung des Steuerreformgesetzes 1990 - Wohnbauförderungsgesetz, BStBl. I 1989, S.505-517.

30 Vgl. *Knobbe-Keuk,* Unternehmenssteuerrecht, 1993, S.30.

31 Vgl. *Eichinger,* Rechnungslegung, 1993, S.15; *Wassermeyer,* Massgeblichkeit, 1991.

32 Vgl. *Knobbe-Keuk,* Unternehmenssteuerrecht, 1993, S.31 m.w.N.

gekehrte Massgeblichkeit, entgegen den Grundsätzen ordnungsmässiger Buchführung, die handelsrechtliche Bilanzierung subventioneller Steuervergünstigungen. Dies bedeutet, es werden steuerrechtliche Wertansätze in der Handelsbilanz ermöglicht, die aufgrund handelsrechtlicher Regelungen eigentlich nicht zulässig wären. Die Folge ist die Bildung von an sich nicht erlaubter stiller Reserven in der Handelsbilanz und damit ein Widerspruch zu den GoB. Dies zu verstehen bleibt wohl nur Wenigen vorbehalten.[33] Treffend formuliert es *Knobbe-Keuk*:"...; es haben wohl geheime Mächte mitgewirkt."[34]

1.3 Allgemeine Bewertungsvorschriften

Zweck der Bewertung ist es, Vermögensgegenständen und Verbindlichkeiten einen "richtigen" Geldwert zuzuweisen. Dabei ist die Feststellung dieses "richtigen" Wertes das zentrale Bewertungsproblem.[35]

Handelsrechtlich finden sich die grundlegenden Bewertungsvorschriften in den Regelungen §§ 252-256 HGB, die über den Grundsatz der Massgeblichkeit generell auch für das Steuerrecht gelten. Die bilanzsteuerrechtliche Bewertungskonzeption ergibt sich im wesentlichen aus den in § 6 EStG normierten Regelungen und dem Bewertungsvorbehalt nach § 5 Abs.6 EStG. Da diese gegenwärtigen handels- und steuerrechtlichen Regelungen in weiten Bereichen nicht koordiniert sind und gleichzeitig noch unterschiedliche Zielsetzungen verfolgt werden, ist eine Übereinstimmung von handels- und steuerrechtlichen Bewertungsvorstellungen generell nicht gewährleistet. Neben der z.T. unterschiedlichen Terminologie sind es insbesondere differierende Bilanzierungswahlrechte, -gebote und - verbote, die zu Abweichungen führen können.
Ungeachtet dieser Bewertungsdifferenzen wird in der Regel nur eine Bilanz erstellt, die zwar als Handelsbilanz ausgegeben wird, bei der sich die handels-

---

33 Die Finanzverwaltung führt als eigentlichen Grund für die Einführung der umgekehrten Massgeblichkeit die Ausschüttungssperre an. Ohne die umgekehrte Massgeblichkeit hätten die gewährten steuerlichen Sonderabschreibungen nicht mehr beibehalten werden können, so dass ein erheblich höheres Ausschüttungsvolumen zur Verfügung gestanden hätte. Genau dies sollte den Kapitalgesellschaften erspart werden. Vgl. BT-Drs.10/4268, S.146.

34 *Knobbe-Keuk*, Unternehmenssteuerrecht, 1993, S.33.

35 Ein absoluter richtiger, „wirklicher" Wert existiert nicht. Vgl. BFH v. 18.12.1972, BStBl 1973 II, 329.

rechtliche Bilanzierung aber nach den steuerrechtlichen Vorschriften richtet. Eine Pflicht zur Aufstellung einer eigenständigen Steuerbilanz existiert nicht.

Ausgehend vom Massgeblichkeitsprinzip und dessen Umkehrung ergibt sich der Wertansatz in dieser einheitlichen Steuer- und Handelsbilanz entsprechend den folgenden Ausführungen:[36]

a) Legt das Steuerrecht einen bestimmten Wertansatz fest, ist gem. § 5 Abs.6 EStG dieser Wert massgebend; der materielle Massgeblichkeitsgrundsatz wird ausser Kraft gesetzt.
b) Enthält das Steuerrecht keine eigene Regelung, führt über § 5 Abs.1 S.1 EStG das handelsrechtliche Wahlrecht auf der Aktivseite zum Ansatz des höchsten Wertes, auf der Passivseite[37] zum Ansatz des niedrigsten Wertes.
c) Besteht im Steuerrecht ein Bewertungswahlrecht, entscheidet das Massgeblichkeitsprinzip, welcher der steuerrechtlichen Werte handelsrechtlich anzusetzen ist.
   ca) Legt das Handelsrecht einen bestimmten Wertansatz fest, ist dieser auch steuerrechtlich massgebend.
   cb) Räumt das Handelsrecht ebenfalls ein Wahlrecht ein, müssen nach dem umgekehrten Massgeblichkeitsprinzip, die steuerrechtliche und die handelsrechtliche Bewertung übereinstimmen.

Diese Ausführungen lassen die Komplexität der gegenwärtigen Bewertungspraxis erahnen. Nicht umsonst gehört der Massgeblichkeitsgrundsatz in seinen verschiedenen Erscheinungsformen, mit seinen fast zahllosen Durchbrechungen und den Auswirkungen auf die Handelsbilanz zu den kompliziertesten Regelungen des Bilanzsteuerrechts.[38]

---

36 Vgl. BFH v. 21.10.1993, BStBl. 1994 II, 176.
37 Vgl. BFH-Urteil v. 3.2.1969, BStBl. II 1969, S.291 ff.
38 Vgl. *Weber-Grellet*, Bilanzsteuerrecht, 1995, S.34.

2. Auswirkungen

Die Ausgangslage für die zinsbereinigte Steuerbemessungsgrundlage ist gemäss der Darstellung Abs.B.6 die handelsrechtliche Gewinnermittlung durch Bilanzierung. Die handelsrechtlichen Bilanzierungs- und Bewertungsvorschriften werden zunächst als gegeben übernommen, so dass hier, ganz im Gegensatz zum gegenwärtigen Bilanzrecht, keine Konkurrenz zwischen steuer- und handelsrechtlichen Bilanzierungsvorstellungen besteht. Zwar werden z.T. die handelsrechtlichen Ansätze entsprechend den Vorstellungen eines zinsbereinigten Unternehmenssteuerkonzepts steuerlich wieder korrigiert, dies findet jedoch nachgelagert innerhalb der Berechnung zur Steuerbemessungsgrundlage statt ohne dass damit bilanzielle Rückwirkungen auf die Handelsbilanz ausgelöst werden. In diesem Sinne ist hier von einer Massgeblichkeit der handelsrechtlichen Bilanzierung für die Steuerbemessungsgrundlage auszugehen. Eine Umkehrung der Massgeblichkeit ist ausgeschlossen.
Ausgehend von diesen Überlegungen ist bei den Auswirkungen auf das Bilanzrecht zwischen den Auswirkungen auf das Steuerbilanzrecht und den Auswirkungen auf das Handelsbilanzrecht zu unterscheiden.
Die Auswirkungen auf das Steuerbilanzrecht werden sowohl an den Änderungen bei Steuerpflicht, Steuersatz und Steuerbemessungsgrundlage, als auch an der generellen Abschaffung aller Bilanzierungs- und Bewertungsvorschriften, die in Konkurrenz zu den handelsrechtlichen Regelungen stehen, deutlich. Dem entgegen steht die Einführung neuer steuerrechtlicher Regelungen entsprechend den Bilanzierungs- und Bewertungsvorstellungen der zinsbereinigten Unternehmensbesteuerung.
Die bilanziellen Auswirkungen im Handelsbilanzrecht ergeben sich durch die Abschaffung der umgekehrten Massgeblichkeit und der gegenwärtig konkurrierenden steuerrechtlichen Bilanzierungs- und Bewertungsvorschriften. Dies führt zu einer Veränderung des handelsrechtlichen Gewinnausweises, der als Ausgangsbasis für die Steuerbemessungsgrundlage wiederum eine Veränderung des bestehenden Steuerzahlungsstroms generiert.

Zunächst werden die Auswirkungen der zinsbereinigten Unternehmensbesteuerung auf die gegenwärtigen Regelungen zu Steuerpflicht, Steuersatz und Steuerbemessungsgrund-lage erläutert. Anschliessend werden die bestehenden allgemeinen und die entsprechend der einzelnen Bilanzpositionen speziellen Bilanzierungsdifferenzen in der steuer- und handelsrechtlichen Rechnungslegung aufgezeigt und im Hinblick auf den Wirkungsmechanismus einer zinsbereinigten Unternehmensbesteuerung neu bewertet.

Die Ausführungen beschränken sich aufgrund der rechtsformneutralen Ausgestaltung der zinsbereinigten Unternehmensbesteuerung im wesentlichen auf die bilanziellen Auswirkungen bei Kapitalgesellschaften.

2.1 Steuerpflicht

Zur begrifflichen Abgrenzung gegenüber der Körperschaftsteuer und den körperschaftsteuerpflichtigen Unternehmen nach deutschem Steuerrecht wird in diesem Kontext auf Basis eines zinsbereinigten Steuersystems von einer Gewinnsteuer respektive gewinnsteuerpflichtigen Unternehmen gesprochen.
Zur Begriffsdefinierung der Gewinnsteuerpflicht bietet es sich an, die bisher nach deutschem Recht zur Gewinnermittlung durch Bilanzierung verpflichteten Unternehmen als gewinnsteuerpflichtige Unternehmen und damit äquivalent als bilanzierungspflichtige Unternehmen im Sinne des Gewinnsteuergesetzes (GStG)[39] zu klassifizieren. Im einzelnen sind dies:

a) nach § 4 I EStG buchführungspflichtige Land- und Forstwirte und freiwillig buchführende Freiberufler
b) nach §§ 5 I, 4 I EStG buchführungspflichtige Gewerbetreibende
   ba) Kaufleute und Handelsgesellschaften
   bb) nach § 141 AO Verpflichtete
   bc) freiwillig Buchführende

Zur Erfüllung des Grundsatzes der Rechtsformneutralität, nach dem eine identische steuerliche Behandlung der unternehmerischen Betätigung, unabhängig, in welcher Rechtsform die Betätigung ausgeübt wird, gewährleistet sein muss, wird für Freiberufler die Bilanzierung bei Erfüllung der Kriterien des § 141 AO ebenfalls zur Pflicht.
Kleinunternehmen, die nach den o.g. Kriterien nicht gewinnsteuerpflichtig sind, werden als einkommensteuerpflichtige Unternehmen bezeichnet, die den Bestimmungen des Einkommensteuergesetzes unterliegen. Sie ermitteln den

---

39 Als Grundlage dient das kroatische Gewinnsteuergesetz v. 29.11.1993 (Narodne novine, Nr.109/93) mit Änderungen v. 27.12.1994.

Gewinn durch Überschussrechnung i.S.d. § 4 Abs.3 EStG[40]. Zur klaren terminologischen Abgrenzung wird bei einkommensteuerpflichtigen Unternehmen nicht mehr von Gewinn sondern von Einkommen gesprochen. Den einkommensteuerpflichtigen Unternehmen wird die Option eingeräumt, freiwillig den Gewinn durch Bilanzierung zu ermitteln und sich damit an die Vorschriften der Gewinnsteuer zu binden.

Der bisherige an die Rechtsform anknüpfende Dualismus der Unternehmensbesteuerung mit Einzelunternehmen und Personengesellschaften auf der einen Seite und Kapitalgesellschaften und sonstigen Körperschaften auf der anderen Seite wird durch die vorgenommene Klassifikation vermieden.
Grundsätzlich ist jedes gewinnsteuerpflichtige Unternehmen als selbständiges Steuersubjekt zu betrachten, dem eine eigenständige Steuerrechtsfähigkeit[41] zuerkannt wird. Für bilanzierungspflichtige juristische Personen, insbesondere Kapitalgesellschaften, die bisher steuerrechtsfähig im Sinne der Körperschaftsteuer waren, kommt es dadurch zu keinen Änderungen. Bei gewinnsteuerpflichtigen Einzelunternehmern, Personengesellschaften bzw. Freiberuflern erfolgt steuerrechtlich eine strikte Trennung zwischen der natürlichen Person und dem Unternehmen. Eine Zurechnung bzw. ein Durchgriff auf die Einzelperson bzw. den Gesellschafter findet nicht mehr statt. Damit entfällt für gewinnsteuerpflichtige Personengesellschaften das bisher bei Personengesellschaften zum Zwecke der Gewinnzurechnung auf die Gesellschafter durchgeführte Verfahren der einheitlichen und gesonderten Gewinnfeststellung nach §§ 179 ff. AO.

Die Konsequenzen einer solchen einheitlichen Besteuerung sind insbesondere auf Seiten der unternehmerischen Nichtkörperschaften gravierend aber zum Erreichen der Rechtsformneutralität und einer gerechteren Besteuerung unumgänglich.

---

40 Bei diesen Kleinunternehmen erfolgt die Zinsbereinigung über einen erlaubten Zinsabzug auf das Realvermögen. Vgl. *Wiswesser*, Inflation, .S.242 f.

41 Durch eine eigenständige Steuerrechtsfähigkeit werden die gewinnsteuerpflichtigen Unternehmen, auch die gewinnsteuerpflichtigen Personengesellschaften, zu Trägern von steuergesetzlichen Rechten und Pflichten. Die zivilrechtliche Rechtsfähigkeit wird dadurch nicht berührt.

2.2 Steuerbemessungsgrundlage

Im heutigen Bilanzsteuerrecht ist der Ausgangspunkt für die Steuerbemessungsgrundlage bei bilanzierenden Steuerpflichtigen der Gewinnbegriff des § 5:Abs.1 EStG mit Verweis auf § 4 Abs.1 Satz 1 EStG. „Gewinn ist der Unterschiedsbetrag zwischen dem Betriebsvermögen am Schluss des Wirtschaftsjahres und dem Betriebsvermögen am Schluss des vorangegangenen Wirtschaftsjahres, ...“. Wie gross die Differenz zwischen den Betriebsvermögen zweier Stichtage ist, hängt dabei entscheidend von der Bilanzierung und Bewertung der Vermögensgegenstände und der Schulden ab. Genau hier beginnt das Massgeblichkeitsprinzip. Verweist § 5 Abs.1 Satz 1 EStG noch auf die handelsrechtlichen Bilanzierungs- und Bewertungsgrundsätze, werden durch Satz 2 die steuerrechtlichen Wahlrechte massgebend.

Der Ausgangspunkt für die Steuerbemessungsgrundlage ist der handelsrechtlich ausgewiesene Gewinn. Im Unterschied zum gegenwärtigen Bilanzsteuerrecht üben die zinsbereinigten Bilanzierungsvorstellungen jedoch keinen Einfluss auf die handelsrechtlichen Bilanzierungs- und Bewertungsgrundsätze aus.

2.3 Steuertarif

Die Höhe des Gewinnsteuersatzes kann entsprechend dem aktuellen Körperschaftsteuersatz gem. § 23 Abs.1 KStG festgelegt werden.
Nach dem grundlegenden Prinzip der zinsbereinigten Gewinnsteuer erzielte Gewinne nur einmal zu erfassen, entfällt eine weitere steuerliche Erfassung auf der Ebene der Anteilseigner. Eine Unterscheidung zwischen der Belastung bei Thesaurierung und einer Ausschüttungsbelastung findet nicht statt.

2.4 Bilanz

Wie bereits in Kap.B erläutert, übt die handelsrechtliche Bewertung aufgrund des Wirkungsmechanismus der zinsbereinigten Unternehmensbesteuerung auf die intertemporale Steuerzahlung generell keinen Einfluss aus. Dementsprechend kann von konkurrierenden steuerrechtlichen Bewertungsregelungen abgesehen werden. Davon unberührt bleiben die speziellen steuerlichen Ansatz-

vorschriften des zinsbereinigten Steuerkonzepts, die ausschliesslich auf der steuerlichen Seite Anwendung finden.
Im folgenden werden die konkurrierenden steuer- und handelsrechtlichen Bewertungsregelungen im heutigen Bilanzrecht identifiziert, und die Auswirkungen einer Abschaffung der derzeitigen steuerrechtlichen Bewertungsvorschriften auf die handelsrechtliche Bewertung der Bilanzpositionen und die Steuerbemessungsgrundlage erläutert. Dazu werden zunächst die Auswirkungen auf die für verschiedene Bilanzpositionen gleichermassen geltenden Regelungen zu den Anschaffungs- und Herstellungskosten sowie zu den Ab- und Zuschreibungen dargestellt.

2.4.1 Anschaffungskosten

Der Begriff der Anschaffungskosten ist handelsrechtlich geregelt in § 255 Abs.1 HGB. Danach sind Anschaffungskosten "... die Aufwendungen, die geleistet werden, um einen Vermögensgegenstand zu erwerben und ihn in einen betriebsbereiten Zutand zu versetzen, ... Zu den Anschaffungskosten gehören auch Nebenkosten ... Anschaffungspreisminderungen sind abzusetzen". Die grundsätzliche steuerrechtliche Bewertung zu den Anschaffungskosten ergibt sich aus § 6 EStG, allerdings ohne diesen Terminus genauer zu erläutern. Der Einkommensteuer-Hinweis H 32a EStR 1996 zu § 6 EStG verweist auf die Regelung nach § 255 Abs.1 HGB. Damit scheint der Begriff der Anschaffungskosten im gegenwärtigen Steuer- und Handelsrecht im Prinzip inhaltsgleich zu sein. Bei der genaueren Betrachtung treten jedoch generelle Bewertungsdifferenzen auf, die sich insbesondere bei der Bilanzierung von Fremdkapitalzinsen, Zuschüssen, Tauschgeschäften und bei Umwandlung ergeben.

2.4.1.1 Fremdkapitalzinsen

Bei den Anschaffungsnebenkosten ist bei einem engen Zusammenhang zwischen Fremdfinanzierungskosten und Anschaffungskosten nach *Adler/Düring/Schmaltz*[42] für Fremdkapitalzinsen ein handelsrechtliches Aktivierungswahlrecht anzunehmen, das gemäss den obigen Ausführungen in Abs.C.1.3 b) zu

---

42 Vgl. *Adler/Düring/Schmaltz, Rechnungslegung,* 1995, Teilbd.1, § 255, Rz.38; a.A. *Kü-ting/Weber,* Rechnungslegung, 1995, § 255, Rz.40.

einem steuerlichen Aktivierungsgebot wird. Dementsprechend werden in einer einheitlichen Steuer- und Handelsbilanz die zurechenbaren Fremdkapitalzinsen aktiviert.
Entfällt diese allgemeine bilanzsteuerrechtliche Bewertungsvorschrift, ist davon auszugehen, dass in der Handelsbilanz schon aus rein administrativen Gesichtspunkten tendenziell die Fremdkapitalzinsen sofort als Aufwand verbucht werden.
Aus Sicht der zinsbereinigten Besteuerung ist der handelsrechtlich gewählte Ansatz irrelevant. Werden die Fremdkapitalzinsen aktiviert, erfolgt die steuerliche Erfassung über die Nutzungsdauer des Wirtschaftsgutes. Im Falle einer sofortigen Verbuchung der Fremdkapitalzinsen als Aufwand entspricht dies der Wirkung einer Sofortabschreibung mit einem zunächst entsprechend geringeren Gewinnausweis. Intertemporal betrachtet, ergibt sich aufgrund der zinsbereinigten Wirkung dieselbe Steuerzahlung. Insofern kann hier bedenkenlos auf den handelsrechtlichen Ansatz zurückgegriffen werden.

2.4.1.2 Zuschüsse

Bezüglich der bilanziellen Behandlung von Zuschüssen gewährt R 34 Abs.2 EStR 1996 ein Wahlrecht. Entweder werden die Zuschüsse als Betriebseinnahme erfolgswirksam erfasst ohne damit die Anschaffungskosten zu reduzieren, oder es erfolgt eine erfolgsneutrale Anschaffungskostenminderung. Voraussetzung für die erfolgsneutrale Behandlung ist, dass in der Handelsbilanz entsprechend verfahren wird, gemäss dem umgekehrten Massgeblichkeitsprinzip.
Handelsrechtlich wurde ursprünglich die Vorstellung verfolgt, dass Zuschüsse, unabhängig aus welchen Quellen die finanziellen Mittel kommen, die Anschaffungskosten nicht mindern,[43] da zur Gewährleistung einer zutreffenden Vermögens- und Ertragslage der Ausweis der tatsächlich am Markt getätigten Ausgaben für einen Vermögensgegenstand geboten ist.[44] Dementsprechend sind die ungekürzten Anschaffungskosten zu bilanzieren und die Zuschüsse in einen gesonderten Passivposten zunächst erfolgsneutral einzustellen; letzterer ist dann parallel zu den Abschreibungen erfolgswirksam aufzulösen.[45] Die Durchsetzung dieser Bilanzierung in der Handelsbilanz ist insbesondere auf-

---

43 Vgl. *Zwehl*, Zuschüsse, 1970, S.4 ff.; *Knobbe-Keuk*, Bilanzierung, 1978, S.226 ff.; *Kupsch*, Jahresabschluss, DB, 1979, S.365 ff.; *HFA 1/1984*, Zuwendungen, S.613 f.

44 *Knobbe-Keuk*, Unternehmenssteuerrecht, 1993, S.164.

45 *HFA 1/1984*, Zuwendungen, S.131 ff.

grund des steuerrechtlichen Wahlrechts fraglich.[46] Die handelsrechtliche Auffassung hat sich unter dem Einfluss der steuerrechtlichen Sicht gewandelt, und so unterstützt die wohl z.Z. herrschende handelsrechtliche Meinung das Wahlrecht, nachdem die Anschaffungskosten grundsätzlich erfolgsneutral um die Zuwendungen zu reduzieren sind.[47] Die Folge ist, entgegen den Vorstellungen der GoB, die Bildung von stillen Reserven in genau der Höhe der Zuschüsse, die erst langsam über die wirtschaftliche Nutzungsdauer verringert werden. Entsprechend den Ausführungen in Abs.B.1.3 cb) führt bei einer einheitlichen Handels- und Steuerbilanz die Umkehrung des Massgeblichkeitsprinzips zu einer erfolgsneutralen Anschaffungskostenminderung.
Abstrahiert man innerhalb der zinsbereinigten Unternehmensbesteuerung von der Umkehrung des Massgeblichkeitsprinzips, ist im Handelsrecht eine Rückbesinnung auf die ursprüngliche Bilanzierungsvorstellung nach der wirtschaftlichen Betrachtungsweise denkbar, nach der die Anschaffungskosten nicht um die Zuschüsse zu mindern sind.
Auf den intertemporalen Gewinn der zinsbereinigten Unternehmensbesteuerung hat die handelsrechtlichen Bilanzierung unabhängig von dem letztendlich ausgeübten Wahlrecht keine Auswirkungen. Im Unterschied zu der sofortigen Reduktion der Anschaffungskosten in Höhe der Zuschüsse wird bei der ungekürzten Darstellung der erhöhte erfolgswirksame Abschreibungsbetrag durch die in gleicher Höhe vorzunehmende erfolgswirksame Auflösung des Passivpostens über die Nutzungsdauer des Wirtschaftsgutes nach dem Nominalwertprinzip ausgeglichen. Auch eine zeitliche Differenz zwischen der Verteilung des Passivpostens und der vorgenommenen Abschreibungen bleibt aufgrund der zinsbereinigten Wirkung ohne steuerliche Einfluss.

2.4.1.3 Anschaffungskosten bei Tauschgeschäften

Bei der Betrachtung von Tauschgeschäften wird steuerrechtlich nach H 32a EStR 1996 grundsätzlich der gemeine Wert der hingegebenen Wirtschaftsgüter als Anschaffungskosten angesetzt.[48] Der gemeine Wert nach § 9 Abs.2 BewG bzw. § 7 Abs.2 EStDV entspricht dem Veräusserungspreis. Damit kommt es steuerrechtlich zu einer Gewinnrealisierung.

46 Vgl. *Küting/Weber*, Rechnungslegung, 1995, § 255, Rz.69.
47 Vgl. *Adler/Düring/Schmaltz, Rechnungslegung*, 1995, Teilbd.1, § 255, Rz.56 m.w.N.
48 Vgl. BFH v. 16.12.1958 (Tauschgutachten), BStBl III 1959, 30; BFH v. 25.1.1984, BStBl II 1984, 422.

Handelsrechtlich ist früher der Tausch lediglich als ein Wechsel des getauschten Gegenstandes betrachtet worden. Infolgedessen entsprachen die Anschaffungskosten grundsätzlich dem Buchwert des eingetauschten Gegenstandes, eine Gewinnrealisierung war ausgeschlossen.[49] Die handelsrechtliche Meinung hat sich auch in diesem Fall dem steuerrechtlichen Einfluss gebeugt. Heute werden im Grundsatz drei Wahlrechte, die sowohl die Gewinnrealisierung als auch die Möglichkeiten der Buchwertfortführung und der ergebnisneutralen Behandlung vorsehen, handelsrechtlich als zulässig erachtet.[50] Die ergebnisneutralen Behandlung geht ebenfalls von der Buchwertfortführung aus, erlaubt aber eine höhere Bewertung um eine mit dem Tausch eventuell verbundene zusätzliche Ertragsteuerbelastung ergebnismässig zu neutralisieren. Entsprechend den Ausführungen in Abs.1.3 a) ist bei einer einheitlichen Handels- und Steuerbilanz die Gewinnrealisierung zwingend.
Verneint man die Gültigkeit des steuerlichen Wertansatzes nach § 5 Abs.6 EStG, ist ein Umdenken in der handelsrechtlichen Bewertung auf die ursprüngliche Buchwertfortführung fraglich. Durch die steuerlich erzwungene Gewinnrealisierung wird nach den eigentlichen Prinzipien der GoB die Beibehaltung von stillen Reserven vermieden. Insofern entspricht dieses steuerrechtlich erzwungene Wahlrecht in der Handelsbilanz dem Grundsatz nach am ehesten der handelsrechtlichen Bilanzierungsphilosohie.
Die zinsbereinigte Unternehmensbesteuerung ist konform mit allen drei handelsrechtlichen Wahlrechten. Bei der Gewinnrealisierung wird in Zusammenhang mit dem zinsbereinigten Besteuerungskonzepts von einer steuerlichen Beendigung ausgegangen. Folge ist die Aufdeckung der stillen Reserven und deren steuerliche Erfassung. Bei der Buchwertfortführung ist die Erfassung der steuerlichen Reserven zu einem späteren Zeitpunkt weiterhin gewährleistet, so dass auch in diesem Fall von intertemporalen steuerlichen Differenzen abzusehen ist. Die ergebnisneutrale Behandlung ist eine Mischform der beiden anderen Ansatzmethoden und insofern auch von der Wirkung steuerlich ebenfalls unbedenklich.

---

49 Vgl. *Küting/Weber,* Rechnungslegung, 1995, § 255, Rz.115; *Knobbe-Keuk,* Unternehmenssteuerrecht, 1993, S.166 f.

50 Vgl. *Adler/Düring/Schmaltz, Rechnungslegung,* 1995, Teilbd.1, § 255, Rz.89-94.

2.4.1.4 Anschaffungskosten bei Umwandlung

Bei einer Umwandlung in Form einer Verschmelzung, Spaltung, Vermögensübertragung oder eines Rechtsformwechsels werden die handelsrechtlichen Bilanzierungsvorschriften durch die Regelungen des Umwandlungsgesetzes[51] (UmwG) ergänzt. Nach § 24 UmwG besteht ein Wahlrecht, das dem übernehmenden Rechtsträger erlaubt, entweder die beim übertragenden Rechtsträger ausgewiesenen Buchwerte in seine Bilanz nach dem sog. Buchwertansatz (Buchwertverknüpfung) zu übernehmen, oder die übernommenen Vermögensgegenstände mit seinen Anschaffungskosten anzusetzen. In diesem Fall werden die stillen Reserven aufgedeckt. Der Rechtsformwechsel als nicht übertragende Umwandlung unterliegt nicht dem Anwendungsbereich des § 24 UmwG, da sich allein die rechtliche Organisation des Unternehmensträgers ändert, dem vor und nach der Umwandlung dasselbe Vermögen zugeordnet wird.[52] Insofern ist in diesem Fall handelsrechtlich die Buchwertfortführung zwingend. Steuerrechtlich ist durch das Gesetz zur Änderung des Umwandlungssteuerrechts vom 28.10.1994 das Umwandlungssteuergesetz (UmwStG)[53] neu gefasst worden, mit dem Ziel, es an das UmwG anzupassen und die Umstrukturierungen von Unternehmen einfacher als bisher steuerneutral zu ermöglichen.[54] Generell wird dies durch das der übertragenden Körperschaft eingeräumte Wahlrecht nach § 11 Abs.1 UmwStG zur Buchwertfortführung in der Schlussbilanz ermöglicht. Bei der übernehmenden Körperschaft besteht nach §§ 12 Abs.1, 15 Abs.1 i.V.m. 4 Abs.1 UmwStG die Pflicht zur Buchwertverknüpfung.[55] Dabei steht grundsätzlich die Sicherstellung der Besteuerung von stillen Reserven in den übergehenden Vermögensgegenständen im Vordergrund. Bei einem Rechtsformwechsel ist auch steuerrechtlich nicht von einer Vermögensübertragung auszugehen, so dass auch hier eine Buchwertfortführung anzunehmen ist.

Unterschiede zwischen Handelsrecht und Steuerrecht treten dann auf, wenn das handelsrechtliche Bewertungswahlrecht nach § 24 UmwG der steuerrecht-

---

51 Art. 1 des Gesetzes zur Bereinigung des Umwandlungsrechts (UmwBerG), BGBl. I 1994, 3210

52 Vgl. BT-Drucks. 12/6699, S.136.

53 BGBl. I 1994, 3267.

54 Vgl. BT-Drucks. 12/6885, S.14.

55 Eine Übersicht über die Anschaffungskostenbestimmung nach dem UmwStG liefert *Küting/Weber*, Rechnungslegung, 1995, § 255, Rz.152.

lichen Pflicht zur Buchwertverknüpfung gegenübersteht. Dagegen unterliegt die steuerliche Schlussbilanzierung der übertragenden Körperschaft der Massgeblichkeit des § 17 Abs.2 UmwG für §§ 3, 11 UmwStG.[56] Ungeachtet der Ausübung der unterschiedlichen Wahlrechte ist im Handels- und Steuerrecht die ergebnismässige Erfassung der stillen Reserven weiterhin gewährleistet, so dass ein differierender Ansatz der Anschaffungskosten nur einen temporären Buchungsunterschied darstellt, der sich über die Nutzungsdauer des Vermögensgegenstandes wieder egalisiert.

Die zinsbereinigte Unternehmensbesteuerung gewährt bei jeglicher Form der Spaltung und der Rechtsformänderung ein Wahlrecht, nach dem entweder die Buchwertfortführung oder eine Aktivierung zu Anschaffungskosten denkbar ist. Bei einer Aktivierung zu Anschaffungskosten erfolgt die Aufdeckung der stillen Reserven mit der Konsequenz der steuerlichen Erfassung. Bei der Verschmelzung ist dahingegen die Buchwertfortführung zwingend vorgeschrieben. Insofern ergibt sich zwischen der Bilanzierung nach der zinsbereinigten Unternehmensbesteuerung und der vorgegebenen handelsrechtlichen Bilanzierung bei einer Spaltung oder Rechtsformänderung keine Differenz. Wird bei einer Verschmelzung in der Handelsbilanz entsprechend dem Wahlrecht zur Aktivierung zu den Anschaffungskosten bilanziert, ist innerhalb der zinsbereinigten Unternehmensbesteuerung der Differenzbetrag zum ursprünglichen Buchwert gesondert auszuweisen.[57]

2.4.2 Herstellungskosten

Das BiRiLiG hat die Begriffsbestimmung der Herstellungskosten in § 255 Abs.2 HGB weitgehend an die detaillierte Aufzählung der einzelnen Aufwendungen gem. R 33 EStR angelehnt.[58] Dennoch ergeben sich bei der Frage, welche Aufwendungen einem Wirtschaftsgut als Herstellungskosten zuzuordnen sind, zwischen der steuer- und handelsrechtlichen Auffassung erhebliche Abgrenzungsschwierigkeiten. Die aktivierungspflichtige steuerrechtliche Wertuntergrenze nach R 33 EStR entspricht der Aufzählung in § 255 Abs.2 Satz 2 HGB ,

---

56 Ähnlich *Hügel*, Reform 1994, S.73; a.A. *Fischer*, Verschmelzung, 1995, S.488.

57 Siehe Abs.B.6.6.5, Abb. B.3.

58 Vgl. *Knobbe-Keuk*, Unternehmenssteuerrecht, 1993, S.167. Innerhalb der Vorschriften des EStG existiert keine Definition des Herstellungskostenbegriffs. Nach der Entscheidung des BFH ist auf die handelsrechtliche Regelung zurückzugreifen. Vgl. BFH v. 4.7.1990, BStBl II 1990, 830.

... Materialkosten, Fertigungskosten und die Sonderkosten der Fertigung", zuzüglich der Aufzählung in § 255 Abs.2 Satz 3 HGB „... angemessene Teile der notwendigen Materialgemeinkosten, der notwendigen Fertigungsgemeinkosten und des Werteverzehrs des Anlagevermögens ...". Die steuerliche Wertobergrenze umfasst zusätzlich die Aufzählung in § 255 Abs.2 Satz 4 HGB „Kosten der allgemeinen Verwaltung sowie Aufwendungen für soziale Einrichtungen des Betriebs, für freiwillige soziale Leistungen und für betriebliche Altersversorgung...".

Handelsrechtlich wird die aktivierungspflichtige Wertuntergrenze dahingegen ausschliesslich durch die Aufzählungen in § 255 Abs.2 Satz 2 HGB bestimmt. Danach liegt die handelsrechtliche Wertuntergrenze unterhalb der steuerrechtlichen. Die handelsrechtliche Wertobergrenze entspricht allerdings der steuerlichen Wertobergrenze.[59]

Nach den Ausführungen im Abs.C.1.3 cb) muss bei bestehenden steuer- und handelsrechtlichen Wahlrechten die steuerrechtliche und die handelsrechtliche Bewertung übereinstimmen. Durch die höhere steuerliche Wertuntergrenze bei gleicher steuer- und handelsrechtlicher Obergrenze bestimmen die steuerlichen Eingrenzungen die Ansatzmöglichkeiten.

Innerhalb des zinsbereinigten Besteuerungskonzeptes würde sich bei Vernachlässigung der steuerrechtlichen Bilanzierungs- und Bewertungsvorschriften in der Praxis der Bewertungsspielraum entsprechend den handelsrechtlichen Vorstellungen nach unten erweitern.

Für die zinsbereinigte Steuerbemessungsgrundlage ist der handelsrechtliche Ansatz dahingegen irrelevant. Auch in diesem Fall ist die grundsätzliche Frage, ob die Aufwendungen den Herstellungskosten zuzurechnen sind und entsprechend der Nutzungsdauer abgeschrieben werden, oder ob die Aufwendungen unmittelbar wie Sofortabschreibungen ergebnismindernd behandelt werden. Beide Ansätze führen wieder zur selben intertemporalen Steuerlast.

2.4.3 Abschreibungen

Als Abschreibungen kann man im allgemeinen die in der Gewinn- und Verlustrechnung als Aufwendungen angesetzten Beträge bezeichnen, um die die Ausgangswerte der Vermögensgegenstände im Jahresabschluss entspre-

---

59 Eine Übersicht über die Unterschiede zwischen Handels- und Steuerrecht im Hinblick auf Einbeziehungspflicht, -wahlrecht und verbot zeigt *Adler/Düring/Schmaltz, Rechnungslegung,* 1995, Teilbd.1, § 255, Rz.133.

chend der eingetretenen Wertminderung herabgesetzt werden. Handelsrechtlich wird dabei zwischen planmässigen, ausserplanmässigen und steuerrechtlichen Abschreibungen unterschieden.

2.4.3.1 Planmässig

Planmässige Abschreibungen i.S.d. § 253 Abs.2 Satz 1 u. 2 HGB verteilen die Anschaffungs- oder Herstellungskosten von Vermögensgegenständen des Anlagevermögens auf die Zeit ihrer voraussichtlichen Nutzung. Damit soll u.a. eine richtige Darstellung der Vermögenslage erreicht werden. Rein rechnerisch erfolgt durch die planmässigen Abschreibungen die Wiedergewinnung des investierten Kapitals, entsprechend dem Nominalwertprinzip. Eine bestimmte Abschreibungsmethode ist im Handelsrecht nicht vorgeschrieben. Allerdings sind die GoB zu beachten.
Den planmässigen Abschreibungen im Handelsrecht entsprechen im Steuerrecht die Absetzungen für Abnutzung nach § 7 Abs.1 Satz 1-4, Abs.2-5 EStG sowie die Absetzungen für Substanzverringerung nach § 7 Abs.6 EStG. Die Finanzbehörden haben zur Vermeidung einer Steuerverlagerung in die Zukunft durch entsprechend pessimistische Nutzungsdauerschätzungen sog AfA-Tabellen entwickelt, in denen die Vorgaben für die betriebsgewöhnliche Nutzungsdauer der unterschiedlichsten Vermögensgegenstände zusammengefasst sind.[60] Darüber hinaus sind nicht alle handelsrechtlich zugelassenen Abschreibungsmethoden und Prozentsätze steuerlich zulässig.
Aufgrund der engeren steuerrechtlichen Auslegung kommt es insbesondere bei der degressiven Abschreibungsmethode bzgl. des anzuwendenden Prozentsatzes, der Nutzungsdauer von Gebäuden und der Abschreibung des Geschäfts- bzw. Firmenwerts zu Abweichungen zwischen steuer- und handelsrechtlichen Abschreibungen.[61]

2.4.3.2 Ausserplanmässig

Ausserplanmässige Abschreibungen können nach dem sog. gemilderten Niederstwertprinzip bei Vermögensgegenständen des Anlagevermögens nach § 253 Abs.2 Satz 3 HGB vorgenommen werden, wenn ihnen am Abschluss-

---

60 Vgl. *Küting/Weber*, Rechnungslegung, 1995, § 253, Rz.121.
61 Vgl. *Schulze-Osterloh*, Gewinnermittlung, 1991, S.290 f.

stichtag ein niedrigerer Wert beizulegen ist. Für Kapitalgesellschaften ist dieses Wahlrecht gemäss § 279 Abs.1 Satz 2 HGB beschränkt auf Finanzanlagen. Ungeachtet der Rechtsform sind ausserplanmässige Abschreibungen für sämtliche Vermögensgegenstände des Anlagevermögens dann geboten, wenn die Wertminderung voraussichtlich von Dauer ist.

Bei Vermögensgegenständen des Umlaufvermögens sind i.S.d. sog. strengen Niederstwertprinzips nach § 253 Abs.3 HGB ausserplanmässige Abschreibungen stets vorzunehmen, um Vermögensgegenstände mit dem niedrigeren Wert anzusetzen.

Den ausserplanmässigen Abschreibungen im Handelsrecht entsprechen im Steuerrecht die Absetzungen für aussergewöhnliche technische oder wirtschaftliche Abnutzung nach § 7 Abs.1 Satz 5 EStG sowie die Teilwertabschreibung nach § 6 Abs.1 Nr.1 Satz 2, Nr.2 Satz 2 EStG.

Besondere Beachtung gilt hierbei der Unterscheidung zwischen der handelsrechtlichen ausserplanmässigen Abschreibung auf den niedrigeren Wert und der steuerrechtlichen Teilwertabschreibung auf den Teilwert.

Für die Teilwertabschreibung gilt unabhängig von der Vermögenskategorie ein steuerliches Wahlrecht. Aufgrund dem Massgeblichkeitsprinzip führt dies beim Anlagevermögen, unter der Annahme einer dauernden Wertminderung, sowie beim Umlaufvermögen auch im Steuerrecht zur Pflicht einer Teilwertabschreibung. Gleichzeitig wird bei Kapitalgesellschaften durch das handelsrechtliche Abwertungsverbot für Sachanlagen und immaterielle Vermögensgegenstände, unter der Annahme einer nur vorübergehenden Wertminderung, das steuerliche Wahlrecht ausser Kraft gesetzt.

Es wird deutlich, dass die engeren handelsrechtlichen Bestimmungen für ausserplanmässige Abschreibungen die Möglichkeiten zur steuerlichen Teilwertabschreibung über das Massgeblichkeitsprinzip im wesentlichen dominieren. In anderen Worten ist mit keinen gravierenden Einflüssen des Steuerrechts auf die handelsrechtlichen Abschreibungsmöglichkeiten zu rechnen. Zu untersuchen bleibt, ob bezüglich den Begriffsbestimmungen des handelsrechtlichen niedrigeren beizulegenden Wertes und des steuerrechtlichen Teilwertes Differenzen bestehen.

Der handelsrechtliche Begriff des niedrigeren beizulegenden Wertes lässt sich aus dem Vorsichtsprinzip ableiten, nachdem bei Wertminderungen generell zum Stichtag ausserplanmässige Abschreibungen auf den niedrigeren Wert vorzunehmen sind. Insofern ist hier im Interesse des Gläubigerschutzes, die Ausschüttung von Gewinnen in Höhe der nach dem Niederstwertprinzip notwendigen Abschreibungen zu verhindern.[62] Wie der niedrigere beizulegende Wert festzustellen ist, ist im Gesetz nicht geregelt. Bei Vermögensgegenständen des Anlagevermögens kann ein gesunkener Wiederbeschaffungswert bzw. sofern eine Wiederbeschaffung als solche, wie z.B. bei Beteiligungen, nicht möglich ist, der Ertragswert als beizulegender Wert herangezogen werden. Auch die Feststellung eines Ertragswertes ist oft nur unter Schwierigkeiten und nur innerhalb eines Schätzrahmens feststellbar. Nicht umsonst wird der niedrigere beizulegende Wert als „geheimnisvoll und erklärungsbedürftig" bezeichnet.[63] Bei Vermögensgegenständen des Umlaufvermögens ist nach § 253 Abs.1 Satz 1 HGB der niedrigere Wert anzusetzen, der sich aus einem Börsen- oder Marktpreis am Abschlussstichtag ergibt. Ist ein Börsen- oder Marktpreis nicht feststellbar, ist nach den GoB entweder der Wiederbeschaffungswert oder der Verkaufswert massgebend.[64]

Der steuerrechtliche Begriff des Teilwertes ist nach § 6 Abs.1 Nr.1 Satz 3 EStG der Betrag, den ein Erwerber des ganzen Betriebs im Rahmen des Gesamtkaufpreises für das einzelne Wirtschaftsgut ansetzen würde; dabei ist davon auszugehen, dass der Erwerber den Betrieb fortführt." Der Begriff des Teilwerts ist mit dem EStG 1934 eingeführt worden.[65] In der steuerrechtlichen Literatur ist der Begriff des Teilwerts allerdings stark umstritten und die Beseitigung ist häufig gefordert worden.[66] Insbesondere weil das Zurechnungsproblem des Gesamtpreises auf die Einzelwerte nicht eindeutig lösbar ist, gilt die Idee des klassischen Teilwertbegriffs als gescheitert.[67] Als Bewertungsmassstab für die Bilanz ist der Teilwertbegriff den allgemeinen Prinzipien der Bilanzerstellung untergeordnet und soll die Anwendung des in der Handelsbilanz geltende Niederstwertprinzips auch für die Steuerbilanz erklären.[68]
Gemäss der Präzisierung des Teilwerts durch den BFH[69] wird deutlich, dass die steuerrechtliche Bewertung des Anlagevermögens mit Hilfe des Teilwerts im Prinzip mit der handelsrechtlichen Bewertung nach dem beizulegenden

---

62 Vgl. *Adler/Düring/Schmaltz*, Rechnungslegung, 1995, Teilbd.1, § 253, Rz.486.

63 Vgl. *Groh*, Bilanzrecht, 1985, S.1849 ff.

64 Vgl. *Adler/Düring/Schmaltz*, Rechnungslegung, 1995, Teilbd.1, § 253, Rz.514.

65 RFH v.16.10.1934, RStBl 1935, 33.

66 Vgl. Herrmann/Heuer/Raupach, Kommentar, 1992, § 6 Anm.544; *Knobbe-Keuk*, Unternehmenssteuerrecht, 1993, S.175 m.w.N.; auch *Adler/Düring/Schmaltz, Rechnungslegung*, 1995, Teilbd.1, § 253, Rz.471 m.w.N.

67 Der BFH hat sich von der klassischen Teilwertlehre gelöst und verfolgt statt dessen verschiedene Teilwertvermutungen. BFH v. 13.10.1976, BStBl II, 1977, 540.

68 *Schneider*, Reform, 1971, S.326 ff., *Döllerer*, Grenzen, 1977/78, S.129 ff.

69 BFH v. 22.3.1972, BStBl II 1972, 489 f.

Wert identisch ist.[70] Analog entspricht der steuerliche Teilwert beim Umlaufvermögen dem handelsrechtlich niedrigeren beizulegenden Stichtagswert nach dem strengen Niederstwertprinzip.[71]

Damit drängt sich die Frage auf, worin die Funktion eines derart undurchsichtigen steuerlichen Wertansatz liegt. Aufgrund dieser doch wesentlichen Angleichung des steuerlichen Teilwertbegriffs an den handelsrechtlichen Begriff des niedrigeren beizulegenden Wertes, sowie der Dominanz der ausserplanmässigen Abschreibungen über die Teilwertabschreibungen ist durch eine Streichung sämtlicher Vorschriften zum Teilwert mit keinen wesentlichen bilanziellen Änderungen in der Handelsbilanz zu rechnen.

2.4.3.3 Steuerrechtlich

Nach § 254 HGB besteht ein Wahlrecht, Vermögensgegenstände des Anlage- und Umlaufvermögens mit dem niedrigeren Wert anzusetzen, der auf einer nur steuerrechtlichen Abschreibung basiert. Der Zweck dieser Vorschrift beruht einerseits darin, „die Einheit zwischen Handels- und Steuerbilanz soweit wie möglich zu wahren“[72] und andererseits dem bei der Umsetzung der 4. EG-Richtlinie verfolgten Ziel der Steuerneutralität Rechnung zu tragen. Damit wird sichergestellt, dass die Inanspruchnahme nur steuerrechtlicher Bewertungsvergünstigungen nicht durch handelsrechtliche Vorschriften verhindert wird. Die Anwendungsfälle beziehen sich auf eine Vielzahl von steuerrechtlichen Sonderabschreibungen, erhöhten Absetzungen und Bewertungsabschlägen, die im EStG, in der EStDV und in verschiedenen Spezialgesetzen geregelt sind.[73]
Die uneingeschränkte Ausübung des § 254 HGB gilt nur für Einzelkaufleute und Personenhandelsgesellschaften, diese haben jedoch aufgrund von § 253 Abs.4 HGB weitgehende Abschreibungsmöglichkeiten, so dass in der Praxis Fälle sehr selten sind, bei denen steuerrechtliche Abschreibungsver-

---

70 Vgl. *Küting,/Weber*, Rechnungslegung, 1995, § 253, Rz.152. Nach *Schildbach*, Teilwert, 1990/91, S.31 hat der Teilwert im Steuerrecht eine ähnliche Funktion wie der niedrigere beizulegende Wert im Handelsrecht.; ebenso *Euler*, Verlustantizipation, 1991, S.191; a.A. vgl. *Schulze-Osterloh*, Gewinnermittlung, 1991, S.291.

71 Vgl. *Küting/Weber*, Rechnungslegung, 1995, § 253, Rz.187.

72 BT-Drucks. 10/319, S.90.

73 Eine detaillierte Übersicht liefern *Adler/Düring/Schmaltz, Rechnungslegung*, 1995, Teilbd.1, § 254, Rz.18-25; *Küting/Weber*, Rechnungslegung, 1995, § 254, Rz.38.

günstigungen über die eigentlichen handelsrechtlichen Abschreibungen hinaus gehen.[74] Für Kapitalgesellschaften sind gemäss § 279 Abs.2 HGB die Abschreibungen nach § 254 HGB auf die Fälle der umgekehrten Massgeblichkeit beschränkt; die steuerrechtlichen Abschreibungen sind also nur dann vorzunehmen, wenn in der Handelsbilanz entsprechend verfahren wird. Damit werden Unternehmen geradezu gedrängt, entsprechend den steuerlichen Vorschriften zu bilanzieren und somit entgegen den GoB stille Reserven zu bilden.[75]

Es bleibt festzuhalten: § 254 HGB ist eine handelsrechtliche Öffnungsklausel, durch die zwar de jure steuerrechtliche Bewertungsvergünstigungen über das umgekehrte Massgeblichkeitsprinzip auch handelsrechtlich angesetzt werden können, die jedoch dem Grundsatz nach den handelsrechtlichen Bewertungsvorstellungen entgegenstehen.

Die eigentliche Zielsetzung dieser Bewertungsvergünstigungen dürfte einzig und allein in der wirtschaftspolitischen Steuerung von Investitionen liegen. Der einzige Effekt, der dabei eintritt, ist eine temporäre Liquiditätshilfe und eine zinslose Steuerstundung, die sich durch eine zunächst reduzierte Steuerzahlung ergibt, die in späteren Perioden jedoch wieder durch eine entsprechend höhere Steuerzahlung kompensiert wird.[76]

In einem marktgerechten Steuersystem haben genau solche wirtschaftspolitischen Einflüsse auf die Steuerbemessungsgrundlage keine Existenzberechtigung und sind strikt und in schärfster Form abzulehnen. Die zinsbereinigte Unternehmensbesteuerung egalisiert darüber hinaus den Zinseffekt solcher Massnahmen. Damit sind sämtliche steuerrechtliche Bewertungsvergünstigungen zu streichen. Im Handelsrecht werden die steuerrechtlichen Abschreibungen nach § 254 HGB zusammen mit den auf diese Regelung bezugnehmenden Vorschriften der §§ 279 Abs.2, 280, 281 HGB überflüssig.

Die handelsrechtlichen Auswirkungen der Streichung dieser Vorschriften betreffen im wesentlichen nur die Kapitalgesellschaften. Mit der Streichung dieser Vorschriften werden die Abschreibungsregeln wieder auf das ursprüngliche handelsrechtliche „Normalmass“ zurückgeführt.

---

74 Vgl. Adler/Düring/Schmaltz, Rechnungslegung, 1995, Teilbd.1, § 254,, Rz.5.

75 Vgl. *Knobbe-Keuk,* Unternehmenssteuerrecht, 1993, S.31.

76 Sollte sich das Unternehmen in einer Verlustphase befinden, ohne die Möglichkeit eines Verlustrücktrages, kommt es weder zu einer kurzfristigen Liquiditätsverbesserung noch zu einem Steuerstundungseffekt. Die erlaubte Bewertungsvergünstigung ist wirkungslos.

2.4.3.4 Konsequenz

Das Problem im gegenwärtigen Bilanzrecht besteht in den z.T. unterschiedlichen steuer- und handelsrechtlichen Abschreibungsregelungen und in der uneinheitlichen Terminologie.
Aus rein ökonomischer Betrachtung sind steuer- und handelsrechtliche Unterschiede bei der Frage der Nutzungsdauer und der Abschreibungsmethode nicht ersichtlich, und bereits der Reichsfinanzhof ging davon aus, dass in der Steuerbilanz dieselbe Lebensdauer wie in der Handelsbilanz anzusetzen ist.[77]
Durch die Einführungen des zinsbereinigten Besteuerungskonzeptes werden die derzeit bestehenden „undurchsichtigen" Verhältnisse im Bereich der Abschreibungen auf einen Schlag, ohne finanzielle Nachteile für die Unternehmen, den Fiskus und die Anteilseigner, beseitigt. Basis für die zinsbereinigte Steuerbemessungsgrundlage sind ausschliesslich die handelsrechtlichen Regelungen des § 253 HGB. Danach sind sowohl die Abschreibungsdauer, die Abschreibungsmethode als auch der Abschreibungssatz entsprechend den Grundsätzen ordnungsmässiger Buchführung anzuwenden.[78] Im Steuerrecht sind sämtliche Abschreibungsregelungen für bilanzierende Unternehmen zu streichen. Darüber hinaus sind die sog. handelsrechtlichen Öffnungsklauseln, durch die die steuerlichen Abschreibungen ins Handelsrecht eingeschleust worden sind, aus dem Handelsrecht zu entfernen.

2.4.4 Zuschreibungen

Zuschreibungen oder Wertaufholungen sind buchmässige Erhöhungen von Bilanzwerten der vorangegangenen Jahresbilanz, die dazu dienen, fehlerhafte Bilanzansätze zu korrigieren bzw. bei Wegfall der Abschreibungsgründe die ursprünglichen Wertansätze wieder anzunehmen; dabei bilden die Anschaffungs- oder Herstellungskosten die absolute Obergrenze.[79]
Steuerrechtlich besteht ein Zuschreibungswahlrecht gem. § 6 Abs.1 Nr.1 S.4, Nr.2 Satz 3 EStG.[80] Jedoch ist aufgrund des Massgeblichkeitsprinzips und dessen Umkehrung stets ein einheitlicher Wertansatz mit der Handelsbilanz

---

77 Vgl. RFH-Urt. vom 9.12.1931, RStBl. 1932, S.148.

78 Die auf der erfahrungsgemässen betriebsgewöhnlichen Nutzungsdauer basierenden und vom BMF ausgegebenen AfA-Tabellen werden sicherlich auch weiterhin handelsrechtlich als Richtwert angesehen.

79 Vgl. *Weber-Grellet*, Bilanzsteuerrecht, 1995, S.172 f.

80 Vgl. *Schmidt*, Einkommensteuergesetz, 1997, S.451 Rz.50.

anzunehmen. Danach ist in der Steuerbilanz zuzuschreiben, wenn in der Handelsbilanz die Wertaufholung vorgenommen wird, und umgekehrt kann in der Steuerbilanz der niedrigere Wertansatz nur dann beibehalten werden, wenn in der Handelsbilanz entsprechend bilanziert wird.[81] Zwar wird dadurch eine einheitliche Bilanzierung gewährleistet, diese beruht jedoch auf nicht handelsrechtlich konformen Bewertungsgrundsätzen.
Handelsrechtlich sind Zuschreibungen quasi das Gegenstück zu den ausserplanmässigen Abschreibungen und steuerrechtlichen Abschreibungen nach § 254 HGB. Zwar besteht zunächst nach § 253 Abs.5 HGB, als Ausdruck des Vorsichtsprinzips, ein Wahlrecht auf Beibehaltung des niedrigeren Wertansatzes, dies betrifft aber nur Nichtkapitalgesellschaften. Für Kapitalgesellschaften gilt nach § 280 Abs.1 HGB ein Wertaufholungsgebot. Durch die Zuschreibungspflicht wird die Bildung von stillen Reserven vermieden. Diese Pflicht ist Ausdruck der GoB und dient der Darstellung eines den tatsächlichen Verhältnissen entsprechenden Bildes der Vermögens-, Finanz- und Ertragslage gem. 264 Abs.2 HGB. Die Ausnahmeregelung in § 280 Abs.2 HGB ist ebenfalls eine handelsrechtliche Öffnungsklausel. Sie stellt die Umsetzung der 4. EG-Richtlinie gem. Art. 35 Abs. 1 Buchst. d), Art. 39 Abs. 1 Buchst. e) dar und relativiert das Aufholungsgebot nach § 280 Abs.1 HGB. Damit wird, um die der 4. EG-Richtlinie unterliegenden Unternehmen von einer Steuermehrbelastung durch die Wertaufholung zu bewahren, die Beibehaltung der steuerlich eingeräumten Wahlrechte im Handelsrecht ermöglicht.[82]
Mit der Streichung der steuerrechtlichen Abschreibungen gemäss § 254 HGB wird damit auch die Ausnahmeregelung nach § 280 Abs.2 HGB zur Beibehaltung des niedrigeren steuerlichen Wertes überflüssig. Entsprechend dem Wertaufholungsgebot sind Zuschreibungen wieder vorzunehmen, wenn die Gründe für die ausserplanmässige Abschreibungen nicht mehr bestehen. Es kommt zu einer Erhöhung des Gewinns und des Betriebsvermögens. Die Streichung von § 280 Abs.2 HGB führt den GoB folgend zu einem klareren Bild der Handelsbilanz.
Innerhalb der zinsbereinigten Unternehmensbesteuerung ergibt sich aufgrund des Wirkungsmechanismus durch die Streichung der steuerrechtlichen Vorschriften keine Änderung der realen Steuerzahlung. Lediglich der Zeitpunkt der Steuerzahlung wird durch das ausschliesslich geltende handelsrechtliche Wertaufholungsgebot vorverlagert.

---

81 Vgl. *Küting./Weber*, Rechnungslegung, 1995, § 280, Rz.54.
82 Vgl. Adler/Düring/Schmaltz, Rechnungslegung, 1997, § 280, Rz.3, 41.

2.4.5 Ingangsetzung und Erweiterung des Geschäftsbetriebs

§ 269 HGB gewährt Kapitalgesellschaften als Bilanzierungshilfe[83] das Wahlrecht, die Aufwendungen für die Ingangsetzung und Erweiterung des Geschäftsbetriebs zu aktivieren. Die Abschreibung erfolgt nach § 282 HGB. Der Hauptzweck dieser Bilanzierungshilfe ist es, einen möglichen erhöhten Jahresfehlbetrag bzw. Bilanzverlust zu verringern, der durch die erfolgswirksame Erfassung der Ingangsetzungs- oder Erweiterungsaufwendungen entstehen würde.[84] Aus Gründen des Gläubigerschutzes besteht nach § 269 Satz 2 HGB in Höhe der aktivierten Aufwendungen eine Ausschüttungssperre.
Steuerrechtlich besteht für diese Aufwendungen ein Aktivierungsverbot, da sie nicht als aktivierungsfähiges Wirtschaftsgut angesehen werden.[85] Damit führt dieses steuerrechtliche Aktivierungsverbot innerhalb einer einheitlichen Handels- und Steuerbilanz auch zu einer entsprechenden handelsrechtlichen Nichtaktivierung.
Die zinsbereinigte Unternehmensbesteuerung beschränkt nicht das handelsrechtliche Wahlrecht. Der Effekt des gegenwärtigen temporären Buchungsunterschieds zwischen Handels- und Steuerrecht wird durch die Zinsbereinigung egalisiert. Insofern können sich die Unternehmen wieder ausschliesslich auf die handelsrechtliche Regelungen konzentrieren. Dementsprechend wirkt sich eine Aktivierung zunächst erhöhend auf die Steuerbemessungsgrundlage aus.

2.4.6 Immaterielle Vermögensgegenstände

Als immaterielle Vermögensgegenstände werden dem Wortsinn nach Vermögensgegenstände mit einer unkörperlichen Erscheinungsform bezeichnet. Hierunter fallen nach § 266 Abs.2 HGB insbesondere Konzessionen, gewerbliche Schutzrechte, Lizenzen, Geschäfts- oder Firmenwert als auch geleistete Anzahlungen.

---

83 Bilanzierungshilfen lassen sich als Abweichungen von den sonst geltenden Bilanznormen definieren, die der Gesetzgeber aus sog. bilanzfremden Gründen gewährt. Vgl. *Lamers*, Aktivierungsfähigkeit, 1981, S.98; *Watermeyer*, Bilanzierungshilfen, 1991.

84 Vgl. *Commandeur*, Bilanzierung, 1986, S.53f.

85 Diese Auffassung ist bzgl. des alten Rechts durch die BFH-Urteile v. 28.1.1954 (BStBl. III 1954, 109) und v. 14.6.1955 (BStBl. III 1955, 221) bestätigt worden. Wegen der steuerneutralen Umsetzung der 4.EG-Richtlinie (Art.9 Aktiva Posten B) ist auch nach neuem Recht von einem steuerrechtlichen Aktivierungsverbot auszugehen.

Für nicht entgeltlich erworbene immaterielle Vermögensgegenstände gilt sowohl im Steuerrecht nach § 5 Abs.2 EStG als auch im Handelsrecht nach § 248 Abs.2 HGB ein Aktivierungsverbot. Die steuerrechtliche Regelung ist allerdings als eingeschränktes Aktivierungsgebot formuliert, ohne dass sich daraus aber eine inhaltliche Abweichung gegenüber dem Handelsrecht ergibt.[86] Insofern führt eine Streichung der steuerrechtlichen Regelung zu keiner handelsbilanziellen Auswirkung.

Einen nennenswerten Unterschied zwischen der steuer- und handelsrechtlichen Bilanzierungsvorstellung gibt es allerdings bei der Behandlung des Geschäfts- bzw. Firmenwerts. Der Geschäftswert kann als der Residualwert bezeichnet werden, der sich aus der Differenz zwischen dem kompletten Kaufpreis eines Unternehmens und dem Substanzwert der einzelnen Vermögensgegenstände ergibt.[87] Handelsrechtlich besteht gemäss § 255 Abs.4 Satz 1 HGB für den derivativen Geschäftswert ein Aktivierungswahlrecht. Abschreibungstechnisch sieht das Handelsrecht zwei Alternativen vor: Entweder die pauschale Abschreibung nach § 255 Abs.4 Satz 2 HGB mit jährlich mindestens 25 %, die im Extremfall auch zu einer Sofortabschreibung führen kann, oder gemäss § 255 Abs.4 Satz 3 HGB die planmässige Abschreibung, die inhaltlich den Vorschriften über die planmässigen Abschreibungen nach § 253 Abs.2 HGB entspricht.

Durch das steuerrechtliche Aktivierungsgebot wird auch handelsrechtlich innerhalb einer einheitlichen Handels- und Steuerbilanz der Firmenwert aktiviert. Desweiteren ist der derivative Firmenwert steuerrechtlich nach § 7 Abs.1 Satz 3 EStG innerhalb von 15 Jahren abzuschreiben. Dementsprechend ist im gegenwärtigen Bilanzrecht nach den steuerlichen Regelungen zu bilanzieren und zu bewerten.

Bei ausschliesslicher Betrachtung der handelsrechtlichen Regelungen innerhalb der zinsbereinigten Besteuerung ist, sofern der Geschäftswert überhaupt angesetzt wird, mit einer schnelleren Abschreibung zu rechnen. Damit ist tendenziell von einer Steuerverlagerung in die Zukunft auszugehen. Allerdings bleibt aufgrund der gleichen Höhe der Aufwendungen nach dem Nominalwertprinzip die intertemporale Steuerzahlung konstant.

---

86 Vgl. *Küting/Weber*, Rechnungslegung, 1995, § 248, Rz.18.

87 Vgl. BFH v. 18.2.1993, BStBl II 1994, 224.

2.4.7 Sachanlagen

Die Sachanlagen sind im wesentlichen gegliedert in Grundstücke, technische Analgen und Maschinen, andere Analgen, Betriebs- und Geschäftsausstattung sowie geleistete Anzahlungen und Anlagen im Bau.
Die im Abs.C.2.4 behandelte steuer- und handelsrechtliche Bewertungsproblematik der Anschaffungs- und Herstellungskosten bzw. der Wertkorrekturen mittels Abschreibungen und Zuschreibungen gilt insbesondere für die gesamten Sachanlagen.
Die Ausgangslage für die zinsbereinigte Steuerbemessungsgrundlage stellen dementsprechend nach der Streichung sämtlicher steuerrechtlicher Regelungen ausschliesslich die handelsrechtlichen Regelungen dar. Die wesentlichen Vorschriften für die Sachanlagen finden sich in §§ 253 Abs.1 Satz 1, Abs.2; 255 HGB.
Ein steuerlicher Wertansatz der gem. § 5 Abs.6 EStG den handelsrechtlichen Wertansatz ausser Kraft gesetzt hat, ist nicht mehr nötig. Dasselbe trifft sowohl für das aus § 5 Abs.1 Satz 1 EStG abgeleitete steuerliche Aktivierungsgebot bei einem handelsrechtlichen Aktivierungswahlrecht als auch für das umgekehrte Massgeblichkeitsprinzip zu.
Es ist davon auszugehen, dass als Folge der Streichung der steuerrechtlichen Regelungen die handelsrechtlichen Wahlrechte zur Aktivierung nicht in dem Umfang herangezogen werden, wie es im gegenwärtigen Bilanzrecht innerhalb einer einheitlichen Steuer- und Handelsbilanz praktiziert wird. Die Konsequenz ist ein niedrigerer Gewinnausweis und eine Steuerverlagerung in die Zukunft. Gegenläufig wirkt sich die Abschaffung des umgekehrten Massgeblichkeitsprinzips aus. Erlaubt die umgekehrte Massgeblichkeit die Bilanzierung von steuerlichen Sonderabschreibungen, so führt die Streichung dieses Prinzips zu einem höheren handelsrechtlichen Gewinn und damit zu einer höheren Ausgangsbasis für die Steuerbemessungsgrundlage. Im Endeffekt haben diese Änderungen ausschliesslich Einfluss auf den Zeitpunkt der Abschreibungen; die Gesamthöhe der Abschreibungen wird durch die Anschaffungskosten bestimmt. Insofern werden durch die Zinsbereinigung sämtliche bisherigen Steuerstundungseffekte egalisiert und neue Stundungseffekte vermieden.

2.4.8 Finanzanlagen

Die Unterteilung der Finanzanlagen ergibt sich nach § 266 Abs.2 A.III. HGB. Der Hauptanwendungsbereich sind die Beteiligungen und die verbundenen Unternehmen, die in § 271 HGB gesondert definiert werden. Nach § 271 Abs.1 Satz 3 HGB gelten als Beteiligungen Anteile an einer Kapitalgesellschaft, deren Nennbeträge 20% des Nennkapitals dieser Gesellschaft überschreiten. Die Definition der verbundenen Unternehmen i.S.d. § 271 Abs.2 HGB ist die Transformation des Art. 41 der 7.EG-Richtlinie. Als wesentliches Kriterium muss ein Mutter-Tochter-Verhältnis gemäss § 290 HGB vorliegen.
Diese innerhalb der Finanzanlagen getrennt auszuweisenden Kapitalanteile an anderen Unternehmen unterscheiden sich lediglich durch die Klassifizierung des Unternehmens, an dem die Beteiligung besteht; generell sind sie identisch.

Die generelle steuer- und handelsrechtliche Bewertungsproblematik zu den Anschaffungskosten sowie zu den Abschreibungen und Zuschreibungen ist bereits ausführlich erläutert worden. Insofern wird im folgenden ausschliesslich von den handelsrechtlichen Regelungen ausgegangen. Die Bewertung zu den Anschaffungskosten richtet sich nach § 253 Abs.1 HGB i.V.m. § 255 Abs.1 HGB. Ausserplanmässige Abschreibungen sind gemäss § 253 Abs.2 Satz 3 HGB und Zuschreibungen gemäss § 280 Abs.1 HGB vorzunehmen.

Handelsrechtlich verbuchte positive und negative Erfolgsbeiträge aus gewinnsteuerpflichtigen Beteiligungen sind in einem zinsbereinigten Steuersystem bei der Gesellschaft, die diese Beteiligung hält (Mutter- oder Obergesellschaft), steuerrechtlich zu korrigieren. Dies bedeutet, dass Dividenden, Veräusserungsgewinne und -verluste sowie Ab- und Zuschreibungen, die sich aus der Beteiligung ergeben, für die Obergesellschaft steuerlich irrelevant sind.
Die Korrektur der Steuerbemessungsgrundlage um die Zu- und Abschreibungen bzw. um die Gewinne und Verluste aus der Veräusserung der Anteile stellt für das gegenwärtige Steuerrecht, das diese Erfolgsbeiträge dem Grundsatz nach entsprechend der Handelsbilanz übernimmt, eine vollkommene Neuerung dar. Bei der gegenwärtigen steuerlichen Behandlung von Dividenden ist dahingegen entsprechend den folgenden Ausführungen zu differenzieren.

2.4.8.1 Dividenden von inländischen Unternehmen

Im gegenwärtigen Steuerrecht herrscht das sog. körperschaftsteuerliche Anrechnungsverfahren vor, mit dem die wirtschaftliche Doppelbelastung des ausgeschütteten Gewinns inländischer Unternehmen vermieden wird. Gemäss § 23 Abs.1 KStG werden nur die thesaurierten Gewinne mit Körperschaftsteuer belastet. Für ausgeschüttete Gewinne, die beim empfangenen Unternehmen nach § 20 Abs.3 EStG Einkünfte aus Gewerbebetrieb darstellen, wird zunächst nach § 27 Abs.1 KStG eine Ausschüttungsbelastung von 30 % bei dem ausschüttenden Unternehmen hergestellt, die beim Ausschüttungsempfänger auf die Körperschaftsteuer gem. § 36 Abs.2 Nr.3 EStG i.V.m. § 49 Abs.1 KStG angerechnet wird. Zusätzlich zur Körperschaftsteuer wird die um die Körperschaftsteuer verminderte Ausschüttung, die sog. Bruttodividende, mit Kapitalertragsteuer[88] belastet. Auch hier kommt es wieder zu einer Anrechnung auf der Ebene des Anteilseigners.[89] Die Regelungen zur Kapitalertragsteuer finden sich in §§ 43-45d EStG.
Durch dieses Anrechnungsverfahren findet die finale Besteuerung der Gewinne bei den Anteilseignern statt. Betrachtet man nur die Unternehmensebene bleibt es grundsätzlich bei einer einmaligen Besteuerung der Dividenden in Höhe des Körperschaftsteuersatzes, unabhängig wieviele unbeschränkt körperschaft-steuerpflichtige inländische Unternehmen von der Ausschüttung tangiert sind. Ist der Anteilseigner eine natürliche Person ergibt sich durch die Anrechnung eine Steuerbelastung der Unternehmensgewinne entsprechend seinem persönlichen Einkommensteuersatz.[90]

---

88 Die Kapitalertragsteuer ist eine spezielle Erhebungsform der Einkommensteuer für die Einkünfte aus Kapitalvermögen, die an der Quelle einbehalten wird. Vgl. *Knobbe-Keuk*, Unternehmenssteuerrecht, 1993, S.604. Dieser Quellenabzug der auch als sog. Zinsabschlag bezeichnet wird, ist durch das Zinsabschlaggesetz vom 9.11.1992 (BGBl. I 1992, 1853) neu geregelt worden. Anlass für diese Neuregelung der Zinsbesteuerung war das Zinssteuer-Urteil des BVerfG v. 27.6.1991 (BVerfGE 84, 239).

89 Die Anrechnung findet nur bei unbeschränkt einkommensteuer- bzw. körperschaftsteuerpflichtigen Anteilseignern statt.

90 Handelt es sich bei den an die Privatperson ausgeschütteten Dividenden um die Weiterausschüttung von ausländischen Beteiligungserträgen, die aufgrund dem Schachtelprivileg bei der inländischen Gesellschaft in EK 01 eingestellt waren, findet eine Anrechnung der ausländische Körperschaftsteuer auf der Haushaltsebene nicht statt. Die Folge ist eine nochmalige Belastung dieser Erträge mit dem persönlichen Einkommensteuersatz.

Wie die Ausführungen zeigen, ist das eigentliche Anrechnungsverfahren, obwohl den Vorschriften eine systematische Konzeption zugrunde liegt, sehr kompliziert. In Hinblick auf das Gesamtkonzept einer zinsbereinigten Besteuerung ist das körperschaftsteuerliche Anrechnungsverfahren unnötig. Im Unterschied zu diesem Anrechnungsverfahren erfolgt bei der zinsbereinigten Unternehmensbesteuerung die einmalige steuerliche Erfassung der Unternehmensgewinne bei dem Unternehmen, das diese Gewinne erwirtschaftet hat, unabhängig davon, ob diese Gewinne thesauriert oder ausgeschüttet werden. Insofern besteht aus wirtschaftlicher Sicht zwischen den beiden Methoden bei ausschliesslicher Betrachtung der Unternehmensebene kein Unterschied. Aus administrativer Sicht treten durch die zinsbereinigte Unternehmensbesteuerung jedoch erhebliche Vereinfachungen zu Tage. Als Konsequenz einer Einführung der zinsbereinigten Besteuerung sind sämtliche Regelungen zum gesamtem Komplex des körperschaftsteuerlichen Anrechnungsverfahren zu streichen. Darüber hinaus haben die Vorschriften zur Kapitalertragsteuer, die eigentlich nur die Funktion einer Vorauszahlungssteuer auf Einkünfte aus Kapitalvermögen ausübt, innerhalb eines zinsbereinigten Steuerkonzeptes, bei dem Einkünfte aus Kapitalvermögen nicht existieren, keine Daseinsberechtigung.

2.4.8.2 Einkünfte von ausländischen Unternehmen

Die Besteuerung der Einkünfte, die deutsche Unternehmen aus dem Ausland beziehen, lässt sich in zwei Klassen einteilen. Einkünfte aus Ländern, mit denen ein DBA existiert, werden entsprechend den Bestimmungen dieser Abkommen besteuert. Bei Einkünften aus Ländern, mit denen kein DBA besteht, richtet sich die Besteuerung nach innerdeutschem Recht im wesentlichen nach den Bestimmungen des § 26 KStG i.V.m. dem Aussensteuergesetz (AStG). Da mit allen bedeutenden Handelspartnern der Bundesrepublik Deutschland DBA bestehen,[91] von denen das Abkommen mit den USA zu einem der wirtschaftlich bedeutendsten DBA zählt, beschränkt sich die anschliessende Betrachtung -unter Beachtung der besonderen Regelungen innerhalb des Abkommens mit den USA- auf das OECD-Musterabkommen von 1995 (OECD-MA). Das gegenwärtig gültige Abkommen[92] mit den USA trat am 1.1.1990 in Kraft. Dabei sind alle steuervertraglichen Beziehungen zwischen den beiden Ländern um-

91 Vgl. Übersicht in *Vogel*, Doppelbesteuerungsabkommen, 1996, S.1-80.
92 BStBl I 1991, 95-115.

fassend reformiert worden.[93] Allerdings nahm damit auch die Komplexität und die Schwierigkeit der Abkommensanwendung noch weiter zu. Insbesondere durch die Einbringung inneramerikanischer Gesetzgebungsvorstellungen und die Anlehnung an das US-Musterabkommen von 1981 wurden die Bestimmungen des damaligen OECD-MA von 1977 in weiten Bereichen zurückgedrängt.

Der bei weitem grösste Teil der Einkünfte aus internationaler Wirtschaftstätigkeit sind die Unternehmensgewinne, die innerhalb der DBA die wichtigste Einkunftsart darstellen.[94] Sie lassen sich im wesentlichen in Dividenden und Betriebstätteneinkünfte unterteilen.

2.4.8.2.1 Dividenden

Bei der steuerlichen Behandlung von Dividenden von ausländischen Unternehmen wird zwischen sog. Schachteldividenden und allen anderen Dividenden, sog. Streubesitzdividenden unterschieden.

Die Bundesrepublik Deutschland gewährt nach Art.23A OECD-MA deutschen Unternehmen, zur Vermeidung der Doppelbesteuerung, die Freistellung derjenigen Schachteldividenden von der Steuerbemessungsgrundlage, die ihnen aus dem Vertragstaat zufliessen. Die Konsequenz ist die steuerliche Belastung der Dividenden ausschliesslich mit dem ausländischen Steuersatz. Dieser Freistellung liegt das internationale Schachtelprivileg zugrunde, durch das für grenzüberschreitende unternehmerische Beteiligungen die körperschaftsteuerliche Doppelbesteuerung vermieden werden soll. Die zur Anwendung der Freistellungsmethode vorausgesetzte Mindestbeteiligungsquote beträgt 10 v.H.[95] der stimmberechtigten Anteile an der im anderen Vertragstaat domizilierenden Gesellschaft.

Für Streubesitzdividenden ist die Anrechnungsmethode nach Art.23B OECD-MA anzuwenden. Inwieweit diese Anrechnung durchzuführen ist, hängt im einzelnen von den innerstaatlichen Rechtsvorschriften ab. Generell werden die im Quellenstaat bezahlten Steuern auf die gleichartigen Steuern des Wohnsitzstaates angerechnet, die auf diese Einkünfte entfallen. In der Bundesrepublik

93 Vgl.. *Debatin/Endres*, Doppelbesteuerungsabkommen, 1990, S.144.

94 Vgl. *Vogel*, Doppelbesteuerungsabkommen, 1996, Art.7, Rz.4.

95 Sofern ein DBA einen höheren Prozentsatz vorsieht, erfolgt durch die einseitige innerstaatliche Regelung nach § 8b Abs.5 KStG eine Senkung der Mindestbeteiligungsquote auf 10 v.H. Diese Regelung ist durch das Standortsicherungsgesetz v. 13.9.1993 (StandOG) (BStBl I 1993, 774) eingefügt worden.

Deutschland findet diese Anrechnung nach § 34c Abs.1 EStG statt. Die Anrechnung ist auf die deutsche Steuer begrenzt, die auf diese Einkünfte entfällt. Dies bedeutet, dass bei einem höheren ausländischen Steuersatz eine Anrechnung nur in Höhe des deutschen Steuersatzes erfolgt und somit die wirtschaftliche Belastung dieser Erträge durch den ausländischen Steuersatz bestimmt ist. Ist dahingegen der inländische Steuersatz höher, werden die ausländischen Steuern komplett auf die deutsche Steuer angerechnet, mit der Konsequenz, dass diese Erträge mindestens auf das deutsche Steuerniveau hochgeschleust werden.

Die Differenzierung zwischen Schachtel- und Streubesitzdividenden wird mit wirtschaftlichen Tatbeständen begründet.[96] Diese Begründung scheint m.E. doch sehr fragwürdig zu sein. Dividenden sind und bleiben wirtschaftlich betrachtet Kapitalerträge. Eine steuerliche Differenzierung und damit in diesem Fall eine steuerliche Diskriminierung der Streubesitzdividenden, die an einer willkürlichen Beteiligungsquote festgemacht wird, ist aus rationalen ökonomischen Gründen nicht zu rechtfertigen. Ganz im Gegenteil müsste nach dem Gleichheitsgrundsatz gerade hier eine einheitliche Besteuerung verfolgt werden, die nebenbei eine wesentliche Vereinfachung des gegenwärtigen OECD-MA darstellen würde. Darüber hinaus gilt es, diese ausländischen Beteiligungserträge den inländischen Beteiligungserträgen gleichzustellen, bei denen zu steuerlichen Zwecken nicht zwischen Schachtel- und Streubesitzdividenden differenziert wird.

Wie bereits ausgeführt, klammert die zinsbereinigte Unternehmensbesteuerung nach dem Prinzip der Einmalbesteuerung sämtliche Gewinne aus Beteiligungen von der Steuerbemessungsgrundlage aus, völlig unabhängig von der Beteiligungsquote. Insofern ist die Freistellungsmethode nach Art.23A OECD-MA mit dem zinsbereinigten Besteuerungskonzept generell kompatibel und sollte auch für die sog. Streubesitzdividenden angewendet werden.

Ob das bei den ausländischen Beteiligungen eingesetzte Eigenkapital der inländischen Beteiligungsgesellschaft bei dieser von der Steuerbemessungsgrundlage auszunehmen ist, hängt davon ab, ob im anderen Vertragsstaat die Unternehmen, an denen die Beteiligungen bestehen, ebenfalls nach dem Konzept der zinsbereinigten Unternehmensbesteuerung besteuert werden. Ist dies der Fall, wird wie bei einer Beteiligung an einem inländischen gewinnsteuer-

---

96 Nach den Ausführungen von *Vogel* wird, um Wettbewerbsverzerrungen zu vermeiden und Rechtsformneutralität zu gewährleisten, eine weitgehende Annäherung der Steuerbelastung von Schachteldividenden und Betriebstätteneinkünften angestrebt. Dahingegen stehen Streubesitzdividenden wirtschaftlich den Zinsen näher. Vgl. *Vogel*, Doppelbesteuerungsabkommen, 1996, Art.10, Rz.11.

pflichtigen Unternehmen das berücksichtigungsfähige Eigenkapital bei der Beteiligungsgesellschaft zur Berechnung des Schutzzinsabzugs um das eingesetzte Eigenkapital bei der ausländischen Beteiligung gekürzt. Erfolgt die Besteuerung der ausländischen Beteiligung ohne Zinsbereinigung, ist das bei dieser Beteiligung eingesetzte Eigenkapital, um eine Diskriminierung gegenüber den inländischen Beteiligungserträgen zu vermeiden, als berücksichtigungsfähiges Eigenkapital innerhalb der Schutzzinsberechnung bei der Beteiligungsgesellschaft zu berücksichtigen.

Neben dieser gegenwärtigen steuerlichen Diskriminierung der Dividenden auf Unternehmensebene kommt es bei einer Weiterausschüttung der steuerbefreiten ausländischen Dividenden im Inland zu weiteren Verzerrungen. Bis zur Umsetzung des StandOG blieben im System des körperschaftsteuerlichen Anrechnungsverfahrens die Steuerbefreiungen nur so lange wirksam, als die betreffenden Erträge nicht weiter ausgeschüttet wurden. Bei einer Ausschüttung musste die Ausschüttungsbelastung hergestellt werden. Das Problem ergab sich aufgrund der fehlenden anrechenbaren Steuer. § 8b Abs.1 KStG gewährt nun unbeschränkt steuerpflichtigen Körperschaften die Steuerbefreiung für Gewinnausschüttungen, die diese von einer inländischen Tochtergesellschaft erhalten, soweit es sich dabei um steuerfreie ausländische Erträge i.S.v. § 30 Abs.2 Nr.1 KStG (EK 01) handelt. Zweck dieser Vorschrift ist die steuerfreie Weiterleitung steuerfreier ausländischer Erträge innerhalb eines inländischen Konzerns.[97]
Werden dahingegen diese steuerfreien ausländischen Erträge an Privatpersonen ausgeschüttet, führt dies auf der Haushaltsebene aufgrund der fehlenden Körperschaftsteuergutschrift zu einer nochmaligen Steuerbelastung mit Einkommensteuer dieser bereits im Ausland besteuerten Erträge. Die Folge ist eine für den Privatanleger geringere Nettorendite, die wiederum nur durch eine Erhöhung der Bardividende durch das Unternehmen ausgeglichen werden kann, was andererseits die Eigenkapitalausstattung des Unternehmens beeinträchtigt.[98] In anderen Worten werden Unternehmen mit verstärkten Auslandsbeziehungen und deren private Anteilseigner durch diese Regelung gegenüber nur inländisch operierenden Unternehmen und deren Anteilseignern diskriminiert.
Durch die innerhalb der zinsbereinigten Unternehmensbesteuerung nur einmalige steuerliche Erfassung der Unternehmensgewinne am Ort der Entstehung,

---

97 Vgl. BT-Drucks. 12/4487, 38.
98 Vgl. *Schäfer*, Probleme, 1996, S.32 ff.

unabhängig ob im In- oder Ausland, und der damit verbundenen steuerfreien Weiterleitung an die Anteilseigner, unabhängig ob es sich dabei um Unternehmen oder Privatpersonen handelt, werden die angesprochenen Probleme und Diskriminierungen beseitigt.

Neben diesen Methoden zur Vermeidung der Doppelbesteuerung im Wohnsitzstaat werden nach Art.10 Nr.2 OECD-MA die Kapitalerträge beim Verlassen des Hoheitsgebiets im Quellenstaat mit einer weiteren Quellensteuer auf den Bruttobetrag der Dividenden belegt. Dieser Steuersatz beträgt 5 v.H. bzw. 15 v.H., je nachdem ob es sich um Schachtel- oder Streubesitzdividenden handelt. Innerhalb der EU werden aufgrund der EG-Mutter-Tochter-Richtlinie[99] die EU-Mitgliedstaaten verpflichtet, Ausschüttungen einer Tochtergesellschaft an ihre in einem anderen EU-Mitgliedstaat ansässige Muttergesellschaft vom Quellensteuerabzug freizustellen. Entsprechend der Umsetzung dieser EG-Richtlinie in deutsches Recht wird nach § 44d Abs.1 Satz 3 EStG für nach dem 30.Juni 1996 zufliessende Kapitalerträge auf Antrag die Kapitalertragsteuer nicht erhoben.[100]

Innerhalb des DBA BRD-USA existiert weiterhin die differenzierte Anwendung der Quellenbesteuerung für Schachteldividenden und Streubesitzdividenden entsprechend der o.g. Grenzen.

Ungeachtet dieser abermaligen Differenzierung ist die generelle Anwendung einer Kapitalertragsteuer bzw. Quellensteuer auf grenzüberschreitende Kapitalbewegungen entsprechend den Ausführungen aus Kapital B abzulehnen. Als Vorbild ist hier die EG- Mutter-Tochter-Richtlinie mit ihren Regelungen zur Freistellung der Ausschüttungen von der Quellenbesteuerung heranzuziehen.

2.4.8.2.2 Betriebstätteneinkünfte

Der Begriff der Betriebstätte wird in Art. 5 OECD-MA geregelt. Ganz allgemein handelt es sich danach „...um eine feste Geschäftseinrichtung, durch die die Tätigkeit eines Unternehmens ganz oder teilweise ausgeübt wird". Generell wird in den DBA dem Wohnsitzstaat des Unternehmens die Besteuerung der Gewinne belassen. Die Ausnahme bilden die Betriebstätten, deren Gewinne

---

99 ABl. EG vom 20.8.1990, Nr. L 225, S.6.

100 Die Umsetzung in nationales Recht erfolgte in der Bundesrepublik Deutschland durch das StÄndG 1992 (BGBl. I, S.297).

nach Art. 7 Nr.1 OECD-MA im Betriebstättenstaat besteuert werden können. Nach Art. 7 Nr.2 OECD-MA werden der „... Betriebstätte die Gewinne zugerechnet, die sie hätte erzielen können, wenn sie eine gleiche oder ähnliche Tätigkeit unter gleichen oder ähnlichen Bedingungen als selbständiges Unternehmen ausgeübt hätte und im Verkehr mit dem Unternehmen, dessen Betriebstätte sie ist, völlig unabhängig gewesen wäre."[101] Insofern wird damit eine gewisse Selbständigkeit der Betriebstätte unterstellt, nach der die Betriebstättengewinne zwangsläufig wie Dividenden einer selbständigen Tochtergesellschaft zu behandeln wären und vice versa. Tatsächlich wird für ausländische Betriebstätteneinkünfte wie für Schachteldividenden auf deutscher Seite die Freistellungsmethode angewandt.[102] Insofern steht die Freistellung der Betriebstätteneinkünfte mit dem zinsbereinigten Besteuerungskonzept grundsätzlich in Einklang. Für den Eigenkapitalzinsabzug bei der Muttergesellschaft ist wie bei den Dividenden von rechtlich selbständigen ausländischen Gesellschaften weiter zu differenzieren.

Ist die Betriebstätte selbst mit entsprechendem Dotationskapital von der Muttergesellschaft ausgestattet und werden die Gewinne der Betriebstätte aufgrund einer eigenständigen Betriebstättenbuchführung wie bei einem selbständigen Unternehmen nach der sog. direkten Methode ermittelt,[103] hängt die steuerliche Berücksichtigung des der Betriebstätte zur Verfügung gestellten Eigenkapitals von der Besteuerungskonzeption des Auslands ab. Wird im Ausland ebenfalls eine Zinsbereinigung durchgeführt und dementsprechend das in der Betriebstätte eingesetzte Eigenkapital berücksichtigt, entfällt bei der Muttergesellschaft eine nochmalige Erfassung dieses Eigenkapitals. Im anderen Fall findet zwar die Besteuerung der Betriebstätteneinkünfte im Quellen-

---

101 Das DBA mit USA weicht in zwei Formulierungen vom Wortlaub des OECD-MA ab. Zum einen spricht es von gewerblichen Gewinnen anstatt nur von Gewinnen und zum anderen wird die Betriebstätte als selbständiges und unabhängiges Unternehmen klassifiziert, anstatt als selbständiges und getrenntes Unternehmen. Die unterschiedlichen Formulierungen führen aber zum selben Ergebnis. Vgl. *Vogel*, Doppelbesteuerungsabkommen, 1996, Art.7, Rz.72

102 Bei den meisten neueren deutschen DBA hängt die Anwendung der Freistellungsmethode davon ab, dass die Einnahmen der Betriebstätte oder Tochtergesellschaft ausschliesslich oder fast ausschliesslich aus sog. aktiven oder produktiven Tätigkeiten stammen. Ist dies nicht der Fall, ist die Anrechnungsmethode anzuwenden. Vgl. *Vogel*, Doppelbesteuerungsabkommen, 1996, Art.23, Rz.88. Im DBA mit den USA nach Art.28 Abs.1c muss die Gesellschaft aktiv gewerblich tätig sein. Trotz der angeführten Beispiele wird damit nur ein begrenzter Aussagewert vermittelt. Vgl. *Debatin/Endres*, Doppelbesteuerungsabkommen, 1990, S.464 Rz.7ff.

103 Zur Gewinnermittlung und Besteuerung ausländischer Betriebstätten siehe ausführlich *Jacobs*, Unternehmensbesteuerung, 1995, S.243-334.

staat statt, das eingesetzte Eigenkapital ist aber bei der Muttergesellschaft als berücksichtigungsfähiges Eigenkapital zu klassifizieren und für die Berechnung des Eigenkapitalzinsabzugs anzusetzen.
Existiert aufgrund eines zu geringen Umfangs der wirtschaftlichen Aktivität der Betriebstätte keine gesonderte Betriebstättenbuchführung, findet die Ermittlung des Betriebstättengewinns nach der sog. indirekten Methode statt. In diesem Fall verfügt die Betriebstätte über kein eigenes Eigenkapital, so dass unabhängig von der Besteuerungskonzeption innerhalb des Domizilstaates der Betriebstätte, stets das Eigenkapital bei der Muttergesellschaft zu berücksichtigen ist.
Im Unterschied zur allgemeinen Regelung für die Schachteldividenden wird entsprechend dem Betriebstättenvorbehalt nach Art.10 Abs.4 OECD-MA auf Betriebstättengewinne keine zusätzliche Quellensteuer erhoben. Damit werden generell die Einkünfte aus einer Betriebstätte gegenüber den Schachteldividenden bevorzugt. Innerhalb des DBA mit den USA gewährt zwar Art.10 Abs.6 ebenfalls diesen Betriebstättenvorbehalt, nach Art.10 Abs.8 wird aber die Möglichkeit eingeräumt, eine zusätzliche Quellensteuer als sog. branch-profits-tax (Zweigniederlassungssteuer) auf die Betriebstätteneinkünfte in Höhe von 5% zu erheben. Diese Steuer wurde mit der Steuerreform 1986 in den USA eingeführt, mit dem Ziel amerikanische Zweigniederlassungen ausländischer Gesellschaften und in den USA domizilierende selbständige Tochtergesellschaften steuerlich gleich zu behandeln.[104] Diese Steuer beschränkt sich allerdings auf den Teil des Betriebstättengewinns, der, vergleichbar der Dividende einer Tochtergesellschaft, an die deutsche Muttergesellschaft ausgekehrt werden kann. Die genaue Abgrenzung findet sich in den amerikanischen Steuervorschriften in Sec.884 IRC. Zwar sind die Regelungen der Zweigniederlassungssteuer bilateral ausgehandelt, so dass auch die Bundesrepublik die Möglichkeit hätte, diese Steuer zu erheben. Aufgrund der Beschränkungen in Art.10 Abs.10 ist eine Erhebung derzeit jedoch nicht möglich und ohnehin nicht vorgesehen.

Entstehen innerhalb der Betriebstätte Verluste ist nach der konsequenten Anwendung des DBA-Betriebstättenprinzips ein Verlustabzug dieser freigestellten Verluste von der Steuerbemessungsgrundlage der Muttergesellschaft nicht erlaubt.[105] Dem entgegen steht die Regelung des § 2a Abs.3 EstG, die, um

104 Vgl. *Debatin/Endres*, Doppelbesteuerungsabkommen, 1990, S.286 Rz.33.
105 Vgl. BFH v. 25.2.1976, BStBl II 1976, 454; BFH v.17.10.1990, BStBl II 1991, 136.

steuerliche Anreize für aktive Auslandsinvestitionen zu bieten,[106] gerade die Berücksichtigung von Verlusten ausländischer aktiver Betriebstätten gestattet. Allerdings ist nach § 2a Abs.3 Satz 3 EStG der abgezogene Betrag wieder hinzuzurechnen, wenn sich in den folgenden Veranlagungszeiträumen wieder ein positiver Betrag ergibt. Insofern wird damit nur ein Steuerstundungseffekt erzielt. Ungeachtet dessen wird durch diese Regelung ein bereits im Ausland durch einen Verlustrücktrag berücksichtigter Verlust bei einer gleichzeitigen Verlustberücksichtigung im Inland doppelt erfasst. Ein Umstand der in der Literatur auf umfassende Kritik stösst.[107]
Innerhalb der zinsbereinigten Unternehmensbesteuerung verlieren solche indirekten Subventionen für im Ausland tätige gewerbliche Unternehmen ihre Wirkung, so dass einer Abschaffung dieser doch umstrittenen Regelung nichts im Wege stehen sollte.

2.4.9 Vorräte

Unter Vorräte werden nach § 266 Abs.2 B.I. HGB Roh-, Hilfs- und Betriebsstoffe, unfertige Erzeugnisse und Leistungen, fertige Erzeugnisse und Waren sowie geleistete Anzahlungen subsumiert. Bezüglich der grundsätzlichen steuer- und handelsrechtlichen Bewertungsproblematik der Anschaffungs- und Herstellungskosten bzw. der Wertkorrekturen mittels Abschreibungen und Zuschreibungen wird auf die Ausführungen im Abs.C.2.4 verwiesen.
Als Bewertungsgrundlage sind dementsprechend nach der Streichung sämtlicher steuerrechtlicher Regelungen ausschliesslich die handelsrechtlichen Regelungen massgeblich. Die wesentlichen Vorschriften für die Bewertung der Vorräte finden sich in §§ 253 Abs.1 Satz 1, Abs.3; 255 HGB.
Wie in den Ausführungen in Abs. C.2.6.7 zu den Sachanlagevermögen beschrieben, führt dies bei den Vorräten ebenfalls zu zwei gegenläufigen Effekten. Die Abschaffung des steuerrechtlichen Aktivierungsgebots bei einem handelsrechtlichen Wahlrecht wird zunächst tendenziell zu einem niedrigeren Gewinnausweis führen, wohingegen die Abschaffung des umgekehrten Massgeblichkeitsprinzips eine gegenläufige Wirkung entfalten wird. Durch die zinsbereinigte Unternehmensbesteuerung werden bisher bestehende Zinseffekte egalisiert.

106 Vgl. *Jacobs*, Unternehmensbesteuerung, 1995, S.292.
107 Vgl. *Vogel*, Freistellung, 1996, S.11f.; *Jacobs*, Unternehmensbesteuerung, 1995, S.292f. m.w.N.

Neben den o.g. allgemeinen Bewertungsvorschriften gelten für Vorräte weitere sog. Bewertungsvereinfachungsverfahren. Grundsätzlich gilt auch für die Vorräte das Prinzip der Einzelbewertung nach § 252 Abs.1 Nr.3 HGB. Da es in der Praxis, insbesondere bei den Vorräten, fast unmöglich bzw. mit grossen Schwierigkeiten verbunden ist, diesen Grundsatz einzuhalten, hat der Gesetzgeber bestimmte Bewertungsvereinfachungsverfahren gemäss § 256 HGB zur Ermittlung der Anschaffungs- oder Herstellungskosten für zulässig erklärt. Hierunter fallen die sog. Verbrauchsfolgeverfahren, die Festbewertung sowie die Gruppenbewertung.

2.4.9.1 Verbrauchsfolgeverfahren

Die Zulassung der Verbrauchsfolgeverfahren beruht auf der Umsetzung von Art. 40 Abs.1 der 4.EG-Richlinie. § 256 HGB lässt, soweit es den GoB entspricht, einen Wertansatz entsprechend verschiedener Verbrauchsreihenfolgen zu, die sich entweder an einer bestimmten Zeitfolge oder an anderen objektiven Kriterien einer Verbrauchsfolge orientieren. Die reinen Zeitfolgeverfahren, die sog. Lifo-Methode (last in - first out) und die sog. Fifo-Methode (first in - first out), stellen die im Gesetz explizit zulässigen handelsrechtlichen Regelungen dar.[108]

Die Lifo-Methode unterstellt, dass die zuletzt beschafften Wirtschaftsgüter zuerst verbraucht werden. Folglich befinden sich die zuerst beschafften Wirtschaftsgüter noch im Lager. Dieses Bewertungsverfahren führt stets zum niedrigsten Wertansatz. Bei über das Jahr zu beobachtenden steigenden Preisen sind die niedrigeren Anschaffungskosten der zuerst beschafften Wirtschaftsgüter relevant. Bei sinkenden Preisen sind zwar gemäss der Unterstellung die zuerst beschafften Wirtschaftsgüter mit den höheren Anschaffungskosten noch im Lager, aufgrund des strengen Niederstwertprinzips müssen diese jedoch mit dem niedrigeren Wert am Bilanztag angesetzt werden.

---

108 Die handelsrechtliche Zulässigkeit anderer Verbrauchsfolgeverfahren wie Hifo (highest in - first out), Lofo (lowest in - first out), Kifo (Konzern in - first out) oder Kilo (Konzern in - last out), ist umstritten. Vgl. *Adler/Düring/Schmaltz*, Rechnungslegung, 1995, § 256, Rz.6; *Küting/Weber*, Rechnungslegung, 1995, § 256, Rz.8. In jüngster Zeit wird die handels- und steuerrechtliche Zulässigkeit von sog. Indexverfahren diskutiert. Vgl. *Herzig/Gasper*, Lifo-Diskussion, 1992, S.1301; *Bareis u.a.*, Lifo, 1993, S.1249; *Siepe/Husemann/Borges*, Index-Verfahren, 1994, S.645.

Bei der Fifo-Methode wird unterstellt, dass die zuerst beschafften Wirtschaftsgüter zuerst verbraucht werden. Bei steigenden Preisen führt die Fifo-Methode tendenziell zu einer Höherbewertung des vorhandenen Bestandes und damit zu einem Ausweis von Scheingewinnen. Dies führt dazu, dass diese Methode in der Praxis relativ selten angewandt wird. Bei fallenden Preisen ist wie bei der Lifo-Methode nach dem strengen Niederstwertprinzip der niedrigere Wert am Bilanztag anzusetzen.
Durch das Steuerreformgesetz 1990[109] hat die Lifo-Methode gemäss § 6 Abs.2a EStG auch steuerrechtliche Gültigkeit erlangt. Andere Verbrauchsfolgeverfahren sind nach R 36a EStR nicht zulässig. Voraussetzung für die steuerliche Anwendung der Lifo-Methode ist ein entsprechender Wertansatz in der Handelsbilanz.
Die Streichung der steuerlichen Vorschriften hätte auf die bisherige angewendete handelsrechtliche Bilanzierung nur unwesentliche Auswirkungen. Die Lifo-Methode stellt die in der Praxis hauptsächlich angewendete Methode dar und vermittelt am ehesten ein den tatsächlichen Verhältnissen entsprechendes Bild der Ertragslage.[110]

2.4.9.2 Festbewertung

Nach § 240 Abs.3 HGB i.V.m. § 256 HGB kann handelsrechtlich für Sachanlagevermögen sowie für Roh-, Hilfs- und Betriebsstoffe, deren Gesamtwert für das Unternehmen von nachrangiger Bedeutung ist und deren Bestand in seiner Grösse, seinem Wert und seiner Zusammensetzung nur geringen Schwankungen unterliegt, mit einem Festwert, der in der Regel durch Inventur bestimmt wird, angesetzt werden. Dieser Festwert ist alle drei Jahre durch eine körperliche Bestandsaufnahme zu überprüfen.
Das Einkommensteuerrecht erlaubt eine Festbewertung nach R 31 Abs.4 EStR für bewegliches Anlagevermögen, das spätestens nach jedem fünften Bilanzstichtag neu zu bewerten ist. Bei einer Erhöhung um mehr als 10 % ist der neue Festwert anzusetzen.
Obwohl das Steuerrecht nur von beweglichem Anlagevermögen spricht, die Vorräte aber zum Umlaufvermögen zählen, ist auch hier die steuerliche Gültig-

109 BGBl I 1988, 1093.
110 Vgl. *Knobbe-Keuk*, Unternehmenssteuerrecht, 1993, S.161; *Adler/Düring/Schmaltz*, Rechnungslegung, 1995, § 256, Rz.12. Einer Beeinträchtigung der Darstellung der Vermögenslage durch die Bildung von stillen Reserven bei der Lifo-Methode wird durch die Angabepflicht im Anhang nach § 284 Abs.2 Nr.4 HGB entgegengewirkt.

keit zur Bildung eines Festwertes für Roh-, Hilfs- und Betriebsstoffe anzunehmen.[111]
Die handelsrechtlichen Bestimmungen sind restriktiver als die steuerrechtlichen Vorschriften, insofern sind durch eine Streichung der steuerrechtlichen Regelungen keine Auswirkungen auf die Handelsbilanz und den Steuerzahlungsfluss zu erwarten.

2.4.9.3 Gruppenbewertung

Der Verweis in § 256 HGB auf § 240 Abs.4 HGB betrifft die Gruppenbewertung. Für gleichartige Vermögensgegenstände des Vorratsvermögens besteht die Möglichkeit, sie in einer Gruppe zusammenzufassen und mit einem gewogenen Durchschnittswert anzusetzen. Steuerrechtlich ist die Gruppenbewertung unter Hinweis auf den Einklang mit den GoB nach R 36 Abs.4 EStR zulässig.
Auch hier erfahren die handelsrechtlichen Regelungen keine Einschränkungen durch steuerliche Vorschriften. Somit wird sich bei einer Streichung der steuerlichen Vorschriften die handelsrechtliche Gruppenbewertung nicht verändern.

2.4.10 Rechnungsabgrenzungsposten

Rechnungsabgrenzungsposten sind Bilanzpositionen, die die Aufgabe haben eine sachgerechte Periodenabgrenzung und damit eine „zeitlich richtige Gewinnermittlung"[112] zu gewährleisten.

2.4.10.1 Transitorische Rechnungsabgrenzung

Die hauptsächlichen Anwendungsfälle der Rechnungsabgrenzung sind auf der Aktivseite Ausgaben, die bereits vor dem Bilanzstichtag geleistet worden sind, deren wirtschaftlicher Aufwand aber erst nach diesem Tag anfällt. Auf der Passivseite werden Einnahmen abgegrenzt, die vor dem Bilanzstichtag vereinnahmt worden sind, aber erst nach diesem Tag einen wirtschaftlichen Ertrag darstellen. Die handelsrechtliche Aktivierungs- und Passivierungspflicht für diese sog. transitorischen Posten i.e.S. ergibt sich aus § 250 Abs.1 Satz 1 und

111 Vgl. *Schmidt*, Einkommensteuergesetz, 1997, § 6 Rz.270.
112 *Heussner*, Zinsrückstellungen, 1988, S.2427.

Abs.2 HGB, die den steuerrechtlichen Vorschriften nach § 5 Abs.5 Satz 1 EStG entsprechen.
Aufgrund der Identität der handels- und steuerrechtlichen Gesetzesformulierung ist die steuerrechtliche Regelung überflüssig.

2.4.10.2 Antizipative Rechnungsabgrenzung

Durch die Umsetzung der Art.18 und 21 der 4.EG-Richtlinie durch das BiRiLiG ist ein Wahlrecht für sog. antizipative Posten gem. § 250 Abs.1 Satz 2 HGB eingeführt worden. Unter antizipativen Rechnungsabgrenzungsposten sind generell Zahlungsvorgänge zu subsumieren, die erst in der folgenden Periode realisiert werden, deren wirtschaftliche Verursachung aber dem alten Geschäftsjahr zuzurechnen ist. Diese Posten sind i.d.R. unter den Positionen „Sonstige Vermögensgegenstände" bzw. „Sonstige Verbindlichkeiten" auszuweisen. Der Ausweis als Rechnungsabgrenzungsposten für die nach § 250 Abs.1 Satz 2 Nr.1 HGB als Aufwand berücksichtigte Zölle und Verbrauchsteuern und nach Nr.2 als Aufwand berücksichtigten Umsatzsteuer auf Anzahlungen sind Ausnahmeregelungen. Die Aufnahme dieser Vorschriften ins Handelsrecht wird mit der Herbeiführung der Einheitlichkeit von Handels- und Steuerbilanz begründet,[113] ungeachtet der Tatsache, dass im Steuerrecht für diese Positionen gemäss § 5 Abs.5 Satz 2 EStG Aktivierungspflicht besteht. Eine sachgerechte Begründung für die Zulässigkeit eines handelsrechtlichen Wahlrechts existiert dahingegen nicht.
Zur Klärung dieser ins HGB aufgenommen fragwürdigen Regelung trägt die Entstehungsgeschichte der steuerrechtlichen Aktivierungspflicht bei. Durch das sog. Biersteuerurteil[114] hat der BFH die Aktivierung von Zöllen und Verbrauchsteuern abgelehnt. Durch ein weiteres Urteil[115] des BFH ist die Aktivierung, der in einer erhaltenen Anzahlung enthaltenen Umsatzsteuer für nicht zulässig erklärt worden. Der Gesetzgeber befürchtete dadurch erhebliche Steuerausfälle[116] und reagierte entsprechend mit der Aktivierungspflicht. Die Übertragung dieser fiskalisch motivierten steuerrechtlichen Regelungen ins Handelsrecht stiess zu Recht auf heftige Kritik.[117]

113 Vgl. BT-Drucks. 10/4268, S.99
114 BFH v. 26.2.1975, BStBl. II 1976, 13.
115 *BFH* v. 26.6.1979, BStBl. II 1979, 625.
116 Vgl. *Glade*, Rechnungslegung, 1986, § 250, Rz.19.
117 Vgl. *Knobbe-Keuk*, Unternehmenssteuerrecht, 1993, S.139 f.

Die Auswirkungen im Handelsrecht sind dahingegen fraglich. Zölle und Verbrauchsteuern sind nach Auffassung des HFA[118] Teil der Anschaffungs- oder Herstellungskosten soweit sie im Zusammenhang mit der Anschaffung oder Herstellung der Wirtschaftsgüter angefallen sind. Insofern werden sie nicht als Aufwand berücksichtigt und können dementsprechend auch nicht als aktive Rechnungsabgrenzungsposten bilanziert werden.
Bei der Umsatzsteuer auf erhaltene Anzahlungen ging der BFH von einer Verpflichtung zum Bruttoausweis aus, dementsprechend sind die Anzahlungen also einschliesslich Umsatzsteuer zu passivieren. Im Handelsrecht ist nach der h.M.[119] die Umsatzsteuer jedoch grundsätzlich als erfolgsneutraler durchlaufender Posten anzusehen, mit der Konsequenz, dass auch in diesem Fall eine Bilanzierung als aktiver Rechnungsabgrenzungsposten im Regelfall nicht zur Anwendung kommt. Zwar ist auch die Bruttomethode in Hinblick auf einen Anspruch auf Rückerstattung der Umsatzsteuer handelsrechtlich zulässig, jedoch sollte dann eine Aktivierung unter der Position „Sonstige Vermögensgegenstände" erfolgen.[120]

Wie die Ausführungen verdeutlichen, stellt diese doch merkwürdig anmutende handelsrechtliche Regelung nichts anderes als die Umsetzung einer ebenso fragwürdigen steuerrechtlichen Vorschrift dar, bei der es ausschliesslich um die Vermeidung einer temporären Steuerverschiebungen geht. Desweiteren ist es fraglich, ob für diese Vorschrift überhaupt ein handelsrechtlicher Anwendungsbereich besteht.
Im Hinblick auf das Steueraufkommen ist eine Streichung der steuer- und handelsrechtlichen Regelungen unproblematisch. Handelsbilanziell sind dadurch keine wesentlichen Änderung in der Praxis zu erwarten.

2.4.10.3 Disagio

§ 250 Abs.3 HGB stellt die Umsetzung von Art.41 Abs.1 Satz 1 der 4.EG-Richlinie dar und beschreibt das Wahlrecht für die Ansetzung des Unterschiedsbetrages zwischen dem Ausgabebetrag und dem höheren Rückzahlungsbetrag einer Verbindlichkeit, der allgemein als Disagio oder auch als

---

118 Vgl. *HFA 5/1975*, Aktivierung, S.59.

119 Vgl. *HFA 1/1979*, Umsatzsteuer, S.80; *HFA 1/1985*, Umsatzsteuer, S.257 f.; *Dziadkowski*, Plädoyer, 1987, S.292 ff.

120 Vgl. *Forster*, Anzahlungen, 1980, S.20. A.A. *Adler/Düring/Schmaltz*, Rechnungslegung, 1998, Teilbd.6, § 250, Rz.78.

Damnum bezeichnet wird. Dieser Unterschiedsbetrag ist dann, sofern er angesetzt wird, gemäss der Laufzeit der Verbindlichkeit planmässig abzuschreiben. Nach der steuerrechtlichen Rechtsprechung[121] ist das Disagio wirtschaftlich nichts anderes als eine zusätzlich geleistete Vergütung für die Kapitalüberlassung, in dem Fall also ein zinsähnlicher Aufwand, der den transitorischen Posten zuzurechnen ist, für die eine Aktivierungspflicht nach § 5 Abs.5 Satz 1 EStG besteht.
Diese Divergenz zwischen handels- und steuerrechtlicher Bilanzierung löst sich dann auf, wenn der Unterschiedsbetrag aufgrund einer z.B. längerfristigen gestundeten Kaufpreisschuld für ein Wirtschaftsgut entsteht. In diesem Fall ist für den in der Verbindlichkeit enthaltenen Zinsanteil auch handelsrechtlich eine Aktivierungspflicht nach § 250 Abs.1 HGB anzunehmen.[122]
Das handelsrechtliche Wahlrecht lässt generell die Möglichkeit offen, das Disagio sofort abzuschreiben und damit unmittelbar ertragswirksam zu verbuchen oder es über die Laufzeit der Verbindlichkeit abzuschreiben. Unabhängig von den Wahlmöglichkeiten, negiert die Wirkungsweise der zinsbereinigten Unternehmensbesteuerung, wie im Falle einer Abschreibung auf andere Vermögensgegenstände, einen Einfluss auf die intertemporale Steuerzahlung.

2.4.11 Eigenkapital

2.4.11.1 Ausgangslage für die Steuerbemessungsgrundlage

Die Differenz zwischen dem handelsrechtlich ausgewiesene Eigenkapital am Ende und zu Beginn des steuerlichen Ermittlungszeitraumes dient als Ausgangslage für die Steuerbemessungsgrundlage der zinsbereinigten Gewinnsteuer.
Das handelsrechtliche Eigenkapital gliedert sich nach § 266 Abs.3 A HGB in Gezeichnetes Kapital, Kapitalrücklage, Gewinnrücklagen, Gewinn- bzw. Verlustvortrag und den Jahresüberschuss bzw. -fehlbetrag. Rechnerisch lässt es sich auch als Saldogrösse zwischen dem Vermögen und den Schulden ermitteln.
Das gezeichnete Kapital gem. § 272 Abs.1 HGB stellt die Teilkomponente des Eigenkapitals dar, auf die die Haftung der Gesellschafter für die Verbindlichkeiten der Kapitalgesellschaft gegenüber den Gläubigern beschränkt ist. Die

---

121 Vgl. BFH v. 12.7.1984, BStBl. II 1984, 713.
122 Vgl. *Knobbe-Keuk*, Unternehmenssteuerrecht, 1993, S.230.

Kapitalrücklage gem. § 272 Abs.2 HGB enthält alle Einlagen von Gesellschaftern, die nicht gezeichnetes Kapital sind. Die Gewinnrücklagen gem. § 272 Abs.3 HGB sind aus dem Ergebnis gebildet worden. Sie umfassen die gesetzliche Rücklage, Rücklage für eigene Anteile, satzungsmässige Rücklagen und andere Gewinnrücklagen. Der Gewinn- bzw. Verlustvortrag ist das Ergebnis aus früheren Perioden, das bisher weder in die Gewinnrücklagen eingestellt noch an die Anteilseigner ausgeschüttet worden ist. Der Jahresüberschuss bzw. -fehlbetrag ist das bereits versteuerte Ergebnis der Periode. Insofern stellt dieses handelsrechtliche ausgewiesene Eigenkapital eine Grösse nach Steuern dar.
Als Ausgangslage für die Steuerbemessungsgrundlage ist dahingegen das Eigenkapital vor Steuern zu erfassen, das den Jahresüberschuss bzw. -fehlbetrag vor Steuern beinhaltet.

2.4.11.2 Berücksichtigungsfähiges Eigenkapital

Als berücksichtigungsfähiges Eigenkapital für die Schutzzinsberechnung ist ausschliesslich dasjenige Eigenkapital zu erfassen, das in dem Unternehmen während des Geschäftsjahres eingesetzt ist und somit kalkulatorische Kosten verursacht. Ausgangslage zur Bestimmung des berücksichtigungsfähigen Eigenkapitals ist das in der Handelsbilanz bilanzierte Eigenkapital zu Beginn des Geschäftsjahres, das sich wie oben dargestellt aus Gezeichnetem Kapital, Kapitalrücklage, Gewinnrücklagen sowie dem Gewinn- bzw. Verlustvortrag zusammensetzt.
Im Unterschied zu der Ausgangslage für die Steuerbemessungsgrundlage sind ausstehende Einlagen auf das Gezeichnete Kapital beim berücksichtigungsfähigen Eigenkapital nicht zu erfassen. Für den Ausweis der ausstehenden Einlagen besteht handelsrechtlich das Wahlrecht zwischen Brutto- und Nettoausweis. Nach dem Bruttoausweis gem. § 272 Abs.1 Satz 2 HGB werden die ausstehenden Einlagen aktivisch vor dem Anlagevermögen ausgewiesen mit einem Vermerk für davon eingeforderte Einlagen. Der Nettoausweis gem. § 272 Abs.1 Satz 3 HGB erlaubt die Absetzung der nicht eingeforderten Einlagen vom Gezeichneten Kapital bei gleichzeitigem aktivischem Ausweis der eingeforderten Einlagen.[123] Ungeachtet dieser Ausweismöglichkeiten sind diese ausstehenden Einlagen der Gesellschafter nicht im Unternehmen einge-

---

123 Zur bilanziellen Darstellung vgl. *Adler/Düring/Schmaltz, Rechnungslegung,* 1997, § 272, Rz.61.

setzt und dementsprechend nach dem Konzept der Zinsbereinigung vom berücksichtigungsfähigen Eigenkapital abzuziehen.

2.4.11.3 Eigenkapitalgliederung

Die gegenwärtige steuerrechtliche Eigenkapitalgliederung (EK-Gliederung) ist eine Aufstellung, die die für die Ausschüttungen verwendbaren Teile des Eigenkapitals nach der Höhe ihrer Steuerbelastung gliedert, um somit die bei einer Gewinnausschüttung erforderliche Minderung oder Erhöhung der Körperschaftsteuer festzustellen.[124] Dadurch kann die auf dem ausgeschütteten Gewinn lastende Körperschaftsteuer dem Anteilseigner über das Anrechnungsverfahren angerechnet werden.
Die EK-Gliederung an sich ist lediglich eine andere Darstellungsform der zur Ausschüttung zur Verfügung stehenden Beträge nach der Handelsbilanz. Insofern ergibt sich das verwendbare Eigenkapital (vEK) aus der Summe von Kapitalrücklage, Gewinnrücklagen, Gewinn- bzw. Verlustvortrag und dem Jahresüberschuss bzw. -fehlbetrag.
Die bisherige EK-Gliederung teilt gem. § 30 KStG das Eigenkapital entsprechend seiner Tarifbelastung in EK 45, EK 30 und EK 01 bis EK 04 ein.
EK 45 stellt thesauriertes Eigenkapital dar, das mit dem Regelsteuersatz von 45 v.H. belastet ist.
EK 30 beinhaltet Eigenkapitalanteile, die in Höhe der Ausschüttungsbelastung von 30 v.H. belastet sind, und Eigenkapitalanteile infolge der Aufteilung nach § 32 Abs.2 KStG.
EK 01 bis EK 04 beinhalten unbelastete Eigenkapitalanteile. Zu nennen sind hier insbesondere steuerfreie ausländische Einkünfte, die aufgrund eines DBA nicht der Körperschaftsteuer unterliegen, steuerfreie Investitionszulagen und geleistete Einlagen von Anteilseignern.[125]

Nach dem Konzept der zinsbereinigten Unternehmensbesteuerung gibt es nur eine Tarifbelastung, unabhängig davon, ob die Gewinne thesauriert oder ausgeschüttet werden. Desweiteren sind die Ausschüttungen beim Anteilseigner steuerfrei zu vereinnahmen, d.h. die gegenwärtige Problematik zur Feststellung einer Minderung oder Erhöhung der Körperschaftsteuer auf das ausge-

124 Vgl. *Cattelaens, u.a.*, Körperschaftsteuer, 1997, S.321 Rz. 1006.
125 Für eine ausführliche Darstellung vgl. *Cattelaens, u.a.*, Körperschaftsteuer, 1997, S.426 ff.

schüttete Eigenkapital ist nicht existent. Insofern kann der gesamte Komplex der EK-Gliederung zusammen mit dem Anrechnungsverfahren gestrichen werden. Dies betrifft die gesamten Regelungen §§ 27-47 des vierten Teils des KStG.

Die Höhe des vEK lässt sich auch innerhalb der zinsbereinigten Unternehmensbesteuerung wie bisher direkt aus der Handelsbilanz ablesen. Ob es sich dabei um thesaurierte, mit der Tarifbelastung besteuerte Unternehmensgewinne, steuerfreie ausländische oder inländische Erträge oder um Einlagen von Anteilseignern handelt, ist für die Ausschüttung unbedenklich. Eine EK-Gliederung zur Trennung dieser Eigenkapitalteile ist nicht mehr nötig.
Andere Vermögensmehrungen, wie z.B steuerfreie Investitionszulagen (EK 02), die gem. § 30 Abs.1 Nr.2 KStG nicht der Körperschaftsteuer unterliegen, sind mit den Grundsätzen einer konsumorientierten Unternehmensbesteuerung nicht mehr vereinbar. Sie wären nur noch als Darlehen und damit als Fremdkapital anzusetzen.

Völlig unproblematisch für die EK-Gliederung und steuerlich irrelevant werden damit auch die Vorgänge einer Kapitalerhöhung und -herabsetzung sowie die Liquidation und der Vermögensübergang.
Bei einer Kapitalerhöhung gegen Neueinlagen wird die EK-Gliederung nicht berührt und es ergibt sich wie bisher eine Erhöhung des Nennkapitals. Erfolgt die Kapitalerhöhung aus vEK, ergibt sich entsprechend der Erhöhung des Nennkapitals eine äquivalente Verringerung des vEK. Die im Rahmen der gesonderten Feststellung nach § 47 KStG i.V.m. § 29 Abs.3 KStG angezeigte doppelte Erfassung von Rücklagen als Nennkapital und als vEK entfällt.
Kommt es zu einer ordentlichen oder vereinfachten Kapitalherabsetzung des Nennkapitals, ergibt sich analog eine Erhöhung des vEK. Erfolgt die Kapitalherabsetzung zum Zwecke der Auskehrung respektive Ausschüttung kann es sich hierbei nur um originäres Nennkapital bzw. um ehemaliges vEK handeln, das zuvor in Nennkapital transformiert worden ist. In jedem Fall handelt es sich aber um Eigenkapital, das entweder bereits steuerlich erfasst worden ist, oder um Einlagen, die keiner Steuer zu unterwerfen sind. Folglich hat eine nochmalige steuerliche Erfassung bei den Anteilseignern in Einklang mit dem Konzept der Zinsbesteuerung zu unterbleiben.
Kommt es zu einer Liquidation des Unternehmens, erfolgt auch hier die Auskehrung des vEK und des Nennkapitals an die Anteilseigner ohne weitere steuerliche Belastung. Die bisherige Herstellung der Ausschüttungsbelastung auf vEK entfällt.

Bei einem Vermögensübergang unabhängig ob in Form einer Umwandlung, Verschmelzung, Auf- oder Abspaltung oder Übertragung und unabhängig davon, ob es sich bei den involvierten Unternehmen um steuerbefreite oder nicht steuerbefreite Kapital- oder Personengesellschaften handelt, wird dem Grundsatz gefolgt, Unternehmensgewinne nur einmal steuerlich zu erfassen. Dies bedeutet, es kommt auch bei einem Vermögensübergang durch das vEK weder bei der übertragenden noch bei der übernehmenden Gesellschaft zu steuerlichen Auswirkungen.

2.4.12Sonderposten mit Rücklageanteil

Die Vorschriften des § 273 HGB "Sonderposten mit Rücklageanteil" i.V.m. § 247 Abs.3 HGB sind weitere handelsrechtliche Öffnungsklauseln, die eine Bilanzierung steuerrechtlicher Sondervergünstigungen in der Handelsbilanz ermöglichen. Die Bildung von Sonderposten mit Rücklageanteil ist für Kapitalgesellschaften nach §§ 273, 279 Abs.2 HGB entsprechend der umgekehrten Massgeblichkeit eingeschränkt. Die Bildung ist insoweit nur zulässig, als das Steuerrecht die Anerkennung des Wertansatzes bei der steuerrechtlichen Gewinnermittlung vom Ansatz in der Handelsbilanz abhängig macht.
Als Sonderposten mit Rücklageanteil kommen zwei Kategorien in Betracht.
Zum einen handelt es sich um den Unterschiedsbetrag, der sich aus der nach § 253 HGB handelsbilanziellen Abschreibung und der nach § 254 HGB zulässigen höheren steuerrechtlichen Abschreibung ergibt, und nach § 281 Abs.1 HGB als indirekte passivische Ausweismöglichkeit als Sonderposten mit Rücklageanteil angesetzt werden kann.
Zum anderen sind es unversteuerte Rücklagen, die häufig fälschlicherweise als sog. steuerfreie Rücklagen bezeichnet werden. Der Sinn dieser Rücklagen besteht im wesentlichen darin, stille Reserven, die durch den Abgang von Wirtschaftsgütern aufgedeckt werden, vorerst steuerneutral auf ein anderes Wirtschaftsgut zu übertragen. Diese Rücklagen sind zu einem späteren Zeitpunkt nach Massgabe des Steuerrechts wieder gewinnerhöhend aufzulösen, so dass lediglich eine Steuerstundung, aber keine endgültige Steuerersparnis realisiert werden kann. Allerdings werden den Unternehmen durch diese Steuerverlagerung wesentliche Liquiditäts-, Finanzierungs- und Zinsvorteile eingeräumt. In Funktion und Wirkung entsprechen diese "steuerfreien" Rücklagen den handelsrechtlich gewährten steuerlichen Sonderabschreibungen nach § 254 HGB.

Die in der Praxis bedeutendsten "steuerfreien" Rücklagen sind die Reinvestitionsrücklage nach § 6b EStG und die Rücklage für Ersatzbeschaffung nach R 35 EStR.[126] Der Umfang der wirtschaftspolitisch bedingten steuerrechtlichen Rücklagen ist jedoch einem ständigen Wandel unterworfen.[127]
Die zinsbereinigte Unternehmensbesteuerung erlaubt auch hier die Abschaffung sämtlicher einkommensteuerrechtlicher Regelungen, ohne dass es hierbei zu steuerlichen Verzerrungen kommt. Parallel dazu sind die steuerrechtlichen Regelungen im Handelsrecht gemäss §§ 247 Abs.3, 273 HGB zu streichen. Der ursprünglich gewährte Steuerstundungseffekt wird durch den Wirkungsmechanismus der zinsbereinigten Besteuerung wieder egalisiert.
Handelsrechtlich wird die Ausweismöglichkeit der gewinnmindernden Rücklagen als Sonderposten mit Rücklageanteil in der Literatur heftig kritisiert, insbesondere wird hier ein Verstoss gegen die 4.EG-Richtlinie gesehen.[128] Letztendlich handelt es sich aber wiederum um einen ungeheuerlichen Übergriff des Steuerrechts auf die Institution der Handelsbilanz.[129] Durch die Streichung des Sonderpostens mit Rücklageanteil wird die aus wirtschaftspolitischen Beweggründen zulässige Möglichkeit, in der Handelsbilanz weitere stille Reserven zu bilden, vermieden. Generell wird die Streichung zu einem handelsrechtlich höheren Gewinnausweis führen und dementsprechend auch zu einem klareren Bild der tatsächlichen Verhältnisse.

2.4.13 Rückstellungen

Rückstellungen sind Passivposten, die die Aufgabe haben, Verluste, Verbindlichkeiten oder Aufwendungen, die erst in einer späteren Periode entstehen werden, die in ihrer Höhe und ihrem genauen Fälligkeitstermin am Bilanzstichtag noch ungewiss sind, der Periode ihrer Verursachung zuzurechnen. Dies bedeutet, es werden spätere Ausgaben bilanziell vorweg berücksichtigt. Rückstellungen werden gemäss dem Grundsatz der Verlustantizipation als Ausfluss des Imparitätsprinzips gebildet, nach dem in der Bilanz auch die un-

---

126 Einen Überblick über die umfassenden Anwendungsvorschriften zu den "steuerfreien" Rücklagen liefert *Adler/Düring/Schmaltz, Rechnungslegung,* 1996, § 273, Rz.7.

127 Vgl. *Knobbe-Keuk,* Unternehmenssteuerrecht, 1993, S.106.

128 Vgl. *DStJG,* Stellungnahme, 1988, S.1089-1094; *Dziadkowski,* Umkehrmassgeblichkeit, 1989, S.437 ff.; *Schulze-Osterloh,* Gewinnermittlung, 1991, S.295; *Knobbe-Keuk,* Unternehmenssteuerrecht, 1993, S.31; a.A. *Adler/Düring/Schmaltz, Rechnungslegung,* 1996, § 273, Rz.1

129 Vgl. *Knobbe-Keuk,* Unternehmenssteuerrecht, 1993, S.31.

realisierten Verluste auszuweisen sind. Handelsrechtlich ergeben sich die Ansatzvorschriften aus § 249 HGB, der auf Art.20 der 4.EG-Richlinie basiert. Nach dem Wortlaut des § 249 HGB ist zwischen Rückstellungen, die gebildet werden müssen, sog. Verbindlichkeitsrückstellungen, und solchen die gebildet werden können, sog. Aufwandsrückstellungen, zu unterscheiden. In dieser Unterscheidung finden sich auch die generellen Differenzen zwischen der steuer- und handelsrechtlichen Bilanzierung.

Für die Aufwandsrückstellungen besteht handelsrechtlich nach § 249 Abs.2 HGB ein Rückstellungswahlrecht. Im Gegensatz zu den passivierungspflichtigen Rückstellungen, liegen den Aufwandsrückstellungen keine rechtlichen Verbindlichkeiten zugrunde. Der Gesetzgeber verfolgt mit diesem Wahlrecht die Zielsetzung, den Unternehmen, auch zur Gleichbehandlung innerhalb der EG, eine Vorsorge für konkrete künftige Aufwendungen zu erlauben, wenn diese dem laufenden oder einem früheren Geschäftsjahr zuzuordnen sind.[130] Damit wird sichergestellt, dass die Aufwendungen im Zeitpunkt des Eintretens verkraftbar sind und somit der Bestand eines Unternehmens besser gesichert ist.[131] Das vom Gesetzgeber eingeräumte passivische Wahlrecht, führt zu einem steuerrechtliches Passivierungsverbot.[132] Nicht zuletzt ist dies mit Rücksicht auf die sonst zu erwartende Steuerverschiebung geschehen. Der handelsbilanzpolitische Spielraum der den Unternehmen damit eingeräumt wird, wird aufgrund der steuerlichen Nichtabzugsfähigkeit kaum in grossem Umfang in Anspruch genommen.
Innerhalb der zinsbereinigten Unternehmensbesteuerung wird dahingegen die kaufmännische Entscheidung zur Bildung von Aufwandsrückstellungen aus steuerlicher Sicht nicht beeinflusst. Die Neutralität der intertemporalen Steuerzahlung lässt den Unternehmen gemäss dem in § 249 Abs.2 HGB zugestandenen Wahlrecht die Freiheit, ausschliesslich nach handelsrechtlich gebotenen Grundsätzen zu verfahren. Insofern ist bei Realisierung einer zinsbereinigten Besteuerung mit einer vermehrten Bildung von Aufwandsrückstellungen zu rechnen.

Handelsrechtliche Pflichtrückstellungen sind dahingegen gemäss dem Massgeblichkeitsgrundsatz auch in der Steuerbilanz zu bilanzieren, sofern keine

---

130 Vgl. BT-Drucks. 10/317, S.83 f.; BT-Drucks. 10/4268, S.99.
131 Vgl. *Biener*, Rechnungslegung, 1979, S.73 f.
132 Vgl. BFH v. 3.2.1969, BStBl. II 1969, S.291 ff.

steuerlichen Sondervorschriften bestehen. Diese steuerlichen Sondervorschriften finden sich in § 5 Abs.3, Abs.4 und Abs.4a EStG sowie in § 6a EStG. Nach § 249 Abs.1 HGB sind bei folgenden Fällen Pflichtrückstellungen zu bilden: ungewisse Verbindlichkeiten, drohende Verluste aus schwebenden Geschäften, unterlassene Aufwendungen für Instandhaltungen, die im folgenden Geschäftsjahr innerhalb von drei Monaten anfallen, oder für Abraumbeseitigung, die im folgenden Geschäftsjahr nachgeholt werden sowie Gewährleitungen, die ohne rechtliche Verpflichtung erbracht werden. Ein Sonderfall für eine handelsrechtliche Pflichtrückstellung stellt die Rückstellung für latente Steuern dar.

Die wesentliche steuer- und handelsrechtliche Ansatzproblematik besteht in der Definition der ungewissen Verbindlichkeiten, zu denen nach h.M.[133] auch die Rückstellungen für drohende Verluste aus schwebenden Geschäften zählen. Handelsrechtlich sind unter ungewissen Verbindlichkeiten generell Verbindlichkeiten zu verstehen, die einen faktischen Leistungszwang gegenüber einem Dritten begründen, der sowohl privatrechtlich als auch öffentlichrechtlich verursacht sein kann.[134]
Obwohl die handelsrechtliche Auslegung bei einer Passivierungspflicht über das Massgeblichkeitsprinzip auf die Steuerbilanz übertragen werden müsste, ist für die Pflichtrückstellungen die steuerliche Sicht vorherrschend,[135] die im folgenden mit den handelsrechtlichen Regelungen verglichen wird.

2.4.13.1 Rückstellungen für Schutzrechtsverletzungen

Nach § 5 Abs.3 Satz 2 EStG sind Rückstellungen wegen Verletzung fremder Patent- Urheber- oder ähnlicher Schutzrechte, die gebildet wurden, weil aufgrund der Rechtsverletzung ernsthaft mit einer Inanspruchnahme zu rechen ist, spätestens in der Bilanz des dritten auf ihre erstmalige Bildung folgenden Wirtschaftsjahrs gewinnerhöhend aufzulösen, wenn Ansprüche nicht geltend

---

133 Vgl. *Küting/Weber*, Rechnungslegung, 1995, § 249, Rz.61, *Adler/Düring/Schmaltz, Rechnungslegung,* 1996, § 249, Rz.137; kritisch *Groh*, Verlustrückstellungen, 1988, S.27 ff., *Glanegger u.a.*, Kommentar, 1995, § 249, Rz.25. Der wesentliche Unterschied besteht darin, dass sich Rückstellungen für drohende Verluste auf zukünftige Verluste beziehen, wohingegen bei Rückstellungen für ungewisse Verbindlichkeiten ein bereits entstandener Erfüllungsrückstand vorliegt.

134 Vgl. Adler/Düring/Schmaltz, Rechnungslegung, 1996, § 249, Rz.43 ff.

135 Vgl. *Küting/Weber*, Rechnungslegung, 1995, § 249, Rz.32.

gemacht wurden. Dieses steuerrechtliche Auflösungsgebot gilt auch ungeachtet einer weiterhin bestehenden Gefahr einer Inanspruchnahme nach dem Zeitablauf. Der Anlass für diese steuergesetzliche Regelung einer an sich handelsrechtlichen Detailfrage war das BFH-Urteil vom 11.11.1981[136]. Durch dieses Urteil befürchtete die Steuerverwaltung eine Ausweitung der Rückstellungsbildung und damit einhergehend erhebliche Steuervorteile für die Unternehmen.[137] Das Ergebnis ist die seit dem Haushaltsbegleitgesetz 1983[138] in § 5 Abs.3 EStG geregelte Einschränkung der Rückstellungen für Schutzrechtsverletzungen.
Handelsrechtlich sind die Rückstellungen bis zur Verjährung der Ansprüche beizubehalten, soweit die Inanspruchnahme weiter droht. Die zeitlich pauschal fixierte steuerrechtliche Auflösungspflicht verstösst gegen handelsrechtliche Grundsätze.[139] Insofern stellt § 5 Abs.3 Satz 2 EStG ein vom Handelsrecht abweichendes steuerrechtliches Passivierungsverbot dar.
Die ursprünglichen Bedenken der Finanzverwaltung, die Unternehmen könnten ohne diese steuerrechtlichen Einschränkungen Zinsvorteile durch eine Steuerstundung erzielen, sind in einem zinsbereinigten Steuersystem nicht mehr haltbar. Die steuerrechtliche Regelung ist ersatzlos zu streichen.

2.4.13.2 Jubiläumsrückstellungen

Jubiläumsrückstellungen sind bei rechtsverbindlicher Zusage aufgrund eines Arbeitsvertrages oder einer Betriebsvereinbarung handelsrechtlich als ungewisse Verbindlichkeit zu passivieren.[140] Hierbei handelt es sich um ein Entgelt für die während der Dauer des Arbeitsverhältnisses zu erbringende Leistung, die, soweit diese erbracht ist, einen Erfüllungsrückstand des Arbeitgebers bedingt, der im abgelaufenen Geschäftsjahr wirtschaftlich verursacht wurde.[141]
Die steuerrechtliche Einschränkung nach § 5 Abs.4 EStG i.V.m. § 52 Abs.6 EStG[142] durch das Steuerreformgesetz 1990 sieht dahingegen eine Rückstellungsbildung nur vor, wenn das Dienstverhältnis mindestens zehn Jahre be-

---

136 BFH I R 157/79 BStBl II 1982, 748.
137 Vgl. die Begründung des Regierungsentwurfs. BT-Drucks. 9/2074
138 BStBl 1982 I, 972.
139 Vgl. *IDW*, Sitzung, 1983, S.219; *Schülen*, Rückstellungen 1983, S.664.
140 Vgl. *Küting/Weber*, Jubiläumszuwendungen, 1988, S.2280 f.
141 BFH v. 5.2.1987, BStBl II 1987, 845.
142 *Höfer/Reiners*, Jubiläumsrückstellungen, 1988, S.2064 ff. halten die Regelungen der §§ 5 Abs.4, 52 Abs.6 EStG für verfassungswidrig. Massive Kritik an dem Entwurf übt auch *Döllerer*, Beutesymbol, 1988, S.238 ff.

standen hat, das Dienstjubiläum das Bestehen eines Dienstverhältnisses von fünfzehn Jahren voraussetzt und die Zusage schriftlich erteilt ist. Allerdings gilt diese Regelung nur für die Fälle, in denen der Zuwendungsberechtigte seine Anwartschaft nach dem 31.12.1992 erwirbt. Bereits gebildete Rückstellungen sind aufzulösen.

Auch im Falle der Jubiläumsrückstellungen erfahren handelsrechtliche Bilanzierungsgebote nach freier Willkür ohne sachlichen Hintergrund steuerrechtliche Einschränkungen. Dies ist nur durch das Bemühen zu erklären, das durch die Steuerreform 1990 entstandene Haushaltsdefizit auszugleichen.[143] Wie bei den Rückstellungen für Schutzrechtsverletzungen ist diese rein fiskalisch begründete Einschränkung innerhalb eines zinsbereinigten Steuerkonzepts ohne Bedeutung und daher zu eliminieren.

2.4.13.3 Pensionsrückstellungen

Besondere Bedeutung unter den Rückstellungen für ungewisse Verbindlichkeiten haben die Pensionsrückstellungen. Allerdings ist der Vergleich zwischen handels- und steuerrechtlicher Bilanzierung problematisch. Mit dem BiRiLiG wurde das Passivierungswahlrecht für Pensionsrückstellungen des AktG 1965 durch eine Passivierungspflicht für rechtsverbindliche unmittelbare Zusagen ersetzt. Die grundsätzliche Passivierungspflicht nach § 249 Abs.1 Satz1 HGB gilt allerdings gemäss den Regelung des Art.28 EGHGB nur für sog. Neuzusagen, bei denen der Rechtsanspruch nach dem 31.12.1986 erworben wurde bzw. wird. Für die sog. Altzusagen, bei denen ein Rechtsanspruch vor dem 1.1.1987 erworben wurde, besteht ein handelsrechtliches Passivierungswahlrecht. Dieses primär fiskalpolitisch motivierte Passivierungswahlrecht[144] -der BdF befürchtete bei Einführung der Passivierungspflicht für Altzusagen einen zu hohen Steuerausfall[145]- gilt ebenso für mittelbare Verpflichtungen aus einer Zusage für eine laufende Pension oder eine Anwartschaft auf eine Pension sowie für ähnliche unmittelbare oder mittelbare Verpflichtungen.[146] Ungeachtet der Differenzierung zwischen mittelbar und unmittelbar besitzt eine Pensionsverpflichtung den Charakter einer ungewissen Verbindlichkeit und müsste

143 Vgl. *Knobbe-Keuk*, Unternehmenssteuerrecht, 1993, S.148 f.

144 Vgl. Adler/Düring/Schmaltz, Rechnungslegung, 1996, § 249, Rz.83

145 Vgl. *Küting/Weber*, Rechnungslegung, 1995, § 249, Rz.374.

146 Das Passivierungswahlrecht nach Art.28 Abs.1 Satz 2 EGHGB ist gesetzestechnisch deplaziert. Vgl. *Ahrend/Förster/Rössler*, Auswirkungen, 1986, S.4; *Luik*, Pensionsverpflichtungen, 1987, S.733.

eigentlich nach § 249 Abs.1 Satz1 HGB in jedem Fall eine Passivierungspflicht auslösen.[147]

Besondere Formvorschriften für unmittelbare Pensionsverpflichtungen existieren im Handelsrecht nicht. Generell sind unmittelbare Pensionsverpflichtungen, unabhängig ob individualrechtlich oder kollektivrechtlich begründet,[148] durch die Verpflichtung des Unternehmens gekennzeichnet, die Pensionsleistungen gegenüber dem Begünstigten selbst, also ohne Einschaltung eines selbständigen Versorgungsträgers, zu erbringen. Auch über den Wertansatz existiert, abgesehen von der Generalklausel gemäss § 253 Abs.1 Satz 2 HGB, nach der Rückstellungen nur in Höhe des Betrags anzusetzen sind der nach vernünftiger kaufmännischer Beurteilung notwendig ist, keine handelsrechtliche Spezialvorschrift. Allgemein anerkannt ist der Ansatz mit dem Barwert, wobei für den Rechnungszinsfuss, abhängig von den wirtschaftlichen Rahmenbedingungen, eine Bandbreite zwischen 3% und 6% anzusetzen ist.[149]
Steuerrechtlich führt die handelsrechtliche Bilanzierungspflicht für die Neuzusagen gemäss dem Grundsatz der Massgeblichkeit nach § 5 Abs.1 Satz 1 EStG ebenfalls zu einer Passivierung, sofern die Voraussetzungen des § 6a Abs.1 Nr.1 bis Nr.3 EStG erfüllt sind. Danach ist eine Rückstellung zu bilden, wenn der Pensionsberechtigte einen Anspruch auf einmalige oder laufende Pensionsleistungen hat, die Pensionszusage keinen Minderungs- oder Entzugsvorbehalt enthält und die Pensionszusage schriftlich erteilt ist. Darüber hinaus dürfen nach § 6a Abs.2 EStG Pensionsverpflichtungen gegenüber unter 30jährigen Versorgungsanwärtern nicht angesetzt werden. Die Höhe des steuerlichen Wertansatzes richtet sich gemäss § 6a Abs.3 EStG nach dem Teilwert, der sich aus dem Barwert der mit einem Rechnungszinsfuss von 6 % abgezinsten künftigen Pensionsleistungen ergibt.
Die steuerrechtlichen Grenzen bei unmittelbaren Pensionsverpflichtungen sind aus fiskalpolitischen Überlegungen enger gefasst als die handelsrechtlichen Auslegungen. Die Folge bei einer einheitlichen Steuer- und Handelsbilanz ist eine fiskalisch bedingte Einschränkung der nach vernünftigen kaufmännischen Gesichtspunkten gebildeten handelsrechtlichen Bilanzierung.

Eine mittelbare Pensionsverpflichtung liegt vor, wenn das Unternehmen zur Abwicklung der Pensionsleistung an den Begünstigten einen selbständigen

---

147 Die Vereinbarkeit des Passivierungswahlrechts mit der 4.EG-Richtlinie wird als kritisch betrachtet. Vgl. *Hartung*, Ansatzwahlrecht 1992, S.1817 ff.

148 Vgl. *Höfer/Reiners/Wüst*, Altersversorgung, 1992, Rn. 186 ff.

149 Vgl. *HFA 2/1988*, Pensionsverpflichtungen, S.404.

Versorgungsträger einschaltet.[150] Ist die Pensionsverpflichtung durch die Mittel des Versorgungsträgers nicht gedeckt, ist das Unternehmen von einer Einstandspflicht betroffen und kann nach Art.28 Abs.1 Satz 2 EGHGB eine Rückstellung bilden.[151] Dieses generelle handelsrechtliche Passivierungswahlrecht bewirkt ein steuerrechtliches Passivierungsverbot. Die Gründe des Gesetzgebers, die mittelbaren Pensionsverpflichtungen von der Passivierungspflicht auszunehmen, sind im wesentlichen die gleichen fiskalischen Interessen wie bei unmittelbaren Pensionsverpflichtungen aus Altzusagen. Eine handelsrechtliche Passivierungspflicht würde aufgrund des Massgeblichkeitsprinzips hier zu einer beträchtlichen Steuerverschiebung führen.[152] Diese fiskalischen Auswirkungen können jedoch keine Kriterien zur Einschränkung einer handelsrechtlich gebotenen Bilanzierung darstellen. Entsprechend einem einheitlichen Vorgehen hätte aber zumindest, wie bei unmittelbaren Pensionsverpflichtungen für die sog. Neuzusagen, eine Passivierungspflicht angenommen werden müssen.

Die Ausführungen verdeutlichen die Interessen und Einflüsse des Gesetzgebers auf die gegenwärtige handels- und steuerrechtliche Bilanzierung im Rahmen der Rückstellungen. Neben den steuerrechtlichen Vorschriften, die wie oben bereits erwähnt nur die Vermeidung einer Steuerstundung bewirken, ist insbesondere der gegen die GoB verstossende Art.28 EGHGB zu streichen, der eigentlich nur als Übergangsvorschrift ausgelegt ist.

2.4.13.4 Rückstellungen für drohende Verluste aus schwebenden Geschäften

Rückstellungen für drohende Verluste aus schwebenden Geschäften erklären sich handelsrechtlich aus dem Imparitätsprinzip, wonach alle vorhersehbaren Risiken und Verluste, die bis zum Abschlussstichtag entstanden sind, entsprechend berücksichtigt werden müssen, auch wenn sie erst in späteren Rechnungsperioden eintreten. Schwebende Geschäfte ergeben sich aus auf Leistungsaustausch gerichteten schuldrechtlichen Verträgen, die von beiden Sei-

---

150 Vgl. *HFA 2/1988*, Pensionsverpflichtungen, S.403.

151 Die Ausgestaltung als Passivierungswahlrecht wird heftig kritisiert. Vgl. *Schulze-Osterloh*, Rechnungslegung, 1986, S.411 ff.

152 In der Literatur wird für Steuerverschiebung häufig und fälschlicherweise der Begriff „Steuerausfälle" verwendet. Vgl. *Küting/Weber*, Rechnungslegung, 1995, § 249, Rz.396.

ten noch nicht erfüllt sind.[153] Ein drohender Verlust ist dann zu erwarten wenn der Wert der eigenen Verpflichtung, z.B. die Herstellungskosten des Liefergegenstandes, höher sind als der vereinbarte Kaufpreis. Allerdings sind Rückstellungen für drohende Verluste subsidiär gegenüber Abschreibungen auf der Aktivseite. Sind z.B. im Rahmen eines schwebenden Geschäfts Herstellungskosten aktiviert worden, so ist zuerst dieser Aktivwert in Höhe des drohenden Verlustes abzuschreiben. Der darüber hinausgehende Verlustanteil ist über die Rückstellung für drohende Verluste zu erfassen.

Entsprechend dem Grundsatz der Massgeblichkeit führte das handelsrechtliche Gebot zur Bildung von Verlustrückstellungen bisher zu einer steuerlichen Passivierungspflicht. Dieser Grundsatz ist zuletzt durch den BFH bestätigt worden.[154] Durch das Gesetz zur Fortsetzung der Unternehmenssteuerreform vom 29.10.1997[155] ist in § 5 EStG ein neuer Absatz 4a eingeführt worden, der schlicht und einfach besagt: „Rückstellungen für drohende Verluste aus schwebenden Geschäften dürfen nicht gebildet werden." Diese Einfügung ist nur fiskalisch zu erklären und stellt einen schwerwiegenden Verstoss gegen die GoB dar.[156] Darüber hinaus sieht *Moxter* massive Zweifel an der Verfassungsmässigkeit des Rückstellungsverbots: „verfassungsrechtlich bedürfte es hier gewiss stärkerer Argumente als es das Erfordernis, Haushaltslücken zu schliessen, darstellt."[157]

Ungeachtet des gegenwärtigen steuerlichen Passivierungsverbots sind Rückstellungen für drohende Verluste aus schwebenden Geschäften handelsrechtlich weiterhin zu bilden. Eine Umkehrung des Massgeblichkeitsprinzip ist hier ausgeschlossen. Insofern kommt es bei einer zinsbereinigten Unternehmensbesteuerung zu keiner Änderung in der Handelsbilanz. Da es sich auch hier nur um temporäre Buchungsunterschiede zwischen Steuer- und Handelsbilanz handelt, kann diese doch fragwürdige Gesetzeseinfügung bedenkenlos wieder gestrichen werden.

---

153 So kann bereits ein verbindliches Vertragsangebot bereits als schwebendes Geschäft betrachtet werden, wenn die Annahme des Angebots mit Sicherheit erwartet werden kann. Vgl. BFH v. 16.11.1982, BStBl. II 1983, S.361 ff.

154 BFH v. 23.6.1997, BStBl II 1997, 735.

155 BStBl I 1997, 928.

156 Vgl. *Endriss/Haas/Küpper*, Steuerkompendium, 1998, Rz.174; ähnlich *Bordewin*, Rückstellung, 1998, S.227 f.; a.A. *Weber-Grellet*, Massgeblichkeitsgrundsatz, 1997, S.2233 ff.

157 *Moxter*, Verlustrückstellungen, 1997, S.1477.

2.4.13.5 Rückstellungen für unterlassene Instandhaltung und Abraumbeseitigung

Beide Rückstellungsarten sind im Grunde Aufwandsrückstellungen, für die handelsrechtlich nach § 249 Abs.2 HGB generell ein Passivierungswahlrecht besteht. Das Passivierungsgebot nach § 249 Abs.1 Nr.1 HGB stellt jedoch eine durch steuerliche Rücksichtnahmen veranlasste Ausnahmeregelung dar.[158] Nach altem Recht bestand ein Wahlrecht, was dazu führte, dass der BFH[159] die Rückstellungen steuerrechtlich nicht anerkannte. Es war jedoch erklärter Wille des Gesetzgebers, die steuerrechtliche Wirksamkeit dieser Rückstellungen sicherzustellen. Infolgedessen wurde das handelsrechtliche Wahlrecht durch die Passivierungspflicht ersetzt.[160] Die steuerliche Regelung findet sich in R 31c Abs.11 EStR.

Zwar entsprechen sich die steuer- und handelsrechtlichen Regelungen bei den Rückstellungen für unterlassene Instandhaltung und Abraumbeseitigung, jedoch wird ganz im Gegensatz zu den vom Gesetzgeber aus fiskalischem Interesse üblicherweise bevorzugten steuerrechtlichen Einschränkungen der handelsrechtlichen Bilanzierungsvorstellungen in diesem Fall das Handelsrecht „verbogen", um die steuerrechtliche Anerkennung nicht zu gefährden. Rationale Entscheidungsgründe sind hier nicht zu finden. Dieses Chaos wird durch die Umwandlung der Passivierungspflicht für Aufwendungen für unterlassene Instandhaltung in ein Passivierungswahlrecht nach Ablauf von drei Monaten gemäss § 249 Abs.1 Satz 3 HGB noch deutlicher. Systematisch ist eine solche willkürliche Dreimonatsfrist nicht begründbar und wohl ausschliesslich historisch bedingt.[161]

Durch die zinsbereinigte Unternehmensbesteuerung könnte das Handelsrecht losgelöst von fiskalischen Zwängen wieder den kaufmännischen Gepflogenheiten und den GoB angenähert werden.

---

158 Vgl. *Knobbe-Keuk*, Unternehmenssteuerrecht, 1993, S.117.

159 Vgl. BFH v. 23.11.1983, BStBl. II 1984, 277

160 Vgl. Regierungsentwurf zu § 250 Abs.1 Satz 2 HGB-E BR-Drucks. 257/83, S.83; *Schneider*, Steuerneutralität, 1983, S.2089 ff. sieht in dieser Passivierungspflicht einen Konflikt mit der steuerneutralen Durchführung der Vierten EG-Richtlinie. *Siegel*, Instandhaltungsrückstellungen, 1985, S.14 ff. weist diese Rückstellungspflicht der von Döllerer kreierten Kategorie der „Grundsätze ordnungswidriger Bilanzierung" zu. A.A. *Dziadkowski/Runge*, Aufwandsrückstellungen, 1984, S.544.

161 Vgl. *Borstell*, Aufwandsrückstellungen, 1988, S.98 f.

2.4.13.6 Rückstellungen für latente Steuern

§ 274 HGB regelt die Bilanzierung der Steuerabgrenzung für Kapitalgesellschaften. Mit dieser Regelung ist Art.43 Abs.1 Nr.11 der 4.EG-Richtlinie in deutsches Recht umgesetzt worden.[162] Der Grundgedanke und damit zugleich die Ursache für den Ansatz von latenten Steuern sind zeitliche Abweichungen zwischen handelsrechtlichem Ergebnis und steuerrechtlicher Gewinnermittlung aufgrund unterschiedlicher Bilanzierungs- und Bewertungsvorschriften im Handels- und Steuerrecht. Mittels der Bilanzierung von latenten Steuern sollen diese Diskrepanzen eliminiert und in einem dem Handelsbilanzergebnis entsprechenden Steueraufwand ausgewiesen werden. Dabei ist zwischen zwei Fällen zu unterscheiden. Ist das handelsrechtliche Ergebnis höher als der steuerrechtliche Gewinn, ist durch den Ansatz der Rückstellung für latente Steuern nach § 274 Abs.1 HGB der Steueraufwand zu erhöhen. Ist dahingegen das handelsrechtliche Ergebnis niedriger als der steuerrechtliche Gewinn, kann der Steueraufwand nach § 274 Abs.2 HGB durch den Ansatz eines Abgrenzungsposten als Bilanzierungshilfe vermindert werden. Wie die Formulierungen andeuten, handelt es sich bei der Steuerabgrenzung im Rahmen des Vorsichtsprinzips um ein Aktivierungswahlrecht und um eine Passivierungspflicht. Aufgrund des engen Zusammenhangs zwischen der Rückstellung für latente Steuern und dem aktivischen Abgrenzungsposten werden in diesem Abschnitt beide Position betrachtet.

Die wesentliche Grundvoraussetzung für die Steuerabgrenzung ist, dass sich die Abweichungen zwischen dem handelsrechtlichen Ergebnis und dem steuerrechtlichen Gewinn in späteren Geschäftsjahren wieder ausgleichen. Hierbei ist zwischen sog. permanenten Unterschieden und sog. temporären Unterschieden zu differenzieren.

Permanente Unterschiede betreffen Abweichungen, die zwischen dem Handelsbilanzergebnis und dem steuerpflichtigen Einkommen immer auftreten und die sich in Folgejahren nicht mehr ausgleichen. Hierunter fallen z.B. Aufwendungen, die zwar handelsrechtlich angesetzt werden, steuerrechtlich aber nicht

162 Die 4.EG-Richtlinie enthält ein Wahlrecht, nach dem zwischen dem Ansatz der Steuerabgrenzung in der Bilanz oder der Beschränkung auf eine Berichterstattung im Anhang gewählt werden kann. Der deutsche Gesetzgeber hat dieses Wahlrecht nicht in das deutsche Recht übernommen. Nach § 274 HGB ist nur ein Ansatz in der Bilanz vorgesehen. Nach *Küting/Weber*, Rechnungslegung, 1995, § 274, Rz.1, gibt es kein anderes Bilanzierungsproblem, das so heftig und kontrovers wie die Fragen zu latenten Steuern diskutiert worden ist, dass sogar selbst Grundsatzfragen umstritten bleiben.

abzugsfähig sind. Diese permanenten Unterschiede sind bei der Steuerabgrenzung nicht zu berücksichtigen.
Temporäre Unterschiede ergeben sich dadurch, dass dieselben Erfolgsbestandteile zu unterschiedlichen Zeitpunkten in der Handelsbilanz und der steuerrechtlichen Gewinnermittlung erfasst werden. Eine frühere Verrechnung von Erfolgsbestandteilen in der Handelsbilanz wird in nachfolgenden Perioden wieder ausgeglichen, wenn diese Posten bei der steuerrechtlichen Gewinnermittlung berücksichtigt werden, et vice versa. Die temporären Unterschiede kompensieren sich im Zeitablauf, so dass in der Totalperiode kein Unterschied zwischen dem handelsrechtlichen Ergebnis und dem steuerpflichtigen Gewinn besteht. Die folgenden Beispiele geben einen Einblick über die wesentlichen bereits oben beschriebenen Bilanzierungsunterschiede, die eine Steuerabgrenzung erforderlich machen.
Zu einem passivischen Ausweis und damit zum Ansatz einer Rückstellung für latente Steuern führen:

a) Die handelsrechtliche Aktivierung der Aufwendungen für die Ingangsetzung und Erweiterung des Geschäftsbetriebes gemäss § 269 HGB, die steuerlich nicht zulässig ist.
b) Das Vorratsvermögen wird bei steigenden Preisen in der Handelsbilanz nach der Fifo-Methode gemäss § 256 HGB und in der Steuerbilanz nach der Duchschnittsmethode gemäss R 36 Abs.4 EStR bewertet.
c) Zuschreibungen bei Vermögensgegenständen in der Handelsbilanz nach § 280 Abs.1 HGB, ohne dass in der Steuerbilanz zugeschrieben wird.

Zu einem aktivischen Ausweis und damit zum Ansatz eines Abgrenzungspostens als Bilanzierungshilfe führen:

a) Nichtaktivierung bzw. schnellere Abschreibung des Geschäfts- oder Firmenwertes in der Handelsbilanz nach § 255 Abs.4 HGB gegenüber der Abschreibung in der Steuerbilanz nach § 7 Abs.1 Satz 3 EStG.
b) Bildung von Rückstellungen nach § 249 HGB, die steuerrechtlich nicht zulässig sind.
c) Nichtaktivierung eines Disagios in der Handelsbilanz nach § 250 Abs.3 HGB gegenüber einer Aktivierung in der Steuerbilanz nach H 37 EStR.

Mit der Bestimmung der temporären Differenzen ist die Bemessungsgrundlage für die Steuerabgrenzung zunächst festgelegt.[163] Allerdings ist durch die Verrechnung eines eventuellen Verlustabzugs nach § 8 Abs.4 KStG i.V.m. § 10 d EStG eine Korrektur nötig. Durch die Verlustrück- bzw. -vorträge werden die zurückliegenden bzw. zukünftigen Relationen zwischen dem handelsrechtlichen Ergebnis und dem steuerpflichtigen Einkommen verändert, insofern sind diese Änderungen grundsätzlich bei der Steuerabgrenzung zu berücksichtigen.

Ein weitaus komplexeres Problem tritt bei der Bestimmung der Höhe der Abgrenzung auf. Der auf die Bemessungsgrundlage anzuwendende Steuersatz hängt von dem im Körperschaftsteuerrecht verwirklichten Anrechnungsverfahren ab. Wegen der Anwendung unterschiedlicher Steuersätze für Ausschüttung und Thesaurierung sowie der Differenzierung des verwendbaren Eigenkapitals für die Ausschüttungen sind die unterschiedlichsten Variationen denkbar. Eine grundsätzliche Lösung dieses Problems existiert jedoch nicht.

Die Ausführungen verdeutlichen die Problematik der Steuerabgrenzung im gegenwärtigen Bilanzrecht. Bedenkt man, dass die Ursachen dieser Problematik einzig und allein in den temporär unterschiedlichen steuer- und handelsrechtlichen Bilanzierungs- und Bewertungsvorstellungen liegen, die sich über die Totalperiode wieder ausgleichen, erscheint der bilanztechnische Aufwand geradezu grotesk.
Die technischen Vorteile der zinsbereinigten Gewinnbesteuerung werden insbesondere in diesem Bereich deutlich. Durch die Zinsbereinigung werden sämtliche temporären Bilanzierungsdifferenzen aus Sicht einer intertemporalen Steuerzahlung egalisiert. Dadurch sind sämtliche steuerrechtlichen Vorschriften, die sich nur aufgrund unterschiedlicher temporärer Bilanzierung von den handelsrechtlichen Regelungen unterscheiden, innerhalb des zinsbereinigten Besteuerungskonzeptes überflüssig. Ausgangslage für die zinsbereinigte Steuerbemessungsgrundlage sind ausschliesslich handelsrechtliche Regelungen. Dementsprechend ist das Problem der latenten Steuern und deren Berechnung in einem zinsbereinigten Besteuerungskonzept nicht existent.

---

163 Zur rechnerischen Ermittlung der Bemessungsgrundlage für latente Steuern gibt es keine gesetzlichen Bestimmungen. Zu den zweckmässigen Rechenverfahren in der Praxis vgl. *Buchner*, Rechnungslegung, 1992, S.157 f.

2.4.14 Verbindlichkeiten

„Verbindlichkeiten sind nach bilanzrechtlichem Verständnis die am Abschlussstichtag dem Grunde und der Höhe nach feststehenden Verpflichtungen des Unternehmens zu einer Leistung in Geld- oder Sachwerten."[164] Handelsrechtlich sind Verbindlichkeiten nach § 253 Abs.1 S.2 HGB generell zu ihrem Rückzahlungsbetrag anzusetzen, wobei nach dem Grundsatz der Vorsicht auf der Passivseite das sog. strenge Höchstwertprinzip[165] gilt. Steuerrechtlich ergibt sich die Bewertung nach § 6 Abs.1 Nr.3 EStG, der auf die sinngemässe Anwendung der Vorschriften des § 6 Abs.1 Nr.2 EStG verweist, weshalb eine gewisse Verwirrung entsteht.[166] Dementsprechend sind Verbindlichkeiten sinngemäss mit den Anschaffungskosten oder dem höheren Teilwert anzusetzen. Handelsrecht und Steuerrecht verlangen also gleichermassen den Ansatz einer Verbindlichkeit zum Rückzahlungsbetrag[167]. Nennenswerte Differenzen zwischen handels- und steuerrechtlicher Bewertungsauffassung bestehen im wesentlichen nur bei der Bilanzierung des Disagios als Rechnungsabgrenzungsposten.
Insofern ist auch hier bei einer Streichung der steuerrechtliche Regelung mit keinen entscheidenden handelsbilanziellen Änderungen zu rechnen.

3. Zusammenfassung der Ergebnisse

Die Auswirkungen bei einer Einführung einer zinsbereinigten Unternehmensbesteuerung auf das deutsche Bilanzrecht sind aufgrund der engen Verknüpfung durch das Massgeblichkeitsprinzip sowohl im Steuerbilanzrecht als auch im Handelsbilanzrecht zu finden. Dementsprechend werden im folgenden die Auswirkungen getrennt erläutert.

---

164 Adler/Düring/Schmaltz, Rechnungslegung, 1995, Teilbd.1, § 253, Rz.59.

165 Vgl. *Moxter*, Höchstwertprinzip, 1989, S.947.

166 Vgl. *Knobbe-Keuk*, Unternehmenssteuerrecht, 1993, S.231 f. m.w.N.

167 Unter Rückzahlungsbetrag ist der Betrag zu verstehen, der zur Erfüllung der Verbindlichkeit aufgebracht werden muss. Er wird in der Literatur auch als Erfüllungsbetrag bezeichnet. Vgl. *Hüttemann*, Verbindlichkeiten, 1984/92, Rn.238.

3.1 Auswirkungen in der steuerrechtlichen Rechnungslegung

Die Auswirkungen auf das gegenwärtige Steuerbilanzrecht ergeben sich durch die grundverschiedene Systematik des zinsbereinigten Besteuerungskonzepts. Die rechtsformneutrale Ausgestaltung der Unternehmensbesteuerung führt zu einer im deutschen Steuerrecht zwar diskutierten, aber noch nie realisierten Vereinheitlichung der Besteuerungsvorschriften für alle Unternehmensformen unabhängig von ihrer zivilrechtlichen Gestaltung. Durch die eigene Steuerrechtsfähigkeit und Steuersubjekteigenschaft jedes gewinnsteuerpflichtigen Unternehmens wird der bestehende Dualismus bei der Einkünfteermittlung zwischen den Kapitalgesellschaften und den Personengesellschaften beseitigt. Dies führt insbesondere für gewinnsteuerpflichtige Personengesellschaften zu gravierenden Änderungen. Das Verfahren zur gesonderten und einheitlichen Gewinnfeststellung und der Durchgriff auf den Gesellschafter entfällt.
Die einmalige Besteuerung der Unternehmensgewinne an der Quelle bei den Unternehmen, unabhängig ob thesauriert oder ausgeschüttet, wirkt sich aus Sicht der steuerlichen Belastung auf der inländischen Unternehmensebene nicht aus. Bei Thesaurierung werden die Gewinne bei der zinsbereinigten Unternehmensbesteuerung wie im gegenwärtigen Steuersystem beim Unternehmen entsprechend dem Steuertarif belastet. Bei einer Gewinnausschüttung innerhalb des zinsbereinigten Steuerkonzepts bleibt es durch die steuerliche Freistellung beim Dividendenempfänger bei der Tarifbelastung des Unternehmensgewinns. Das derzeitige körperschaftsteuerliche Anrechnungsverfahren verlagert die Tarifbelastung vom Unternehmen, bei dem die Gewinne entstanden sind, auf das Unternehmen, das die Gewinnausschüttung enthält. Die steuerliche Belastung des ursprünglichen Gewinns ist aber bei beiden Steuerkonzepten identisch. Allerdings bringt die Abschaffung des komplexen und verwaltungstechnisch aufwendigen Anrechnungsverfahrens enorme Vereinfachungen. Die nicht weniger komplizierte Berechnung und Herstellung der Ausschüttungsbelastung und damit verbunden die Gliederung des Eigenkapitals kann dadurch entfallen.
Werden die Gewinne dahingegen an die Haushaltsebene ausgeschüttet richtet sich nach dem gegenwärtigen Anrechnungsverfahren die Steuerbelastung, solange es sich um im Inland erwirtschaftete Gewinne handelt, nach dem persönlichen Einkommensteuersatz des Anteilseigners. Bei einer Ausschüttung an private Haushalte von im Ausland erwirtschafteten Gewinnen, die ein inländisches Unternehmen aufgrund eines DBA steuerfrei vereinnahmt hat, kommt es zu einer nochmaligen Besteuerung mit dem persönlichen Einkommensteu-

ersatz des Anteilseigners. Die generelle steuerliche Differenzierung zwischen der Ausschüttung an ein Unternehmen oder an eine natürliche Person und damit verbunden die wohlfahrtsökonomische Verzerrung wird durch das zinsbereinigte Besteuerungsprinzip vermieden. Gleiches gilt für die gegenwärtige steuerliche Diskriminierung bei einer Ausschüttung von im Ausland erwirtschafteten gegenüber den im Inland erwirtschafteten Unternehmensgewinnen.

Als Vorbild zur Vermeidung der Doppelbesteuerung von grenzüberschreitenden Kapitalbewegungen dient die Mutter-Tochter-Richtlinie, die allerdings bisher nur innerhalb der EU Anwendung findet. Danach wird einerseits die zusätzlich zur gewöhnlichen Ertragsbesteuerung angewandte Quellensteuer im Staat der ausschüttenden Tochtergesellschaft beseitigt und andererseits die steuerliche Freistellung der Dividenden bei der Muttergesellschaft ermöglicht. Dem gleichen Prinzip folgt die allgemeine internationale Abkommenspraxis bei der Besteuerung der Betriebstätteneinkünfte. Dem Betriebstättenstaat wird das Besteuerungsrecht für Betriebstätteneinkünfte zugewiesen, ohne dass diese einer weiteren Quellensteuer unterliegen. Gleichzeitig werden diese Betriebstätteneinkünfte im anderen Vertragsstaat steuerlich freigestellt.
Damit wird prinzipiell dem Leitgedanken entsprochen, die Besteuerung unmittelbar an der Stelle vorzunehmen, an der der Steuertatbestand entstanden ist. Desweiteren werden durch die Freistellungsmethode und die Loslösung von einer weiteren Quellensteuer derivative Besteuerungsmassnahmen verneint und somit internationale Kapitalbewegungen auf Basis der originären Besteuerung nicht gehemmt. Damit entspricht dieses Besteuerungsverfahren den gewonnen Überlegungen zu einer neutralen Besteuerung grenzüberschreitender Kapitalbewegungen. Eine steuerliche Differenzierung zwischen Betriebstätteneinkünften und Dividenden in ihrer Gesamtheit, sowie eine weitere Differenzierung zwischen Schachtel- und Streubesitzdividenden ist aus ökonomischer Sicht nicht erklärbar und aus effizienzorientierter Betrachtung abzulehnen.

Die gesamten Ausführungen zur Bewertungs- und Bilanzierungsproblematik im gegenwärtigen Steuer- und Handelsrecht zeigen, dass es für diese Bereiche zwar ähnliche, nicht jedoch einheitliche Vorschriften gibt. Die Komplexität ergibt sich im wesentlichen durch die unterschiedlichen steuer- und handelsrechtlichen Bilanzierungsmöglichkeiten, die über das materielle und umgekehrte Massgeblichkeitsprinzip miteinander verbunden sind. Die eigentliche Ursache für diese Unsystematik ergibt sich aus den unterschiedlichen Bilanzierungszwecken. Die steuerrechtliche Bewertungskonzeption verneint auf der einen Seite aus fiskalischen Gründen z.T. handelsrechtliche Bewertungsvor-

stellungen und gewährt gleichzeitig auf der anderen Seite subventionelle Bewertungsvergünstigungen, die im wesentlichen politisch motiviert sind. Zwar lässt sich damit die entstandene Eigendynamik der steuerrechtlichen Vorschriften aus Sicht des Gesetzgebers erklären, mit der eigentlichen betrieblichen Gewinnentwicklung hat dies allerdings nichts zu tun. Steuertechnisch wird dadurch nur eine Vermeidung bzw. eine Gewährung eines Zinseffekts durch Steuerstundung erreicht. Bedenkt man, dass die gesamte Komplexität der Bewertungsproblematik nur auf einer zeitlich unterschiedlichen Bilanzierung beruht, erscheint der betriebene Aufwand, der sich in unzähligen Abhandlungen, Kommentaren und höchstrichterlichen Urteilen widerspiegelt, geradezu absurd. Im Endeffekt sind dadurch die Wertermittlungen nicht "richtiger" geworden, sondern nur noch verzwickter und noch unübersichtlicher.
Die eigentliche Fragestellung, die hinter dieser gesamten Bewertungsproblematik steht, nämlich was wann und wie bilanziell zu erfassen ist, findet ihre Beantwortung ausschliesslich auf der Ebene des Handelsbilanzrechts. Damit kann steuerrechtlich auf eigene konkurrierende Bewertungsregeln verzichtet werden. Entsprechend den Explikationen zum Wirkungsmechanismus der zinsbereinigten Unternehmensbesteuerung sind Steuerstundungseffekte nicht mehr realisierbar. Fiskalisch ergeben sich durch die Abschaffung der steuerrechtlichen Bewertungsregeln keine Nachteile. Damit wird auch die zurecht kritisierte Umkehrung des Massgeblichkeitsprinzips aufgehoben.

Auf der Aktivseite wirkt sich die Abschaffung der steuerrechtlichen Bewertungsregeln insbesondere bei den Abschreibungen und den Anschaffungs- und Herstellungskosten aus. Innerhalb der Abschreibungsvorschriften führt dies zu radikalen aber notwendigen Änderungen, mit denen die nach rationalen Gesichtspunkten nicht erklärbare Konkurrenz zu den handelsrechtlichen Abschreibungsregelungen entfällt und das unnötige Durcheinander dieser Vorschriften bereinigt wird. Inwiefern hierdurch der Steuerzahlungsstrom beeinflusst wird, lässt sich quantitativ schwer vorhersagen. Die gegenwärtige Einschränkung der z.T. weiter reichenden handelsrechtlichen Abschreibungsmöglichkeiten wird konterkariert durch die eigentlich nur steuerrechtlich zugelassenen Sonderabschreibungen. Ungeachtet einer eventuellen zeitlichen Verschiebung der Steuerzahlungen ergibt sich intertemporal die gleiche Steuerlast.
Ähnliches gilt für die Bewertung der Anschaffungs- und Herstellungskosten. Die konkurrierenden steuerrechtlichen Regelungen führen grundsätzlich zu einer Aktivierungspflicht bei einem handelsrechtliche Aktivierungswahlrecht. Auch hier gibt es, aus wirtschaftlicher Sicht betrachtet, keine Erklärung für diese Differenzierung. Durch die Abschaffung der steuerrechtlichen Aktivierungs-

pflicht ist generell mit einer Verlagerung der Steuerzahlung in die Zukunft zu rechnen, wobei unter Beachtung des Nominalwertprinzips auch hier die intertemporale Steuerzahllast keine Veränderung erfährt.

Auf der Passivseite ist insbesondere durch die geänderte Anerkennung von Rückstellungen mit massiven Veränderungen des Steuerzahlungsstroms zu rechnen. Die Abschaffung des steuerrechtlichen Passivierungsverbots bei handelsrechtlichem Passivierungswahlrecht sowie die Abschaffung der einseitigen steuerrechtlichen Einschränkungen innerhalb der Pflichtrückstellungen - und hier insbesondere die Einschränkungen bei Pensionsrückstellungen und das Ansatzverbot für Rückstellungen für drohende Verluste aus schwebenden Geschäften- werden zu einer vermehrten Verlagerung der Steuerzahlung in die Zukunft führen. Aber auch hier handelt es sich nur um temporäre Effekte, die nicht die reale Steuerzahlung beeinflussen.

3.2 Auswirkungen in der handelsrechtlichen Rechnungslegung

Die Auswirkungen auf das gegenwärtige Handelsbilanzrecht ergeben sich aufgrund der nicht mehr relevanten umgekehrten Massgeblichkeit innerhalb des zinsbereinigten Besteuerungskonzeptes. Die zur Absicherung des umgekehrten Massgeblichkeitsprinzips im Handelsrecht eingefügten als sog. handelsrechtliche Öffnungsklauseln bezeichneten Regelungen der §§ 247 Abs.3, 254, 273, 279 Abs.2, 280 Abs.2, 281 HGB sind zu streichen. Im wesentlichen handelt es sich hierbei um steuerrechtliche Sonderabschreibungen und um den Sonderposten mit Rücklageanteil, der zum einen die passivische Ausweismöglichkeit der steuerrechtlichen Sonderabschreibung ermöglicht und zum anderen unversteuerte Rücklagen enthält, mit denen die Übertragung von stillen Reserven von einem Wirtschaftsgut auf ein anderes Wirtschaftsgut zunächst steuerneutral realisiert wird. Zu nennen sind hier die Reinvestitionsrücklage nach § 6b EStG und die Rücklage für Ersatzbeschaffung nach R 35 EStR.

Durch die Abschaffung dieser Regelungen wird das Handelsrecht wieder von den steuerlichen Bewertungsmassnahmen mit Subventionscharakter befreit.

Darüber hinaus ist davon auszugehen, dass die bisher gewählte handelsrechtliche Bilanzierung und Bewertung im Rahmen einer einheitlichen Steuer- und Handelsbilanz sich insofern ändern wird, als die bisherige handelsrechtliche Bilanzierung nur aufgrund der Übereinstimmung mit den steuerrechtlichen Vorschriften gewählt wurde. Aufgrund der in der deutschen Bilanzkultur noch weit verbreiteten konservativen Vorstellung bezüglich des Vorsichtsprinzips dürften tendenziell die Aktivierungswahlrechte nur noch in vermindertem Masse, die Passivierungswahlrechte dahingegen in verstärktem Masse ausgeübt werden. Dies wiederum würde zunächst zu einer Reduzierung der Steuerbemessungsgrundlage führen mit dem Effekt einer späteren Steuerzahlung.

Ungeachtet der Verschiebung des Steuerzahlungsstroms wird durch die Entkopplung des Handelsbilanzrechts vom Steuerbilanzrecht der ursprünglichen Vorstellung der Generalnorm des § 264 Abs.2 HGB, nach der unter Beachtung der Grundsätze ordnungsmässiger Buchführung der Jahresabschluss ein den tatsächlichen Verhältnissen entsprechendes Bild der Vermögens-, Finanz- und Ertragslage zu vermitteln hat, wieder entsprochen.

D. Auswirkungen innerhalb der US-amerikanischen Rechnungslegung

1. Grundlagen

Das US-amerikanische Rechtssystem ist geprägt von einer weitgehenden Autonomie der Einzelstaaten und dem sog. Common Law System. Im Gegensatz zum kontinental-europäischen Rechtssystem, dem sog. Code Law bzw. Civil Law System, bei dem die von der Legislative kodifizierten Gesetze die eigentlichen Rechtsquellen darstellen, bezieht sich das US-amerikanische Rechtssystem generell auf einzelfallbezogene Gerichtsentscheidungen.[1]

Die gesellschaftsrechtliche Gesetzgebungskompetenz liegt grundsätzlich bei den Einzelstaaten. Ein bundeseinheitliches Gesellschaftsrecht ähnlich dem deutschen HGB, dem GmbHG oder dem AktG existiert nicht. Gleichwohl sind aufgrund der Bestrebungen zur Rechtsvereinheitlichung des Gesellschaftsrechts einheitliche Regelungen entwickelt worden, die allerdings bisher keine bindende Wirkung haben.[2] Generell wird im US-amerikanischen Gesellschaftsrecht, wie im deutschen Recht, zwischen Personengesellschaften, den sog. partnerships, und Kapitalgesellschaften, den sog. corporations, unterschieden. Innerhalb der partnerships wird weiter zwischen der sog. general partnership, die funktional mit einer deutschen Gesellschaft bürgerlichen Rechts (GbR) oder einer offenen Handelsgesellschaft (OHG) verglichen werden kann, und der sog. limited partnership, die wie eine deutsche Kommanditgesellschaft (KG) ausgestaltet ist, differenziert.[3] Grundsätzlich besteht für partnerships keine im Gesellschaftsrecht kodifizierte Verpflichtung zur Aufstellung eines Jahresabschlusses. Nach Par. 19 Uniform Partnership Act (U.P.A.) ergibt sich lediglich eine Buchführungspflicht.
Die Rechtsentwicklung der Kapitalgesellschaften ist weitgehend durch den 1984 herausgegebenen „Revised Model Business Corporation Act" (R.M.B.C.A.) des Committee on Corporation Law vereinheitlicht worden. Allerdings haben viele Einzelstaaten dieses Gesetz nur mit grösseren Änderungen übernommen, so dass bzgl. des Corporation Law weiterhin z.T. erhebliche Unterschiede zwischen den Einzelstaaten bestehen. Nach Par.16 R.M.B.C.A.

1 Vgl. *Pellens*, Rechnungslegung, 1998, S.35.
2 Vgl. *Laule*, Gesellschaftsrecht, 1989, S.208.
3 Vgl. *Elsing*, Grundzüge, 1990, S. 9f. Darüberhinaus wird noch das joint venture bzw. die limited liability partnership erwähnt. Vgl. *Bungert*, Partnership, 1994, S.361.

ist den Gesellschaftern ein jährlicher Bericht (Annual Financial Statement)[4] vorzulegen, der aus Bilanz (Balance Sheet), Gewinn- und Verlustrechnung (Income Statement) und Angaben zur Eigenkapitalentwicklung (Shareholders Equity) bestehen muss. Für die gesellschaftsrechtlich geforderte Rechnungslegung gibt es allerdings weder formal noch materiell detaillierte Vorschriften.

Die Steuerhoheit ist in den USA auf den Bund und die Einzelstaaten aufgeteilt.[5] Dabei haben die Gebietskörperschaften für jede Steuer die uneingeschränkte Steuerhoheit. Ein Auseinanderfallen in Gesetzgebungs-, Ertrags- und Verwaltungshoheit ist in den Vereinigten Staaten undenkbar. Dementsprechend fallen verschiedene Steuern, insbesondere die Einkommen- und Körperschaftsteuern, sowohl auf Bundesebene als auch bei den meisten Einzelstaaten an.[6]
Die wichtigste und staatenübergreifende Rechtsquelle im US-amerikanischen Steuerrecht ist das Bundessteuergesetz (Internal Revenue Code – IRC).[7] Der IRC enthält in nahezu 10.000 Paragraphen das gesamte materielle und formelle Bundessteuerrecht. Neben diesen Steuergesetzen sind die vom US-amerikanischen Finanzministerium (US Treasury Department) erlassenen rechtsverbindlichen Steuerrichtlinien (legislative regulations) von wesentlicher Bedeutung. Davon zu unterscheiden, sind die von der US-Finanzbehörde (Internal Revenue Service – IRS), herausgegebenen internen Verwaltungsanweisungen (procedural regulations), die zwar keine Gesetzeskraft besitzen, aber wertvolle Hinweise auf die Vorgehensweise des IRS geben. Daneben gibt es im US-amerikanischen Steuerrecht eine Vielzahl sonstiger Verlautbarungen, denen zwar keine Gesetzeskraft zukommt, die aber in der Steuerrechtspraxis eine nicht unerhebliche Rolle spielen. Zu nennen sind hier Revenue Rulings, Revenue Procedures, Treasury Decisions, Internal Revenue Manual, IRS Announcements and Notices, etc.
Die steuerrechtliche Einordnung einer Gesellschaft ist generell unabhängig von der gesellschaftsrechtlichen Form. Wie bereits oben näher erläutert liegt das Gesellschaftsrecht in der Gesetzgebungskompetenz der verschiedenen Ein-

---

4 Vgl. *Gräfer*, Annual Report, 1992.

5 Einen Überblick über das US-amerikanische Steuerrecht liefert *Kramer*, Grundzüge, 1990.

6 Die Spitzensteuersätze innerhalb der Einzelstaaten schwanken bei der Einkommensteuer zwischen 3,5% und 13,5% und bei der Körperschaftsteuer zwischen 2,35% und 12%. Vgl. *Thiele*, Steuerrecht, 1997, S.24.

7 Aufgrund der von der Bedeutung nachrangigeren Steuern der Einzelstaaten wird im folgenden ausschliesslich zum IRC Stellung genommen.

zelstaaten, während das Steuerrecht des IRC Bundesrecht ist. Ob eine Gesellschaft steuerrechtlich unter die Regelungen für Personen- oder Kapitalgesellschaften fällt, hängt von verschiedenen Abgrenzungskriterien ab.[8] In der Praxis genügt im allgemeinen die Gründung einer Kapitalgesellschaft (incorporation) nach dem jeweiligen Recht der Einzelstaaten, um steuerrechtlich auf Bundesebene als „corporation“ eingeordnet zu werden.[9]

1.1 Handelsbilanzrecht

Im Gegensatz zu der Situation in Deutschland existiert in den USA keine einheitliche, das Gebiet der Rechnungslegung betreffende kodifizierte Rechtsquelle. Die einzigen Gesetze, die Einfluss auf die Rechnungslegung nehmen, sind die sowohl auf Bundes- als auch auf Einzelstaatenebene erlassenen Gesetze zum Schutz des Wertpapierhandels.[10] Zur Einhaltung dieser Gesetze, sowie zur Sicherung der Funktionsfähigkeit und der Effizienz des Kapitalmarktes, wurde 1934 als unabhängige Bundesbehörde die „Securities and Exchange Commission“ (SEC) vom Kongress gegründet. In Bezug auf die Unternehmensberichterstattung hat die SEC ihre Befugnisse zur Normsetzung auf private Institutionen übertragen. Seit 1973 ist der vom American Institut of Certified Public Accountants (AICPA) gegründete „Financial Accounting Standards Board“ (FASB), als Nachfolgerin des „Accounting Principles Board“ (APB), die für die Verabschiedung von Rechnungslegungsnormen zuständige Institution (standard setter).[11] Die zentralen und tragenden Säulen des Normengebildes sind die rechtsform- und grössenunabhängigen sog. „Generally Accepted Accounting Principles“ (GAAP). Eine gesetzliche Definition des Begriffs GAAP bzw. US-GAAP existiert nicht, sie besitzen jedoch durch die Anerkennung der SEC praktisch Gesetzeskraft. Insofern bilden die GAAP die eigentliche Grundlage für das US-amerikanische Handelsbilanzrecht.

---

8 Vgl. *Commerce Clearing House*, Tax, 1993, Tz.1601-1603.

9 Vgl. *Boles*, Gesellschaften, 1993, S. 9-12.

10 Besonders erwähnenswert ist der „Securities Act“ von 1933 und der „Securities Exchange Act“ von 1934, die als Folge des Kapitalmarktzusammenbruchs 1929 auf Bundesebene verabschiedet worden sind. Vgl. *Wiemann*, Kapitalmarktrecht, 1987, S.25

11 Vgl. *Haller*, Rechnungslegung, 1995, S.6.

1.1.1 Zielsetzung

Die Zielsetzung der US-amerikanischen Rechnungslegung ist im Rahmen des sog. „Conceptual Framework" fixiert, das sich aus den sechs „Statements of Financial Accounting Concepts" (SFAC) zusammensetzt.[12] Aufgabe der externen Rechnungslegung (financial reporting) ist eine effiziente Funktionsweise des Kapitalmarktes zu gewährleisten.[13] Zur Erreichung dieser Zielsetzung soll die Berichterstattung und damit der Jahresabschluss alle für die wirtschaftlichen Entscheidungen relevanten Informationen liefern.[14] Insbesondere sollen die Informationen gewährt werden, die eine fundierte Analyse des Unternehmens bzgl. der Höhe, des Zeitpunkts und der Wahrscheinlichkeit des cash flows ermöglichen.[15] Ein weiterer Informationsaspekt liegt darüber hinaus in der Rechenschaftslegung des Managements über die Erfüllung seiner Verantwortung bzgl. der ihm von Eigenkapital- und Fremdkapitalgebern zur Verfügung gestellten Mittel.[16] Konkret werden im Conceptual Framework durch die Relevanz (relevance) und Zuverlässigkeit bzw. Verlässlichkeit (reliability) zwei Qualitätsansprüche (accounting qualities) an die Rechnungslegungsinformation definiert, die zusammengefasst unter dem Begriff der „fair presentation" die Generalnorm der US-amerikanischen Rechnungslegung darstellen.[17]
Es wird deutlich, dass die Aufgabe der Informationsvermittlung das übergeordnete Ziel des financial reportings darstellt. Hier wird insbesondere der Unterschied zur deutschen Rechnungslegung ersichtlich. Sind in den USA die Gesetze und Vorschriften zum Schutz der Anleger ausgelegt , unabhängig von der Rechtsform und Grösse des Unternehmens, steht im deutschen Handelsrecht die Gesellschaft und ihre Rechtsform sowie das übergeordnete Vorsichtsprinzip im Mittelpunkt.

---

12 Vgl. *FASB*, SFAC.
13 Vgl. *FASB*, SFAC No.1, Einleitung.
14 „...provide information that is useful to make business and economic decisions." *FASB*, SFAC No.1, Fussnote 18, Abs.33.
15 Vgl. *FASB*, SFAC No.1, Fussnote 18, Abs.37, 41.
16 Vgl. *FASB*, SFAC No.1, Fussnote 18, Abs.50.
17 Vgl. *Frankenberg*, Jahresabschlüsse, 1993, S.46.

1.1.2 Generally Accepted Accounting Principles

Die GAAP stellen die zentralen Rechnungslegungsgrundsätze im US-amerikanischen accounting dar, die für alle Unternehmen verpflichtend sind, deren Wertpapiere an einer US-amerikanischen Börse notiert werden und damit der Aufsicht der SEC unterliegen. Darüber hinaus erstellen diejenigen Unternehmen einen GAAP-konformen Jahresabschluss, die aufgrund gesellschaftsvertraglicher Regelungen dazu verpflichtet sind. Obwohl der Begriff GAAP in der Literatur rege Verwendung findet, existiert bis heute keine einheitliche Begriffsdefinition. Der folgende Konkretisierungsversuch wurde vom AICPA vorgenommen, jedoch ohne bisher allgemeine Anerkennung gefunden zu haben.

„Generally accepted accounting principles therefore is a technical term in financial accounting. Generally accepted accounting principles encompass the conventions, rules, and procedures necessary to define accepted accounting practice at a particular time. The standard of generally accepted accounting principles includes not only broad guidelines of general application, but also detailed practices and procedures."[18]

Mit anderen Worten wird unter GAAP ein standardisiertes Regelsystem verstanden, das auf praktizierte Rechnungslegungsverfahren abstellt, von der SEC akzeptiert wird und weitverbreitete Anwendung sowie allgemeine Anerkennung findet. Damit werden den Erstellern von Jahres- bzw. Quartalsabschlüssen sowie den Wirtschaftsprüfern Handlungsanweisungen vorgegeben, die auf einem allseits akzeptierten Konsens beruhen. Darüber hinaus wird den Abschlussadressaten ein Mindestniveau an Standardisierung und Vergleichbarkeit bei der Beurteilung publizierter Rechnungslegungsdaten garantiert.[19] Die GAAP an sich werden, trotz der Bestrebungen des AICPA und des FASB ein theoretisch fundiertes und logisch konsistentes Grundsatzsystem zur Rechnungslegung zu entwickeln, aus dem anschliessend einzelne Standards deduktiv abgeleitet werden können, in der Praxis noch weitgehend induktiv aus den Erfahrungen von Einzelfallentscheidungen abgeleitet.[20] Eine Klassifizierung und Einteilung der GAAP in Hierarchieebenen erscheint aufgrund der

---

18 *AICPA*, APB Accounting Principles, Statement No.4, Par.138

19 Vgl. *Pellens*, Rechnungslegung, 1998, S.110f.

20 Vgl. *McEnroe*, Term, 1991, S.159.

Vielzahl der Quellen problematisch. Der wohl bekannteste Vorschlag stammt von Rubin[21], der im sog. House of GAAP eine Einteilung in verschiedene Etagen mit abnehmender Verbindlichkeit vorgenommen hat. Ausgehend von der Wichtigkeit für den Jahresabschluss gelten alle vom AICPA vorgeschriebenen Verlautbarungen als verbindlich. Diese werden auch als Rule 203-Pronouncements[22] bezeichnet und bestehen im wesentlichen aus den FASB Statements of Financial Accounting Standards (SFAS), den FASB Interpretations, den APB Opinions und den Accounting Research Bulletins des Committee on Accounting Procedures (CAP). Da diese Verlautbarungen gleichzeitig als sog. Promulgated GAAP den von der SEC zuerkannten Substantial Authoritative Support geniessen, besitzen diese Vorschriften eine überaus starke institutionelle Basis.[23]

1.2 Steuerrecht

Im US-amerikanischen Gesellschaftssteuerrecht wird im wesentlichen zwischen der C-Corporation, der S-Corporation und den Personengesellschaften unterschieden. Die S-Corporation stellt eine Kapitalgesellschaft mit Sonderstatus dar, der ihr erlaubt wie eine Personengesellschaft besteuert zu werden. Insofern beschränken sich die nachfolgenden Ausführungen ausschliesslich auf die C-Corporation, die als Kapitalgesellschaft nach dem Körperschaftsteuerrecht gem. Subchapter C (§§ 301-385 IRC) besteuert wird.

Die steuerliche Gewinnermittlung in den USA basiert im Gegensatz zur Gewinnermittlung in der Bundesrepublik Deutschland nicht auf einer Steuerbilanz sondern orientiert sich an der Ergebnisrechnung. Ungeachtet dessen werden in Anlehnung an deutsche Gewinnermittlungsmethoden die steuerlichen Ansatz- und Bewertungsmethoden für einzelne ausgesuchte Bilanzpositionen erläutert.

---

21 Vgl. *Rubin*, House, 1984, S.123.

22 Vgl. *AICPA*, Pofessional Standards, 1995, ET 203, Code of Professional Conduct rule 203.

23 Vgl. *Pellens*, Rechnungslegung, 1998, S.119.

1.2.1 Zielsetzung

Als „established principle of tax law" gilt, dass Zahlungen in der Periode in die Steuerbemessungsgrundlage einzubeziehen sind, wenn nach der vom Supreme Court entwickelten sog. claim-of-right doctrine, die uneingeschränkte rechtliche Verfügungsgewalt über die finanziellen Mittel erlangt wird.[24]
Ähnlich dem deutschen Verständnis der Einnahmenrealisierung steht auch im US-amerikanischen Steuerrecht die periodengerechte Erfolgsermittlung im Mittelpunkt. Generell ist der nach den GAAP gewählte Realisationszeitpunkt für die steuerliche Gewinnermittlung zu beachten,[25] wobei es steuerrechtlich allerdings, wie im folgenden noch gezeigt wird, z.T. erhebliche Unterschiede zu den GAAP gibt.
Darüberhinaus weist die „alternative minimum tax" (AMT), die sowohl von natürlichen Personen als auch von Corporations zu entrichten ist, auf eine weitere Zielsetzung hin. Mit der AMT wird verhindert, dass Steuerpflichtige mit nennenswertem Einkommen durch Ausnutzung von Regeln zur Steuerbefreiung keine Steuern zahlen.[26] Durch Korrektur des körperschaftsteuerpflichtigen Einkommens und der Berücksichtigung von Steuerbegünstigungen bei der Bemessungsgrundlage der AMT soll der wirtschaftliche Erfolg von Kapitalgesellschaften einer Mindestbesteuerung von 20% unterliegen.[27]

1.2.2 Gewinnermittlungsmethoden

Die Gewinnermittlung soll generell auf der Grundlage der „method of accounting" erfolgen.[28] Dabei sind die Unternehmen bei der Wahl der steuerrechtlichen Gewinnermittlungsmethode im Grundsatz frei. Voraussetzung ist allerdings, dass die angewandte Methode das Einkommen klar wiedergibt.[29] Als steuerlich zulässige Rechnungslegungsmethode gilt die „ cash receipts and

---

24 Vgl. *Commerce Clearing House*, Tax, 1993, Fussnote 7, Tz. 1543.

25 Vgl. Sec. 451 (a) IRC.

26 Vgl. *Research Institute of America*, Handbook, 1994, S.459-467.

27 Vgl. Sec. 55 (b) (1) (A) IRC.

28 Taxable income shall be computed under the method of accounting on the basis of which the taxpayer regularly computes his income in keeping his books. Sec.446 (a) IRC.

29 ...if the method used does not clearly reflect income, the computation of taxable income shall be made under such method as, in the opinion of the Secretary, does clearly reflect income. Sec.446 (b) IRC.

disbursements method", kurz auch als cash method bezeichnet, die mit der deutschen Einnahmeüberschussrechnung nach § 4 Abs.3 EStG vergleichbar ist, sowie die „accrual method", die dem Betriebsvermögensvergleich nach § 4 Abs.1 EStG ähnelt.[30] Abgesehen von Ausnahmen für kleine Unternehmen sind Kapitalgesellschaften zur „accrual method" verpflichtet.[31] Darüberhinaus ist die accrual method verbindlich, wenn im Rahmen der unternehmerischen Tätigkeit Vorräte bei der Einkommenserzielung eingesetzt werden.[32] Insofern wird im folgenden ausschliesslich die accrual method als Bilanzierungsmethode betrachtet. Wird bei der Bilanzierung den GAAP entsprochen, wird die handelsrechtliche Bilanzierung normalerweise anerkannt sofern sie konsistent angewandt wird und nicht steuerrechtliche Prinzipien entgegenstehen.[33] Auch wenn hierbei der Eindruck einer gewissen Massgeblichkeit, entsprechend der Bindung des deutschen Einkommensteuerrechts an die GoB, erweckt wird, so ist die Eigenständigkeit der steuerlichen Gewinnermittlung zu betonen.[34] Insbesondere aufgrund der unterschiedlichen Zielsetzungen von GAAP und der steuerrechtlichen Gewinnermittlung verneint die Rechtssprechung eine Bindung des steuerrechtlichen Einkommensbegriffs an die GAAP.[35]

2. Auswirkungen

Das Ziel der folgenden Untersuchung ist analog zu dem Vorgehen in Kapitel D, die konkurrierenden steuer- und handelsrechtlichen Bilanzierungs- und Bewertungsregelungen im US-amerikanischen Bilanzrecht zu identifizieren und die Auswirkungen einer Einführung der zinsbereinigten Unternehmensbesteuerung auf die derzeitigen steuerrechtlichen Vorschriften zu erläutern. Dabei werden zunächst die Auswirkungen auf Steuerpflicht, Steuerbemessungsgrundlage und Steuertarif erläutert. Im Anschluss daran werden die Auswirkungen anhand ausgewählter Bilanzpositionen untersucht.

---

30 Das Gesetz erlaubt unter gewissen Einschränkungen auch eine Kombination zwischen der cash method und der accrual method. Vgl. Sec.446 (c) IRC.

31 Sec.448 (a) IRC.

32 Vgl. Reg.§ 1.446-1 (2).

33 The method used by the taxpayer in determining when income is to be accounted for will generally be acceptable if it accords with generally accepted accounting principles, is consistently used by the taxpayer from year to year, and is consistent with the Income Tax Regulations. Reg.§ 1.446-1(c) (1) (ii) (C).

34 Vgl. *Haller*, Verhältnis, 1988, S.726.

35 Vgl. *Schreiber*, Bedeutung, 1995, S.60; *Kahle*, Rechnungslegung, 1997, S.323-332.

2.1 Steuerpflicht

Nach Sec. 7701 (a) (3) und (4) IRC gelten alle nach dem Recht der Vereinigten Staaten, ihrer Einzelstaaten oder Territorien errichteten Kapitalgesellschaften als inländische Körperschaften (resident corporations), die unbeschränkt steuerpflichtig sind und mit ihrem weltweiten Einkommen der US-Besteuerung unterliegen. Ausländische Kapitalgesellschaften sind mit ihren Betriebstätten oder Zweigniederlassungen oder als Gesellschafter von Personengesellschaften oder eines joint ventures als nonresident corporations beschränkt steuerpflichtig und werden vorbehaltlich bestehender Doppelbesteuerungsabkommen gemäss Sec. 882 IRC mit ihren Betriebsstätteneinkünften besteuert.

Personengesellschaften, definiert nach dem IRC[36], besitzen keine eigene steuerpflichtige Rechtssubjekteigenschaft und sind damit als solche nicht einkommensteuerpflichtig.[37] Die Einkünfte der Personengesellschaften werden auf die Ebene der Gesellschafter verteilt und dort besteuert.

Eine Ausnahme besteht für Personengesellschaften, bei denen die folgenden vier Merkmale zutreffen[38]:

- unbegrenzte Lebensdauer (continuity of life)
- Zentralisierung der Geschäftsleitung (centralized management)
- Beschränkte Haftung (liability for debts limited to corporate property)
- Freie Übertragbarkeit der Anteile (free transferability of interests)

Sind diese Bedingungen erfüllt, wird die Personengesellschaft i.S.d. Steuerrechts als Körperschaft behandelt. Treffen drei der vier Merkmale zu, haben die Gesellschafter die Wahlmöglichkeit hinsichtlich der steuerlichen Behandlung zwischen der Einordnung als Personengesellschaft oder als Kapitalgesellschaft.

Die Ausführungen zeigen auch einen in den USA bestehenden Dualismus innerhalb der Unternehmensbesteuerung zwischen den Personengesellschaften und den Kapitalgesellschaften. Zur Wahrung des Kriteriums der Rechts-

---

36 Vgl. Sec. 761 IRC.
37 Vgl. Sec. 701 IRC.
38 Vgl. Reg. § 301.7701-2.

formneutralität ist aus Sicht der zinsbereinigten Besteuerung eine eindeutige Klassifizierung als gewinnsteuerpflichtiges Unternehmen nötig. Entsprechend den Ausführungen in Abs.C.2.1 können die o.g. vier qualitativen Merkmale für Personengesellschaften noch durch vorgegebene Grössenmerkmale ergänzt werden. Die Auswirkungen werden insbesondere bei den Personengesellschaften deutlich, die nach der bisherigen Einteilung als solche einkommensteuerpflichtig sind und entsprechend der gewinnsteuerpflichtigen Abgrenzung nunmehr der Gewinnsteuer unterliegen. Eine Zurechnung bzw. ein Durchgriff auf die Gesellschafter findet nicht mehr statt

2.2 Steuerbemessungsgrundlage

Ausgangsbasis der Steuerbemessungsgrundlage ist die gesetzliche Definition des Einkommens nach dem IRC.

„Except as otherwise provided in this subtitle, gross income means all income from whatever source derived..."[39]

Diese umfassende Einkommensdefinition wird auch als sog. „all inclusive concept of income" bezeichnet, nach dem generell alle Vermögensmehrungen zum Bruttoeinkommen gehören, sofern sie nicht ausdrücklich steuerbefreit sind.

Das Einkommen bei unternehmerischer Tätigkeit wird gemäss dem IRC anhand von enumerativ genannten Einkunftsarten wie folgt definiert:[40]

- Bruttoeinkommen aus geschäftlicher Tätigkeit (gross income derived from business)
- Veräusserungsgewinne
- Zinsen
- Mieten und Pachten
- Lizenzgebühren
- Dividenden
- Wiederkehrende Zahlungen
- Anteile am Bruttoeinkommen einer Personengesellschaft.

---

39 Sec. 61 (a) IRC.

40 Vgl. Sec. 63 (a) (1)-(15), Sec. 71-88 IRC. Zur genauen Definition der Bestandteile und des Umfangs der einzelnen Einkunftsarten vgl. Reg. §§ 1.63-3 bis 1.63-13.

Bestimmte Einkünfte, die zwar nach der Legaldefinition zum Einkommen gehören, werden durch besondere gesetzliche Vorschriften aus dem steuerlichen Einkommen ausgeschlossen.[41] Zu diesen sog „items specifically excluded from gross income" im Rahmen der unternehmerischen Tätigkeit relevanten Ausnahmeregelungen gehören u.a. Zinsen aus Bundesanleihen, Einkommen aus bestimmten Arten des Schuldenerlasses sowie Kapitaleinlagen.

Der Hauptbestandteil des unternehmerischen Einkommens bildet das Bruttoeinkommen aus geschäftlicher Tätigkeit. Hierunter werden die regelmässigen Einkünfte aus der Geschäftstätigkeit (total sales - Umsätze) vermindert um die damit in Zusammenhang stehenden Aufwendungen (costs of goods sold – Umsatzkosten) subsumiert.[42]

Die GAAP bilden die Grundlage einer klaren und steuerlich anerkannten Gewinnermittlung, sofern keine steuerlichen Vorschriften entgegenstehen. Für die Steuerbemessungsgrundlage des zinsbereinigten Steuerkonzepts dient der handelsrechtlich ausgewiesene Gewinn als Basis. Insofern kann grundsätzlich, abgesehen von den abweichenden steuerlichen Vorschriften, bei der US-amerikanischen und der zinsbereinigten Steuerbemessungsgrundlage von der gleichen Ausgangslage gesprochen werden. Rückwirkungen von dem Steuerrecht auf die handelsrechtliche Rechnungslegung existieren in den USA im Gegensatz zu der Situation in Deutschland nicht. Dennoch bestehen bei der weiteren Ermittlung des zu versteuernden Einkommens beachtliche Unterschiede zwischen dem US-Steuerrecht und dem zinsbereinigten Steuerkonzept.

2.3 Steuertarif

Der Körperschaftsteuersatz für Kapitalgesellschaften ist in Abhängigkeit der Höhe des zu versteuernden Einkommens stufenweise progressiv ausgestaltet:[43]

---

41 Vgl. Sec. 101-135 IRC.
42 Vgl. Reg. § 1.61-3.
43 Vgl. Sec. 11 (b) (1) IRC.

Zu versteuerndes Einkommen in US$	Steuersätze in %
0 – 50.000	15
50.000 – 75.000	25
75.000 – 100.000	34
100.000 – 335.000	34 plus 5 % Zusatzsteuer
335.000 – 10.000.000	34
10.000.000 – 15.000.000	35
15.000.000 – 18.333.333	35 plus 3 % Zusatzsteuer
Über 18.333.333	35

Tab.E.1 US-Einkommensteuertarif für Kapitalgesellschaften
Quelle: *Price Waterhouse*, Corporate Taxes, 1996, S.655.

Durch die erhobene Zusatzsteuer von 5 % auf Einkommensteile von US$ 100.000 bis 335.000 bzw. von 3 % auf Einkommensteile von US$ 15.000.000 bis 18.333.333 wird erreicht, dass die geringere Besteuerung der unteren Einkommensteile ausgeglichen wird und dadurch zu versteuernde Einkommen von über US$ 18.333.333 durchschnittlich mit 35 % besteuert werden.
Eine Unterscheidung zwischen der Belastung bei Thesaurierung und einer Ausschüttungsbelastung findet nicht statt.

Die zinsbereinigte Gewinnsteuer sieht einen einheitlichen Steuersatz, unabhängig von der Verwendung des Gewinns, vor. Insofern ist zur Anpassung an die zinsbereinigte Besteuerung in den USA eine Änderung des gestaffelten Körperschaftsteuersatzes hin zu einem einheitlichen Steuersatz nötig. Betrachtet man die Unterschiede der prozentualen Belastung ab einem zu versteuernden Einkommen von $ 75.000, wird die bestehende Differenzierung fraglich.

Im krassen Gegensatz zu dem zinsbereinigten Besteuerungskonzept steht die derzeitige Besteuerung der Ausschüttungen bei den Anteilseignern. Gewinnausschüttungen sind als Einkommen aus unternehmerischer Tätigkeit (gross income derived from business) auf der Ebene der Gesellschafter grundsätzlich in das zu versteuernde Einkommen mit einzubeziehen und nach dem regulären Steuertarif zu versteuern.[44]

44 Vgl. Sec. 61 (a) (7) IRC.

Nur wenn der Anteilseigner seinerseits steuerlich die Rechtsform einer Kapitalgesellschaft aufweist, besteht gemäss der dividend-received-deduction[45] die Möglichkeit, dass die empfangenen Dividenden ganz oder teilweise von der Besteuerung freigestellt werden.[46]
Bei Gewinnausschüttungen an natürliche Personen ist eine Freistellung der Dividenden oder eine Anrechnung der darauf lastenden Körperschaftsteuer entsprechend dem Anrechnungsverfahren in Deutschland nicht vorgesehen. Die Dividenden sind entsprechend den folgenden Steuersätzen von den natürlichen Anteilseignern zusätzlich zu versteuern.

Zu versteuerndes Einkommen in US$	**Steuersätze in %**
0 – 24.000	15
24.000 – 58.150	28
58.150 – 121.300	31
121.300 – 263.750	36
Über 263.750	39,6

Tab.E.2 US-Einkommensteuertarife für alleinstehende natürliche Personen
Quelle: *Price Waterhouse*, Individual Taxes, 1996, S.438.

Diese Doppelbesteuerung der Dividenden wird in den USA kontrovers diskutiert. So hat das Department of the Treasury bereits 1992 eine Integration des Einkommensteuersystems von natürlichen Personen und Kapitalgesellschaften gefordert.[47] Um im Einklang mit dem zinsbereinigten Steuerkonzept zu stehen, ist eine solche Integration, die im Endeffekt die Freistellung der bereits auf Gesellschaftsebene besteuerten Gewinne auf der Ebene der Anteilseigner vorsieht, unausweichlich.

2.4 Aktiva

Wegen der primären Ausrichtung an der Erfolgsrechnung enthält das US-amerikanische Steuerrecht keine Definition für zu aktivierende Vermögensgegenstände. Steuerrechtlich wird der Umfang der zu aktivierenden Ausgaben

45 Vgl. Sec. 243 IRC.

46 Der Grad der Freistellung hängt von der Beteiligungsquote an der ausschüttenden Gesellschaft und von dem Verhältnis der Dividendeneinnahmen zum gesamten steuerpflichtigen Einkommen ab. Zu den Details vgl. Sec. 243 (a), (c) i.V.m. 246 (c) IRC.

47 Vgl. *Department of the Treasury*, Integration, 1992.

definiert als sämtliche Ausgaben, die für den Erwerb eines Vermögensgegenstandes oder für die merkliche Verlängerung seiner Nutzungsdauer sowie für die Veränderung oder Verbesserung von vorhandenen Vermögensgegenständen geleistet werden.[48] Für die Abgrenzung eines Vermögensgegenstandes sind subsidiär die Abgrenzungskriterien der GAAP heranzuziehen,[49] die wie folgt charakterisiert sind:

- „(a) it embodies a probable future benefit that involves a capacity, singly or in combination with other assets, to contribute directly or indirectly to future net cash flows,
- (b) a particular entity can obtain the benefit and control others' access to it, and
- (c) the transaction or other event giving rise to the entity's right to or control of the benefit has already occurred."[50]

Für die Bilanzierung von Vermögensgegenständen existiert in der US-amerikanischen handelsrechtlichen Rechnungslegung kein einheitlicher Bewertungsmassstab. Vielmehr ist zwischen unterschiedlichen Massstäben zu unterscheiden, die je nach Bilanzposten anzuwenden sind. Zu den grundlegenden Wertmassstäben, die in unterschiedlichem Ausmass und auch in Verbindung miteinander zur Anwendung gelangen können, zählen:
- die historischen Kosten (historical cost)
- die Wiederbeschaffungskosten (replacement cost)
- der realisierbare Betrag (fair market value bzw. realizable value)
- der Barwert (present value) sowie
- die Tageswert-Bewertung (mark to market).[51]

Dabei stellt das Konzept der historischen Anschaffungs- und Herstellungskosten das zentrale Wertkonzept dar. Als Korrekturwerte der historischen Anschaffungs- und Herstellungskosten werden handelsrechtlich die aktuellen Marktpreise herangezogen.

Der IRC besitzt eigenständige Bewertungsvorschriften, dabei kommt den Marktpreisen für die steuerliche Gewinnermittlung nur eine sehr eingeschränkte Bedeutung zu. So sind bei Gegenständen des Anlagevermögens

---

48 Vgl. Sec. 263 (a) IRC; Reg. §§ 1.263(a)-1, 1.461-1(a)(2).
49 Vgl. Reg. § 1.446-1(a)(2).
50 Vgl. *FASB*, SFAS, No.6, Tz. 26.
51 Vgl. *FASB*, SFAC No.5, Abs.67 ff.

höhere Marktpreise aufgrund der gesetzlich vorgeschriebenen Bewertung mit den tatsächlich angefallenen Ausgaben nicht ansetzbar.[52] Auch niedrigere Marktpreise finden wegen der Voraussetzung der Realisation von Wertverlusten keine steuerliche Beachtung.[53]

2.4.1 Anschaffungskosten

Handelsrechtlich setzen sich die Anschaffungskosten (acquisition costs) aus dem Anschaffungspreis abzüglich den Anschaffungspreisminderungen und zuzüglich den Anschaffungsnebenkosten, die notwendig sind um den Anlagegegenstand (asset) in einen betriebsbereiten Zustand zu versetzen, zusammen.[54]

Im US-amerikanischen Steuerrecht bilden die Anschaffungskosten den Bewertungsmassstab für alle erworbenen Güter.[55] Bei Gegenständen des Anlagevermögens werden die Anschaffungskosten definiert als sämtliche Ausgaben, die in direktem Zusammenhang mit dem Erwerb anfallen.[56] Dementsprechend werden dem Anschaffungspreis beispielsweise Kommissions- und Vermittlungsgebühren sowie Ausgaben für die mit dem Beschaffungsvorgang direkt zusammenhängenden Material-, Lohn- oder Verwaltungskosten hinzugerechnet. Anschaffungspreisminderungen wie Boni oder Rabatte sind davon abzusetzen. Bei Gegenständen des Umlaufvermögens[57] wird der Umfang der Anschaffungskosten durch die Uniform Capitalization Rules[58] definiert, die seit der Steuerreform 1986 die einheitlichen Einbeziehungsvorschriften darstellen. Abgesehen von einzelnen Kostenanteilen, bei denen sich der Ansatz zur Aktivierung nach GAAP von dem Ansatz nach IRC unterscheidet,[59] liegen zwi-

---

52 Vgl. Sec.1012 (a) IRC.

53 Vgl. Sec.165 IRC; Reg. §§ 1.165-4, 1.165-5 (f).

54 Vgl. *KPMG*, Rechnungslegung, 1996, S.24f.

55 Vgl. Sec. 1001 i.V.m. 1011 u. 1012 IRC.

56 Vgl. Reg. § 1.1012-1 (a)

57 Gemäss Sec. 263A (b) (2) (A) IRC gilt als Umlaufvermögen „Real or personal property...which is acquired by the taxpayer for resale.".

58 Vgl. Sec. 471 (a) i.V.m. 263A IRC.

59 Bei der Aktivierung der Finanzierungskosten werden handelsrechtlich die Fremdkapitalzinsen und die mit der Fremdkapitalaufnahme in Verbindung stehenden Nebenkosten mit einbezogen. Vgl. *FASB*, SFAS No.34.12) Dahingegen gehören steuerrechtlich die Finanzierungskosten nur in Ausnahmefällen zu den Anschaffungskosten. Vgl. Reg. § 1.263A-1T (b) (2) (iv).

schen den handels- und steuerrechtlichen Vorstellungen bzgl. den Anschaffungskosten keine grösseren Differenzen vor.

2.4.2 Herstellungskosten

Die handelsrechtlichen Herstellungskosten (production costs) umfassen sämtliche Kosten des Herstellungsvorgangs sowie sonstige Kosten, die dafür angefallen sind, den Anlagegegenstand in einen betriebsbereiten Zustand und an seinen Einsatzort zu bringen.[60] Dazu zählen im einzelnen Material- und Lohneinzelkosten sowie sämtliche Material- und Fertigungsgemeinkosten auf der Basis einer normalen Kapazitätsauslastung.
Steuerrechtlich werden die Herstellungskosten nach den Uniform Capitalization Rules bestimmt. Danach sind sämtliche durch die Leistungserbringung veranlassten direkten Kosten und der der Herstellung zurechenbare Anteil an den Gemeinkosten zu aktivieren[61], sowie alle Material- und Fertigungseinzelkosten.[62] Im Prinzip kann damit auf die handelsrechtliche Bewertung zurückgegriffen werden.[63]

Auch bei den Herstellungskosten wird die Ähnlichkeit der handels- und steuerrechtlichen Bewertungsmassstäbe deutlich. Insofern dürften sich bei einer ausschliesslichen Ausrichtung auf die GAAP keine gravierenden steuerlichen Konsequenzen im Sinne einer stetigen Steuerzahlung ergeben.

2.4.3 Abschreibungen

Die GAAP schreiben keine bestimmte Abschreibungsmethode vor, sondern überlassen die Wahl der Methode dem Ermessen des Bilanzierenden.[64] Grundsätzlich kann jedes Verfahren angewendet werden, das die Anschaffungskosten der assets planmässig auf deren Nutzungsdauer verteilt und der tatsächlichen wirtschaftlichen Abnutzung entspricht.

---

60 Vgl. *FASB*, ARP 43 ch.4.

61 Vgl. Sec. 263A (a) (2) IRC; Reg. § 1.263A-1T (b) (2) (i).

62 Vgl. Sec. 263A (a) IRC; Reg. § 1.263A-1T (b) (2) (i).

63 „...in order to conform as nearly as may be possible to the best accounting practices..." Reg. § 1.471-11 (a).

64 Zu den Grundsätzen zur Bemessung und Berücksichtigung von Wertminderungen innerhalb der assets vgl. *FASB*, SFAS No. 121.

In der Praxis kommen die auch in Deutschland bekannten folgenden Abschreibungsverfahren zur Anwendung:

- straight-line methode (lineare Abschreibung)
- declining-balance method (degressive Abschreibung)
- sum-of-the-years' digits method (digitale Abschreibung)
- units-of-production method (leistungsbedingte Abschreibung)

Allerdings wird überwiegend die straight-line method und nur zu einem geringeren Teil die declining-balance method angewandt.[65]

Die Regelungen des US-amerikanischen Steuerrechts sind völlig losgelöst von der handelsrechtlichen Betrachtung. Die Abschreibungen dienen primär der Verteilung der Anschaffungskosten auf die Nutzungsdauer.[66] Die Erfassung der Marktwertentwicklung eines assets durch die Abschreibungen wird ausdrücklich verneint.[67] Der IRC sieht zeitabhängige Verfahren als Regelmethode vor.[68] Materielle assets werden regelmässig nach dem Modified Accelerated Cost Recovery System (MACRS) abgeschrieben.[69] Dabei werden die Wirtschaftsgüter zunächst entsprechend ihrer betriebsgewöhnlichen Nutzungsdauer in sog. MACRS-Abschreibungsklassen eingeteilt. In Abhängigkeit der Abschreibungsdauer wird dann die anzuwendende Abschreibungsmethode festgelegt. In Betracht kommen die degressive Abschreibung begrenzt auf den zweifachen oder eineinhalbfachen linearen Abschreibungssatz mit Übergang zur linearen Abschreibung sowie die lineare Abschreibung. Bei immateriellen assets ist ausschliesslich die lineare Abschreibung vorgesehen.[70]

Bei den Abschreibungen werden die unterschiedlichen Zielsetzungen zwischen den GAAP und dem Steuerrecht besonders deutlich. Versuchen die GAAP aufgrund der Generalnorm der fair presentation die tatsächliche wirtschaftliche Abnutzung zu erfassen, dominieren im Steuerrecht Normierungen von Abschreibungsdauern und -verfahren zur gleichmässigen Verteilung der An-

---

65 Vgl. *KPMG*, Rechnunglegung, 1996, S.74.

66 Vgl. Reg. § 1.263A-1T (a) (5).

67 Vgl. Reg. § 1.167 (a)-1(a).

68 Vgl. Sec. 167 (b) IRC

69 Vgl. Sec. 168 (a) IRC. In manchen Ausnahmefällen kommt das Alternative Modified Accelerated Cost Recovery System (Alternative MACRS) zur Anwendung. Vgl. Sec. 168 (g) IRC.

70 Vgl. Reg. § 1.167 (a)-3.

schaffungskosten. Die Unterschiede zwischen GAAP und Steuerrecht sind im Endeffekt wiederum nur zeitliche Buchungsunterschiede, die sich über die wirtschaftliche Nutzungsdauer der assets nominal wieder egalisieren. Der einzig reale Effekt ist ein Zinseffekt aufgrund der zeitlich versetzten Steuerzahlungen. Negiert man im Rahmen einer zinsbereinigten Besteuerung die bestehenden steuerlichen Abschreibungsregeln und betrachtet ausschliesslich die handelsrechtlichen Methoden wird auch der reale Zinseffekt egalisiert. Allerdings ist im Bereich der Abschreibungen bei ausschliesslicher Betrachtung der handelsrechtlichen Regelungen mit einem verspäteten Steuerfluss zu rechnen.

2.4.4 Immaterielle Vermögensgegenstände

Generell besteht handelsrechtlich eine Ansatzpflicht für immaterielle Vermögensgegenstände wie Patente, Urheberrechte, Konzessionen, Warenzeichen und Lizenzen soweit sie entgeltlich von Dritten erworben wurden, identifizierbar sind und als einzeln ver-äusserbar gelten.[71] Diese Regelungen gelten auch für einen erworbenen Firmenwert bzw. Goodwill, obwohl dieser nicht idendifizierbar ist und auch nicht einzeln veräussert werden kann. Grundsätzlich nicht aktivierungsfähig sind selbsterstellte immaterielle Vermögensgegenstände.[72] Eine Ausnahme besteht bei selbsterstellter Software, nach der die Aufwendungen zu aktivieren sind, sofern es sich um auftragsbezogene Software handelt.[73]

Steuerrechtlich besteht für alle von Dritten erworbenen Vermögensgegenständen, die einen über das Periodenende andauernden zukünftigen Nutzen erwarten lassen, Aktivierungspflicht, unabhängig ob es sich um materielle oder immaterielle Gegenstände handelt.[74] Der Aktivierungsumfang selbsterstellter immaterieller Vermögensgegenstände wird durch die einzelne Erfassbarkeit der Wirtschaftsgüter bestimmt. So sind z.B. Aufwendungen für selbsterstellte Patente, Urheberrechte oder Warenzeichen aktivierungspflichtig.[75] Darüber hinaus bestehen verschiedene Ausnahmen. So können Forschungs- und Entwicklungskosten im Rahmen von rechtlich konkretisierten und selbstgeschaffenen immateriellen Gütern sofort als abzugsfähige Betriebsausgaben behan-

71 Vgl. *FASB*, APB-Opinion No.17, Fussnote 5, Abs.24-26.
72 Vgl. ebenda , Abs. 6.
73 Vgl. *FASB*, SFAS No.86.
74 Vgl. Sec. 263 (a) IRC.
75 Vgl. Reg. § 1.263 (a)-2(b), (c).

delt werden[76] oder auch als Rechnungsabgrenzungsposten betrachtet über mindestens fünf Jahre amortisiert werden.[77]

Die Ausführungen zeigen eine grundsätzliche Ähnlichkeit der handels- und steuerrechtlichen Behandlung von immateriellen Vermögensgegenständen mit einer aus fiskalischer Sicht verständlichen Tendenz zu einer verstärkten Aktivierungspflicht innerhalb des Steuerrechts. Auch hierbei handelt es sich ausschliesslich um temporäre Buchungsunterschiede, die innerhalb eines zinsbereinigten Besteuerungskonzeptes die intertemporale Steuerzahlung nicht beeinflussen. Aufgrund der unwesentlichen Bilanzierungsunterschiede sollte eine Streichung der steuerrechtlichen Vorschriften keine gravierenden Auswirkungen auf die zeitliche Steuerzahlung nach sich ziehen.

2.4.5 Finanzanlagen

Die handels- und steuerrechtliche Bewertungsproblematik zu den Anschaffungskosten und den Abschreibungen bei Finanzanlagen entspricht den bereits oben erläuterten generellen Ausführungen zu der Aktiva. Eine Ausnahme bildet die handelsrechtliche Bilanzierung von Beteiligungen nach der Equity-Methode[78]. Die Equity-Methode kann auch als eine modifizierte Zeitwertbilanzierung betrachtet werden, da sich die Bewertung der Beteiligung an der Wertentwicklung des erworbenen Eigenkapitals der Beteiligung orientiert.[79] Der Beteiligungsbuchwert bei der Obergesellschaft wird in den Folgeperioden um anteilige Gewinne der Beteiligung zugeschrieben bzw. bei Verlusten und Dividendenzahlungen abgeschrieben. Dementsprechend kann der Buchwert auch über den ursprünglichen Anschaffungskosten liegen. Die Anwendung der Equity-Methode ist bei Beteiligungen vorgeschrieben, auf die ein wesentlicher Einfluss ausgeübt werden kann, der bei mindestens 20% des direkten oder indirekten Stimmrechtsanteil angenommen wird.[80]

Bilden die handelsrechtlichen Vorschriften innerhalb einem zinsbereinigten Steuersystem die Basis zur Ermittlung der Steuerbemessungsgrundlage sind alle verbuchten positiven und negativen Erfolgsbeiträge aus gewinnsteuer-

76 Vgl. Sec. 174 (a) IRC; Reg. § 1.174-3.
77 Vgl. Sec. 174 (b) IRC; Reg. § 1.174-4.
78 Vgl. *FASB*, APB-Opinion No.18.
79 Vgl. *Pellens*, Rechnungslegung, 1998, S.177.
80 Vgl. *FASB*, APB-Opinion No.18, Par.17.

pflichtigen Beteiligungen gemäss den Ausführungen in Abs.B.6.6 bei der Mutter- oder Obergesellschaft steuerrechtlich zu korrigieren.

Inwieweit diese dem zinsbereinigten Besteuerungskonzept zugrundeliegenden Vorstellungen Auswirkungen auf die derzeitige US-amerikanische Besteuerungspraxis haben, wird im folgenden anhand der Bilanzierung von Dividenden erläutert.

2.4.5.1 Dividenden von inländischen Unternehmen

Wie bereits oben erläutert, sind Gewinnausschüttungen von inländischen Gesellschaften auf der Ebene der Gesellschafter grundsätzlich in das zu versteuernde Einkommen mit einzubeziehen und nach dem regulären Steuertarif zu versteuern.[81] Eine Ausnahme besteht für Kapitalgesellschaften, die gemäss der dividend-received-deduction Methode ganz oder teilweise von der Besteuerung der empfangenen Dividenden freigestellt werden.[82] Danach werden 80 % der Dividenden bei der Gewinnermittlung ausser acht gelassen, wenn die Beteiligungshöhe 20 % überschreitet. Bei einer Beteiligung von über 80 % besteht das Wahlrecht auf eine Konzernbesteuerung, bei der die konzernintern erwirtschafteten Gewinne und Verluste eliminiert werden.

Die Einteilung des Besteuerungsumfangs anhand der Beteiligungsgrösse ist ökonomisch kaum zu erklären und innerhalb der zinsbereinigten Unternehmensbesteuerung nicht denkbar. Gefordert ist hier eine komplette Freistellung der ausgeschütteten Unternehmensgewinne ohne Einschränkungen auf der Ebene der Gesellschafter.

2.4.5.2 Dividenden von ausländischen Unternehmen

Die Regelung über die Besteuerung der Dividenden versteht sich als das Kernstück der deutsch-amerikanischen Steuerbeziehungen.[83] Zum Vergleich mit der deutschen Auslegung des DBA zwischen den USA und der Bundesre-

81 Vgl. Sec. 61 (a) (7) IRC.

82 Vgl. Sec. 243-246 IRC.

83 Vgl. *Debatin/Endres*, Doppelbesteuerungsabkommen, 1990, S.292.

publik Deutschland werden im folgenden ausschliesslich die US-amerikanischen Auslegungen dieses DBA erläutert.

Mit der Ausschüttungsbelastung besteuerte Dividenden von in der Bundesrepublik ansässigen Kapitalgesellschaften an in den USA ansässige Gesellschafter werden in der Bundesrepublik zusätzlich mit deutscher Quellensteuer belastet. Entsprechend dem internationalen Schachtelprivileg beträgt die Quellensteuer 5 %, wenn die US-amerikanische Gesellschaft mindestens 10 % der stimmberechtigten Anteile der ausschüttenden deutschen Gesellschaft hält. Bei einem Streubesitz unter 10 % der Anteile, wird die Quellenbesteuerung nach Art. 10 Abs.2 Buchst. b eingreifende Begrenzung von 15 % aufgrund der Sonderregelung in Art. 10 Abs. 3 Buchst. a auf 10 % reduziert.
Zur Vermeidung der Doppelbesteuerung auf Seiten der USA wird gem. Art.23 Abs.1 die Anrechnungsmethode angewendet. Danach darf der Anrechnungsbetrag unter Beachtung der Höchstgrenze in keinem Steuerjahr über die amerikanische Steuer hinausgehen, die auf die Einkünfte aus deutschen Quellen im Verhältnis zum Gesamtbetrag der in den USA steuerpflichtigen Einkünfte, entfällt. Die Durchführung der Anrechnung richtet sich nach innerstaatlichem US-amerikanischem Recht.[84] Gegenstand der Anrechnung ist die auf die aus der Bundesrepublik stammenden Einkünfte gezahlte Körperschaftsteuer und die Gewerbeertragsteuer.

Im Gegensatz zu der Anwendung der Freistellungsmethode für Schachteldividenden auf Seiten der Bundesrepublik wird diese Methode in den USA nicht angewandt. Wie bereits in Kap. B erläutert, ist innerhalb eines internationalen zinsbereinigten Besteuerungskonzeptes die Anwendung der Freistellungsmethode bei grenzüberschreitenden Kapitalbewegungen für alle Kapitalerträge unausweichlich. Gleichzeitig ist auch die Abschaffung der Quellensteuer vorzunehmen, die im eigentlichen Sinne nur die Funktion eines Wegezolls erfüllt. Dementsprechend sind in diesem Bereich des internationalen Kapitaltransfers wesentliche Änderungen im US-amerikanischen Steuerrecht vorzunehmen bzw. ist die Freistellungsmethode innerhalb dem DBA anzuwenden.

84 Vgl. Secs. 901 ff. IRC.

2.4.6 Vorräte

Die handelsrechtlichen Ausgangswerte für die Bewertung der Vorräte sind nach dem historical cost principle[85] die Anschaffungs- oder Herstellungskosten. Bei einem niedrigeren Marktpreis besteht die Wahl, entsprechend dem Niederstwertprinzip in Form der lower-of-cost-or-market method[86] die Wiederbeschaffungskosten anzusetzen.[87] Aus Gründen der Wirtschaftlichkeit werden zur Bewertung der Vorräte nach den GAAP, ähnlich wie in Deutschland gem. §§ 240, 256 HGB, sog. Bewertungsvereinfachungsverfahren angewendet, bei deren Anwendung grundsätzlich die lower-of-cost-or-market method zu beachten ist. Neben der Durchschnittsbewertung (average cost method) ist die Lifo- und Fifo-Mehode zulässig, allerdings sollte die übergeordnete Zielsetzung einer periodengerechten Erfolgsermittlung Berücksichtigung finden.[88]
Steuerrechtlich hat sich durch die Zulassung der Lifo-Methode im IRC seit 1939[89] dieses Verbrauchsfolgeverfahren im Rahmen der Vorratsbewertung durchgesetzt.[90] Eine Zustimmung seitens des IRS ist nicht nötig. Als einzige Ausnahme der grundsätzlichen Trennung von Handels- und Steuerbilanz in der US-amerikanischen Rechnungslegung ist entsprechend einer umgekehrten Massgeblichkeit der Steuerbilanz für die Handelsbilanz das Lifo-Verfahren steuerlich nur anzusetzen, wenn es auch handelsrechtlich zur Anwendung kommt.[91] Alternativ ist neben der Lifo-Methode steuerrechtlich ebenfalls die Fifo-Methode zulässig.
Die Lifo-Methode wird generell bei steigenden Preisen als adäquate Methode zur Verhinderung der Scheingewinnrealisierung angesehen. Insofern entspricht sie am ehesten den tatsächlichen wirtschaftlichen Verhältnissen und somit den Anforderungen einer „fair presentation". Änderungen innerhalb der handelsrechtlichen Bilanzierung sind bei einer Streichung der steuerlichen Vorschriften damit nicht zu erwarten. Aufgrund der Dominanz der Lifo-Methode sollte es auch bei einer ausschliesslichen Betrachtung der handelsrechtlichen Regelungen zu keinen grösseren Auswirkungen auf den Steuerfluss kommen.

---

85 Vgl. *Kieso/Weygandt*, Accounting, 1995, S.43-44.
86 Vgl. *FASB*, ARB No.43 ch.4.
87 „...cost, and cost or market, whichever is lower..." Vgl. Reg. § 1.471-2 (c).
88 Vgl. *FASB*, ARB No.43 ch.4. Par.5.
89 Vgl. *Commerce Clearing House*, Tax, 1993, Fussnote 11, Tz.331.
90 Vgl. *Pellens*, Rechnungslegung, 1998, S.194.
91 Vgl. *Nikolai/Bazley*, Accounting, 1994, S.259.

Vor dem Hintergrund einer periodengerechten Gewinnermittlung ist handelsrechtlich bei der Bewertung des Vorratsvermögens bei langfristiger Fertigung, die Realisierung von Teilgewinnen erlaubt und auch gängige Praxis[92]. Gewinne können entsprechend der sog. percentage-of-completion method nach dem jeweiligen Grad der Fertigstellung vereinnahmt werden.[93] Voraussetzung ist allerdings, dass der Fertigungsverlauf und die anfallenden Aufwendungen und Erträge hinreichend sicher antizipiert werden können.

Das Steuerrecht verlangt grundsätzlich die Anwendung der percentage-of-completion method,[94] die entsprechend dem amerikanischen Verständnis der Einnahmenrealisierung am ehesten einer periodengerechten Erfolgsermittlung entspricht.

Auch hier zeigt sich eine markante Ähnlichkeit der handels- und steuerrechtlichen Vorschriften, die einer Streichung der steuerlichen Regelungen vereinfachen sollte.

2.5 Passiva

Analog zum Bereich der Aktivierung enthält das US-amerikanische Steuerrecht aufgrund seiner generellen Ausrichtung an der Erfolgsrechnung keine expliziten Vorschriften für die Passivierung. Insofern erlangen die handelsrechtlichen Passivierungsgrundsätze auch für die steuerliche Gewinnermittlung, unter der Voraussetzung einer klaren Wiedergabe des Einkommens, eine gewisse Bedeutung.[95] Stehen keine expliziten Vorschriften des IRC entgegen, können die handelsrechtlichen Passivierungsvorschriften herangezogen werden.[96]

---

92 Im Gegensatz zu dem nach § 252 Abs.4 HGB kodifizierten Realisationsprinzip, das die Gewinnrealisierung ausschliesslich erst bei vollständiger Fertigung erlaubt, wird diese sog. completed-contract method in der US-amerikanischen Rechnungslegungspraxis kaum angewandt. Sie wird auch als „less relevant" bezeichnet. Vgl. *Nikolai/Bazley*, Accounting, 1994, S.764.

93 Vgl. *FASB*, ARB No.45.

94 „...the taxable income from such contract shall be determined under the percentage-of-completion method..." Sec. 460 (a) IRC. Ein long-term contract liegt in der Regel vor, wenn der Vertrag nicht in dem Jahr erfüllt wird, in dem er eingegangen wurde. Zur Definition vgl. Sec. 460 (f) IRC.

95 Vgl. Sec. 446(a) IRC; Reg. § 1.446-1(a).

96 Vgl. Reg. § 1.446-1(b).

Verbindlichkeiten werden anhand folgender Merkmale definiert:

- „(a) it embodies a present duty or responsibility ... that entails settlement by probable future transfer or use of assets at a specified or determinable date, on occurrence of a specified event, or on demand,
- (b) the duty or responsibility obligates a particular entity, leaving it little or no discretion to avoid the future sacrifice, and
- (c) the transaction or other event obligating the entity has already happened."[97]

Entsprechend der Definition knüpft die handelsrechtliche Passivierung an der wirtschaftlichen Entstehung von Verpflichtungen an.

Steuerrechtlich sind zur Ableitung der Passivierungregelungen die Vorschriften zu Ansatzumfang und –zeitpunkt der Betriebsausgaben heranzuziehen.[98] Als zusätzliche Voraussetzung für die steuerliche Berücksichtigung muss der sog. „all events test" erfüllt sein, nachdem die Verpflichtungen nur anzusetzen sind, wenn ihre Höhe mit hinreichender Sicherheit ermittelt werden kann und alle Ereignisse eingetreten sind.[99] Dementsprechend beschränkt sich der steuerliche Passivierungsumfang auf rechtlich entstandene Verbindlichkeiten. Ungewisse Verpflichtungen werden nicht angesetzt.

Im amerikanischen Jahresabschluss werden Rückstellungen nicht als eigene Bilanzposition betrachtet. Sie stellen lediglich im Rahmen der non-current liabilities bzw. der other liabilities eine spezielle Unterart von Verbindlichkeiten dar. Als Begründung für die Bilanzierung von Verbindlichkeitsrückstellungen dient das matching-principle (zeitliches Abgrenzungsprinzip),[100] nach dem sich die wirtschaftliche Verursachung einer Verbindlichkeit aus der Zugehörigkeit der zukünftigen Ausgaben ergibt. Aufwandsrückstellungen sind im Gegensatz zu den Vorschriften gem. § 249 (2) HGB in der US-amerikanischen Rechnungslegung nicht erlaubt.

Für Steuerzwecke haben die Grundsätze, unter denen in der Handelsbilanz die Bildung von Rückstellungen zwingend geboten sein kann, keinen Einfluss.

---

97 Vgl. *FASB*, SFAC No.6, Tz.36.
98 Vgl. Sec. 162-196, 461-469 IRC.
99 Vgl. Sec. 461(h)(4) IRC.
100 Vgl. *FASB*, SFAC No.6, S.146, Fussnote 7.

Rückstellungen sind steuerlich nur zulässig, wenn sie gemäss den besonderen steuerrechtlichen Vorschriften ausdrücklich vorgesehen sind.

Die wesentlichen Differenzen zwischen dem handelsrechtlichen und steuerrechtlichen Passivierungsumfang bei Rückstellungen werden in den folgenden Punkten erläutert.

2.5.1 Pensionsrückstellungen

Die handelsrechtliche Bilanzierung von Pensionsverpflichtungen ergibt sich im wesentlichen aus SFAS No.87 „Employers Accounting for Pensions".[101] Entsprechend dem Prinzip der Periodenabgrenzung sind die Aufwendungen den Geschäftsjahren zuzuordnen, in denen die Arbeitsleistung erbracht wird. Da der Arbeitnehmer seinen Pensionsanspruch während der aktiven Dienstzeit erarbeitet, sind die Pensionsleistungen als Lohn- und Gehaltsaufwendungen zu bilanzieren. Die Höhe der Pensionsleistungen ergeben sich aus der im Pensionsplan (pension plan) festgelegten Benefit Formular. Generell wird zwischen beitrags- und leistungsorientierten Pensionsplänen unterschieden.[102]

- Die sog. Defined Contribution Pension Plans sind beitragsorientierte Pensionspläne, anhand derer der Arbeitgeber sich verpflichtet, feste Beiträge an rechtlich selbständige Pensionsfonds sog. Funding Agencies zu zahlen, als Ausgleich für erbrachte Arbeitsleistungen der Arbeitnehmer. Das Unternehmen ist ausschliesslich zur Zahlung dieser fixierten Beiträge verpflichtet. Eine spätere Rentenzahlung oder auch einmalige Kapitalzahlung übernimmt der externe Pensionsfond. Die Höhe der Pensionsleistungen an den Arbeitnehmer wird im wesentlichen in Abhängigkeit von den gezahlten Unternehmensbeiträgen und durch die innerhalb der Pensionsfonds erzielte Rendite bestimmt.[103]

---

101 Vgl. *FASB*, SFAS No.87. Daneben finden sich weitere Regelungen zu Pensionsverpflichtungen in SFAS No.88 „Employers' Accounting for Settlements and Curtailments od Defined Benefit Pension Plans and for Termination Benefits" sowie in SFAS No.106 „Employers' Accounting for Postretirement Benefits Other than Pensions." Für einen detaillierten Überblick über Pensionsverpflichtungen vgl. *KPMG*, Pensionsverpflichtungen, 1989.

102 Vgl. dazu auch *Pellens*, Rechnungslegung, 1998, S.196.

103 Vgl. *FASB*, SFAS, No.87, Par.63.

- Die sog. Defined Benefit Pension Plans sind leistungsorientierte Pensionspläne, bei denen die Höhe der Pensionsleistung von der Höhe des Gehalts und/oder der Anzahl der geleisteten Dienstjahre und/oder einer eventuell gezahlten Abfindung abhängig ist.[104] Der Pensionsanspruch der Arbeitnehmer richtet sich nach der sich aus der Benefit Formular ergebenden vertraglich vereinbarten Pensionsleistung. Im Gegensatz zu den Defined Contribution Pension Plans werden vom Unternehmen keine festgelegten Beiträge an einen externen Pensionsfond gezahlt. Das Unternehmen ist allerdings verpflichtet, während der Dienstzeit des Arbeitnehmers die finanziellen Mittel anzusammeln, die für eine spätere Finanzierung der Pensionsleistungen ausreichen.

Steuerrechtlich sind Pensionsrückstellungen grundsätzlich nicht zulässig. Erfolgt die Altersversorgung der Belegschaft allerdings über selbständige Pensionskassen entsprechend den Defined Contribution Pension Plans, sind die versicherungsmathematisch[105] ermittelten Zuführungen jährlich steuerlich abzugsfähig sofern die sonstigen Vorschriften über Unverfallbarkeit, Nichtdiskriminierung und Mittelverwendung durch die Pensionskasse eingehalten werden.[106] Aufgrund dieser steuerlichen Abzugsfähigkeit erfolgt in den USA i.d.R. die Finanzierung der Pensionsleistungen über rechtlich selbständige Pensionsfonds, die die Pensionszahlungen übernehmen.
Der Einfluss des Steuerrechts auf die handelsrechtliche Bilanzierung im Rahmen der Pensionsverpflichtungen wird trotz der in den USA geltenden strikten Trennung der handels- und steuerrechtlichen Vorschriften deutlich.

Es stellt sich die Frage, inwieweit die Unternehmen bei einer Streichung der steuerrechtlichen Vorschriften, die derzeitige Finanzierung der Pensionsleistungen über die Defined Contribution Pension Plans ändern würden. Des weiteren ist zu klären, inwieweit sich dadurch der Steuerfluss verändern würde. Ungeachtet einer Entscheidung der Unternehmen für die beitragsorientierten oder die leistungsorientierten Pensionspläne, werden handelsrechtlich in beiden Fällen die Aufwendungen bilanziert. Der Zeitpunkt der Steuerzahlungen ist abhängig von der zeitlich unterschiedlichen Bilanzierung der Pensionsaufwendungen. Allerdings ist bei einer über die Laufzeit der Pensionen bestehenden Identität des Nominalwertes der Pensionsaufwendungen, die reale Steuerzah-

---

104 Vgl. *FASB*, SFAS, No.87, Par.11.

105 Das einzig versicherungsmathematisch zugelassene Verfahren ist die sog. projected unit credit method (Anwartschaftsbarwertverfahren). Vgl. *FASB*, SFAS No.87, Par.40.

106 Vgl. Sec. 404 (k) IRC.

lung innerhalb eines zinsbereigten Steuersystems bei beiden Verfahren ebenso identisch.
Eine Streichung der steuerrechtlichen Vorschriften hätte damit auf die reale Steuerzahlung keine Auswirkungen, jedoch wäre die handelsrechtliche Bilanzierung von den indirekten steuerlichen Fesseln befreit.

2.5.2 Rückstellungen für drohende Verluste aus schwebenden Geschäften

Rückstellungen für drohende Verluste aus schwebenden Geschäften sind handelsrechtlich zu bilden, wenn die Liefer- oder Leistungsverpflichtung den Anspruch aus dem Geschäft übersteigt. Im Gegensatz zur Berechnung nach dem HGB dürfen nach den US-GAAP jedoch nur die Materialeinzel- und Materialgemeinkosteen, die Fertigungseinzel- und Fertigungsgemeinkosten sowie die Einzelkosten des Vertriebs in die Rückstellungsermittlung miteinbezogen werden. Die Allgemeinen Vertriebs- und Verwaltungskosten dürfen nicht in die Rückstellungsberechnung eingehen, da sie den Produkten nicht direkt zugerechnet werden können.[107] Insofern haben die Rückstellungen für drohende Verluste in US-amerikanischen Bilanzen eine weitaus geringere Bedeutung als im deutschen Handelsrecht.

Der steuerrechtlichen Berücksichtigung drohender Verluste aus schwebenden Geschäften steht die Voraussetzung der Realisation entgegen.[108] Damit werden die Verluste aus dem Geschäft steuerrechtlich erst bei der wirtschaftlichen Leistungserfüllung erfasst. Demzufolge ist bei einer Übernahme des handelsrechtlichen Ansatzes in die steuerliche Gewinnermittlung mit einer Verschiebung der Steuerzahlungen in spätere Perioden zu rechnen. Das zinsbereinigte Besteuerungskonzept gleicht aus realwirtschaftlicher Betrachtung die verspätete Steuerzahlung wieder aus, so dass dies weder für die Unternehmen einen Zinsvorteil noch für die Steuerbehörden einen Zinsnachteil bedeutet.

---

107 Vgl. *KPMG*, Rechnungslegung, 1996, S.110
108 Vgl. Sec. 165 IRC; Reg. § 1.165-1(b).

2.5.3 Rückstellungen für bestandsunsichere Verpflichtungen

In den USA sind die Bilanzierung und Bewertung von bestandsunsicheren Verpflichtungen unter Bezugnahme auf bestimmte, typische Rückstellungssachverhalte normiert.[109] Dazu gehören Verpflichtungen aus Garantiezusagen und Produkthaftung, sonstige Schadensersatz- und Entschädigungsverpflichtungen sowie Verpflichtungen aus schwebenden Prozessen.[110] Ursache für den geringen Umfang der Bilanzierung von bestandsunsicheren Verbindlichkeiten im amerikanischen Jahresabschluss sind die im Vergleich zu den deutschen Vorschriften enger gefassten Kriterien der Eintrittswahrscheinlichkeit und der Quantifizierbarkeit. Darüber hinaus wird ein erheblicher Teil der Verbindlichkeitsrückstellungen steuerlich nicht anerkannt, womit der Anreiz einer handelsrechtlichen Bilanzierung eingeschränkt wird.
Steuerrechtlich sind Rückstellungen für Gewährleistungen und Produkthaftung zum Zeitpunkt der Lieferung und Leistung nicht passivierungsfähig, da es ihnen an der vollen rechtlichen Entstehung und wirtschaftlichen Erfüllung mangelt.[111] Gleiches gilt für Rückstellungen für drohende Strafen aus Vertragsverletzungen, Rückstellungen für schwebende Prozesse oder für Verpflichtungen aus der Verletzung fremder Rechte[112].[113]

Es zeigt sich, dass insbesondere im Bereich der Rückstellungen für bestandsunsichere Verbindlichkeiten erhebliche Differenzen zwischen der handelsrechtlichen und steuerrechtlichen Behandlung bestehen. Die Streichung der steuerlichen Ansatzverbote würde sehr wahrscheinlich mit einer Ausweitung der handelsrechtlichen Bilanzierung von bestandsunsicheren Verpflichtungen einher gehen und somit die Steuerbemessungsgrundlage und die Steuerzahlungen zunächst reduzieren. Allerdings handelt es sich auch hierbei nur um einen temporären Effekt, der sich in nachfolgenden Perioden wieder egalisieren und aufgrund des Wirkungsmechanismus der zinsbereinigten Besteuerung zu keinen realen Steuerverlusten führen würde.

---

109 Vgl. *FASB*, SFAS No.5, Fussnote 23.

110 Vgl. *Kupsch*, Rückstellungen, 1995, S.121f.

111 Vgl. *Kraft*, Steuergerechtigkeit, 1991, S. 172, Fussnote 92 mit Rechtsprechungsnachweisen.

112 Vgl. Reg. § 1.461-1(3)(ii).

113 Vgl. *Kraft*, Steuergerechtigkeit, 1991, S. 172, Fussnoten 95, 97 mit Rechtsprechungsnachweisen.

2.5.4 Rückstellungen für latente Steuern

Aufgrund der in den USA weitgehend getrennten handels- und steuerrechtlichen Regelungen und den damit verbundenen periodenbezogenen Ergebnisunterschieden, kommt dem Anwendungsbereich für latente Steuern in der US-amerikanischen Rechnungslegung eine wesentliche Bedeutung zu. Analog zur deutschen Rechnungslegung dient die handelsrechtliche Bilanzierung von Steuerlatenzen dem Ausgleich der zeitlichen Buchungsunterschiede zwischen der Steuerbilanz und der Handelsbilanz, die sich über zukünftige Perioden wieder vollständig ausgleichen. Ziel ist es, durch den Ansatz latenter Steuerverbindlichkeiten und -forderungen die Steuerbelastung auszuweisen, die sich ergeben würde, wenn das handelsrechtliche Ergebnis vor Steuern gleichzeitig auch Bemessungsgrundlage der Gewinnbesteuerung wäre. Sowohl für passive als auch für aktive Steuerlatenzen besteht in der US-amerikanischen Rechnungslegung eine Ansatzpflicht.[114]
Zur Berechnung der latenten Steuern stehen grundsätzlich zwei Methoden zur Verfügung.[115] Die sog. Liability-Method (Verbindlichkeitsmethode) knüpft an Bilanzkategorien an, dabei steht der zutreffende Vermögensausweis im Vordergrund. Bei der Ermittlung der Steuerverbindlichkeiten müssen die zukünftigen Steuersätze miteinbezogen werden. Bei der sog. Deferred-Method (Abgrenzungsmethode) steht ein „richtiger" Erfolgsausweis im Jahresabschluss im Mittelpunkt. Die Berechnung der Steuerlatenzen erfolgt mit den am Bilanzstichtag gültigen Steuersätzen, da bei dieser Methode auf den Erfolgsausweis der abgelaufenen Periode abgestellt wird.
Die gegenwärtige Bilanzierungspraxis bei einer passiven Steuerlatenz folgt in den USA der Liability-Method.[116] Danach sind im Vergleich zum fiktiven Steueraufwand zu hohe tatsächliche Steuerzahlungen als Forderungen (Deferred Tax Assets) anzusehen. Im Gegensatz dazu sind zu niedrige effektive Steuerzahlungen als Verbindlichkeiten (Deferred Tax Liability) zu berücksichtigen. Ebenso in die Berechnungen miteinbezogen werden eventuell bestehende Verlustvorträge. Genügen die Verlustvorträge der Asset-Definition, verbunden mit einem wahrscheinlichen künftigen Vorteil für das Unternehmen,[117] sind dafür aktive latente Steuern zu bilden. Werden zukünftige steuerliche Verluste erwartet, können diese Einfluss auf den anzuwendenden Steuersatz haben.

---

114 Vgl. *FASB*, SFAS No.109.
115 Vgl. *FASB*, Income Taxes, 1983, S.11-18.
116 Vgl. *Kupsch*, Rückstellungen, 1995, S.115.
117 Vgl. *FASB*, SFAS No. 109 Par.17 und 92-98.

Wird z.B. ein aktiver latenter Steuerabgrenzungsposten bilanziert, weil mit dem Rücktrag eines erwarteten steuerlichen Verlustes aufgrund der Umkehr von zeitlichen Unterschieden zu rechnen ist, so ist zur Berechnung der Steuersatz zu verwenden, der in der Rücktragsperiode Gültigkeit hatte.[118] Zukünftige Steuersatzänderungen oder andere Steueränderungen werden im Jahr der Gesetzesänderung bei der Berechnung berücksichtigt.[119]

Wie die Ausführungen verdeutlichen, ist der gesamte Bewertungsvorgang für latente Steuern wegen der Berücksichtigung möglicher unterschiedlicher künftiger Steuersätze sowie wegen eventuell bestehender Verlustrücktrags- und Verlustvortragsmöglichkeiten ein sehr komplexer Vorgang.[120]
Die Ursachen dieses enormen Bewertungsaufwandes sind, analog zu der Bewertungsproblematik im deutschen Bilanzrecht, einzig und allein in den temporär unterschiedlichen steuer- und handelsrechtlichen Bilanzierungs- und Bewertungsvorstellungen zu suchen. Das zinsbereinigte Besteuerungskonzept erlaubt hier eine ausschliessliche Betrachtung der handelsrechtlichen Regelungen, so dass die gesamten Berechnungs- und Bewertungsschwierigkeiten der latenten Steuern entfallen.

2.6 Zusammenfassung der Ergebnisse

Werden die GAAP als Ausgangslage für die steuerliche Gewinnermittlung herangezogen, sind bei Einführung einer zinsbereinigten Unternehmensbesteuerung die Auswirkungen auf das US-amerikanische Bilanzrecht, aufgrund der strikten Trennung der steuerlichen Gewinnermittlung von dem handelsrechtlichen Jahresabschluss, im wesentlichen im Steuerrecht zu finden.

2.6.1 Auswirkungen in der steuerrechtlichen Rechnungslegung

Aufgrund der unterschiedlichen Systematik des gegenwärtigen US-amerikanischen Steuersystems und des zinsbereinigten Besteuerungskonzepts kommt es bei einer Einführung dieser alternativen Besteuerungsform zu weitreichenden Auswirkungen.

---

118 Vgl. *FASB*, SFAS No. 109 Par.233.
119 Vgl. *FASB*, SFAS No. 109 Par.27.
120 Zu den einzelnen Berechnungsschritten siehe *KPMG*, Rechnungslegung, 1996, S.83 ff.

Grundsätzlich richtet sich die derzeitige Besteuerung nicht nach den gesellschaftsrechtlichen Vorgaben, sondern wendet bei der Frage nach der Gesellschaftsform eigene steuerrechtliche Kriterien an. In diesem Sinne können Personengesellschaften steuerrechtlich auch als Kapitalgesellschaften besteuert werden. Ungeachtet dieser Irrelevanz der gesellschaftsrechtlichen Form für das Steuerrecht, wird innerhalb des Steuerrechts zwischen Personen- und Kapitalgesellschaften differenziert. Das zinsbereinigte Besteuerungskonzept fordert eine rechtsformneutrale Ausgestaltung der Unternehmensbesteuerung, die eine eigene Steuerrechtsfähigkeit des Unternehmens bedingt, so dass auch im US-amerikanischen Steuerrecht der bestehende Dualismus bei der Einkünfteermittlung zwischen Kapitalgesellschaften und Personengesellschaften zu beseitigen ist. Bei den z.B. nach Grössenkriterien qualifizierten Personengesellschaften als gewinnsteuerpflichtige Unternehmen im Sinne der zinsbereinigten Unternehmensbesteuerung entfällt der steuerliche Durchgriff auf die Gesellschafter.

Bei der Besteuerung des Unternehmensgewinns in den USA wird entsprechend der konzeptionellen Vorgabe nicht zwischen thesaurierten und ausgeschütteten Gewinnen unterschieden. Allerdings ist der bestehende stufenförmig ausgestaltete Steuertarif auf einen einheitlichen Steuersatz anzupassen. Im völligen Widerspruch zum zinsbereinigten Besteuerungskonzept steht die derzeitige Doppelbesteuerung der Ausschüttungen bei den Anteilseignern. Ungeachtet der dividend-received-deduction, die zumindest auf Körperschaftsebene eine teilweise Befreiung dieser Doppelbesteuerung vorsieht, ist dieses Verfahren komplett zu reformieren. Als grundlegendes Prinzip der zinsbereinigten Besteuerung ist die Einmalbesteuerung von Unternehmensgewinnen bei den Unternehmen unumgänglich.

Dies gilt auch für aus dem Ausland bezogene Dividenden. Das gegenwärtig anzuwendende Anrechnungsverfahren auf Seiten der USA innerhalb der DBA genügt nicht den Ansprüchen eines effizienten internationalen Kapitalverkehrs. Nur die Anwendung der Freistellungsmethode, unabhängig ob für Schachteldividenden oder für Dividenden aus Streubesitz, ermöglicht die Sicherstellung einer nur einmaligen Besteuerung der Unternehmensgewinne.

Die Erläuterungen zur Bewertungs- und Bilanzierungsproblematik im gegenwärtigen US-amerikanischem Steuer- und Handelsrecht weisen auf die unterschiedlichen Zielsetzungen von GAAP und IRC hin. Die steuerliche Gewinnermittlung ist primär an der Erfolgsrechnung ausgerichtet und bezieht sich daher bei der Definition der Aktiva und der Passiva weitgehend auf die GAAP. Das handelsrechtliche Realisationsprinzip gilt generell auch steuerlich, sofern

dieser Vorgehensweise keine steuerlichen Regelungen entgegenstehen. Der steuerrechtliche Grundsatz des „clearly reflect income" führt allerdings in verschiedenen Bereichen zu Abweichungen gegenüber der handelsrechtlichen Bilanzierung.
Bei den Anschaffungs- und Herstellungskosten überwiegt die Ähnlichkeit der handels- und steuerrechtlichen Bewertungsmassstäbe, so dass in diesem Bereich bei einer ausschliesslichen Betrachtung der GAAP mit keinen gravierenden Konsequenzen auf die Steuerzahlung zu rechnen ist.
Die steuerlichen Abschreibungsregelungen sind normiert und losgelöst von den handelsrechtlichen Vorstellungen, insofern ist in diesem Bereich bei einer Streichung der steuerrechtlichen Vorschriften mit einer tendenziellen Verzögerung der Steuerzahlung zu rechnen.
Bei der Bilanzierung der Immateriellen Vermögensgegenstände und der Vorräte gibt es kaum Unterschiede zwischen den GAAP und dem IRC. Bei den Verbrauchsfolgeverfahren im Rahmen der Vorratsbewertung hat sich auch steuerrechtlich die Lifo-Methode durchgesetzt, für deren steuerliche Anwendung die handelsrechtliche Bilanzierung dieser Methode Voraussetzung ist.
Die Bildung von Rückstellungen im Steuerrecht ist durch den „all events test" im Vergleich zu den GAAP deutlich eingeschränkt. So bestehen insbesondere für bestandsunsichere Verbindlichkeiten erhebliche Differenzen zwischen der handelsrechtlichen und steuerrechtlichen Bilanzierung. Völlig ausgeschlossen ist die steuerrechtliche Bilanzierung von Rückstellungen für drohende Verluste aus schwebenden Geschäften. Innerhalb der Pensionsverbindlichkeiten wird durch die steuerlich zulässige Bilanzierung der Zuführungen entsprechend den „Defined Contribution Pension Plans" in der Praxis dieses Verfahren auch handelsrechtlich hauptsächlich angewandt.
Auf der Passivseite stellen sich die Unterschiede zwischen der handels- und steuerrechtlichen Bilanzierung deutlicher dar als innerhalb der Aktiva. Bei einer Streichung der steuerlichen Einschränkungen und ausschliesslicher Betrachtung der handelsrechtlichen Passivierungsmöglichkeiten innerhalb einer zinsbereinigten Unternehmensbesteuerung ist grundsätzlich mit einem zeitlich verzögerten Gewinnausweis und damit auch mit einer verzögerten Steuerzahlung zu rechnen. Allerdings handelt es sich auch hierbei, unter Beachtung des Nominalwertprinzips, ausschliesslich um temporäre Buchungsunterschiede, die keinen Einfluss auf die intertemporale Steuerzahllast haben.

2.6.2 Auswirkungen in der handelsrechtlichen Rechnungslegung

Die Auswirkungen auf das Handelsbilanzrecht bei einer Einführung einer zinsbereinigten Unternehmensbesteuerung beschränken sich im wesentlichen auf einzelne Bilanzierungsmethoden.

Bei der Bilanzierung der Pensionsverbindlichkeiten wird aufgrund der derzeitigen steuerlichen Abzugsfähigkeit der Zuführungen im Rahmen der Defined Contribution Pension Plans handelsrechtlich i.d.R. dieser Bilanzansatz gewählt. Bei einer Streichung dieser steuerlichen Regelung ist gegebenenfalls mit einer verstärkten Bilanzierung entsprechend den Defined Benefit Pension Plans zu rechnen.

Die generell zurückhaltende Bilanzierung von Verbindlichkeitsrückstellungen im Jahresabschluss wird nicht zuletzt mit dem steuerrechtlichen Passivierungsverbot in Verbindung gebracht. So ist in diesem Bereich bei Einführung des zinsbereinigten Besteuerungskonzepts mit einer Ausweitung der Verbindlichkeitsrückstellungen zu rechnen.

Die Rückstellungen für latente Steuern, die ausschliesslich auf temporären Buchungsunterschieden zwischen dem Handels- und Steuerrecht beruhen, verlieren komplett ihre Bedeutung.

E. Ausblick

Mit dem zinsbereinigten Besteuerungskonzept wird ein Reformansatz geboten, der aufgrund der dargestellten Bewertungsneutralität, aus fiskalischer Sicht eine länderübergreifende Angleichung steuerlicher Gewinnermittlungsvorschriften vereinfachen würde.

Bisherige Überlegungen zu einer alternativen länderübergreifenden Steuerrechtsordnung, die sich im Sinne einer einfachen Massgeblichkeit an den Gewinnermittlungsgrundsätzen der Handelsbilanz orientiert, sind nur vereinzelt auf wissenschaftlicher Ebene zu finden.[1]
Aus politischer Sicht gilt nach *Lang* die Reform der Unternehmensbesteuerung als vordringliche Aufgabe der europäischen Harmonisierung der direkten Steuern. Seine gestellte Prognose, dass nach Vollendung des europäischen Binnenmarktes der Reformdruck zur Harmonisierung kulminieren wird,[2] hat sich bisher allerdings nicht bestätigt. So ist ganz im Gegenteil ein Steuerwettbewerb unter den führenden Industrieländern zu beobachten, der die Erfolgsaussichten einer internationalen Rechtsangleichung insbesondere auf der Grundlage eines alternativen Reformmodells in Frage stellt.[3]

Ein Einflussfaktor auf die steuerrechtlichen Harmonisierungsüberlegungen, der in der Literatur bisher eher vernachlässigt wurde, ist die Internationalisierung der handelsrechtlichen Rechnungslegung.[4] Durch die Massgeblichkeit der Handelsbilanz für die Steuerbilanz sind bei Änderungen der handelsrechtlichen Regelungen konsequenterweise Auswirkungen innerhalb der steuerrechtlichen Gewinnermittlung zu erwarten.

---

1 Zu den Möglichkeiten einer Steuerharmonisierung innerhalb der EU auf Basis des zinsbereinigten Besteuerungskonzept vgl. *Schreiber*, Steuerharmonisierung, 1998, S.127-143. Zu den steuerbilanziellen Konsequenzen einer internationalisierten Rechnungselgung vgl. *Euler*, Rechnungslegung, 1998.

2 Vgl. *Lang*, Unternehmensbesteuerung, 1990, S.109.

3 Zu der Reform einer Unternehmensbesteuerung vgl. *Pütz/Willgerodt*, Beteiligungskapital, 1985; *Mitschke*, Transferordnung, 1985; *Fels*, Unternehmensbesteuerung, 1988; *Lang*, Reform, 1989; *ders.*, Unternehmensbesteuerung, 1990; *Herzig*, Aspekte, 1990; *Klein*, Besteuerung, 1990; *Scheider*, Gutachten, 1991; *Ruding-Ausschuss*, Empfehlungen, 1992; *Sass*, Steuerharmonisierung, 1993.

4 Einen Überblick über die Harmonisierungstendenzen der internationalen handels- und steuerrechtlichen Rechnungslegung liefert der Tagungsband von *Ballwieser/Schildbach*, Rechnungslegung, 1998.

Bei einer Betrachtung der länderübergreifenden Rechnungslegungsharmonisierung kommt den International Accounting Standards (IAS)[5] eine bedeutende Rolle zu. Die IAS werden vom International Accounting Standards Committee (IASC)[6] mit der Zielsetzung einer internationalen Akzeptanz herausgegeben.[7] Diese internationale Akzeptanz der IAS hängt entscheidend von der Zustimmung der internationalen Organisation der Börsenaufsichtsbehörden (International Organisation of Securities Commissions – IOSCO) ab, die, bedingt durch die Dominanz der SEC innerhalb der IOSCO, wiederum von der Zustimmung der SEC abhängt, ausländische Unternehmen mit Rechnungslegung nach IAS an der New York Stock Exchange (NYSE) zuzulassen. Aus diesem Grund sind das IASC-Framework und die IAS in ihrer Struktur und in ihrem Inhalt stark durch das US-amerikanische Conceptional Framework bzw. durch die US-GAAP geprägt.[8] Betrachtet man die fortgeschrittenen Harmonisierungsbestrebungen und die Annäherung der IAS an die US-GAAP stehen die Chancen einer weltweiten Akzeptanz für die IAS nicht schlecht.[9]

Mit der zinsbereinigten Gewinnsteuer könnte aufgrund der Kompatibilität mit den unterschiedlichsten handelsrechtlichen Bilanzierungsphilosophien eine Unabhängigkeit von der Entwicklung der handelsrechtlichen Rechnungslegungsgrundsätze erreicht.

---

5 Zur Einführung in die Rechnungslegung nach IAS vgl. *Achleitner/Behr*, International Accounting Standards, 1998; *KPMG*, International Accounting Standards, 1999.

6 Das IASC wurde am 29. Juni 1973 in London als privatrechtliche Organisation von den Berufsverbänden der accountancy profession aus Australien, Deutschland, Frankreich, Grossbritannien zusammen mit Irland, Japan, Kanada, Mexiko, Niederlande und USA gegründet, mit der Zielsetzung "(a) to formulate and publish in the public interest accounting standards to be observed in the presentation of financial statements and to promote their worldwide acceptance and observance; and (b) to work generally for the improvement and harmonisation of regulations, accounting standards and procedures relating to the presentation of financial statements." *IASC*, Standards, Par.2.

7 Zu den Konsequenzen für die deutsche Rechnungslegung vgl. *Schruff*, Rechnungslegung, 1993; *Baetge*, Rechnungslegung, 1994; *Busse*, Rechnungslegungsziele, 1995; *Busse*, Internationalisierung, 1995; *Börner*, Bilanzpolitik, 1996.

8 Vgl. *Kleekämper*, IASC, 1995, S.211f.

9 Siehe dazu *EU-Kommission*, Harmonisierung, 1995; *Born*, Rechnungslegung, 1997 S.63, *Krumnow*, Durchbruch, 1998, S.8.

Literaturverzeichnis

Achleitner, Ann-Katrin/Behr, Giorgio: **International Accounting Standards**. Ein Lehrbuch zur internationalen Rechnungslegung, München 1998

Adler, Hans/Düring, Walther/Schmaltz, Kurt: **Rechnungslegung** und Prüfung der Unternehmen: Kommentar zum HGB, AktG, GmbHG, PublG nach den Vorschriften des Bilanzrichtlinien-Gesetzes, 6. neubearb. Aufl., Stuttgart 1995-1998.

AICPA: **APB Accounting Principles**, Original Pronouncements as of February 1, 1971, Vol.2, New York

AICPA: **Professional Standards**, Vol I and II, as of June 1, 1995, New York 1995

Baetge, Jörg (Hrsg.): Die deutsche **Rechnungslegung** vor dem Hintergrunnd internationaler Entwicklungen: Vorträge und Diskussionen aus nationaler und internationaler Sicht zum 10. Münsterischen Tagesgespräch "Haben die deutschen Rechnungslegungsvorschriften noch eine Chance?", Düsseldorf 1994 (Schriften des Instituts für Revisionswesen der Westfälischen Wilhelms-Universität Münster)

Baetge, Jörg/Ross, Heinz-Peter: Was bedeutet **„fair presentation"**?, in: *Ballwieser, Wolfgang* (Hrsg.): US-amerikanische Rechnungslegung: Grundlagen und Vergleiche mit dem deutschen Recht, Stuttgart 1995

Ballwieser, Wolfgang/Schildbach, Thomas (Hrsg.): **Rechnungslegung** und Steuern international. Tagung des Ausschusses Unternehmensrechnung im Verein für Socialpolitik am 9. und 10. Mai 1997 in Evelle/Frankreich, Düsseldorf 1998 (Zfbf: Sonderheft; 40)

Bareis, Hans Peter u.a.: **Lifo**, Jahresabschlussziele und Grundsätze ordnungsmässiger Buchführung, in: DB 1993, S.1249-1252

Beisse, Heinrich: Zum Verhältnis von **Bilanzrecht** und Betriebswirtschaftslehre, in: StuW 1984, S.1-14

Biener, Herbert: AG-KGaA-GmbH-Konzerne. **Rechnungslegung**, Prüfung und Publizität nach den Richtlinien der EG. Kommentierte Textausgabe der Bilanzrichtlinie (4.Richtlinie), des geänderten Vorschlags einer Konzernbilanzrichtlinie (7.Richtlinie), des Vorschlags einer Abschlussprüferrichtlinie (8.Richtlinie) mit systematischer Darstellung des geltenden (und zu ändernden) deutschen Rechts (AktG, GmbhG, WPO) und Materialien, Begründung der Kommission, Stellungnahmen des Wirtschafts- und Sozialausschusses des Europäischen Parlaments, des Bundesrates und des Deutschen Bundestages, Köln 1979

Biener, Herbert: Möglichkeiten und Grenzen der **Harmonisierung** der Rechnungslegung, in: Der Schweizer Treuhänder, 67.Jg., 1993, S.13-19.

Boadway, Robin/Bruce, Neil: A General Proposition on the Design of a **Neutral Business Tax**, Discussion Paper No. 461, Departement of Economics, Queen's University Kingston/Ontario, Canada 1982; später erschienen in: Journal of Public Economics, Bd.24, 1984, S.231-239

Böcking, Hans-Joachim: Zum Verhältnis **Rechnungslegung** und Kapitalmarkt: Vom „financial accounting" zum „business reporting", in: *Ballwieser, Wolfgang/ Schildbach, Thomas* (Hrsg.): Rechnungslegung und Steuern international: Tagung des Ausschusses Unternehmensrechnung im Verein für Socialpolitik am 9. und 10. Mai 1997 in Evelle/Frankreich. ZfbF: Sonderheft; 40, Düsseldorf 1998

Börner, Dietrich: **Bilanzpolitik** im Spannungsfeld der Jahresabschlussaufgaben: Zur Zukunft des deutschen Einzelabschlussrechts, in: Rechnungslegung, Prüfung und Beratung - Herausforderungen für den Wirtschaftsprüfer, Festschrift zum 70. Geburtstag von Rainer Ludewig, hrsg. v. *Baetge, Jörg* et al., Düsseldorf 1996, S.143-179

Boles, Ernest: **Gesellschaften** im US-Einkommensteuerrecht, München 1993

Bordewin, Arno: Keine **Rückstellung** für drohende Verluste in der Steuerbilanz, in: FR 1998, S.226-233

Born, Karl: **Rechnungslegung** international: Konzernabschlüsse nach IAS, US-GAAP, HGB und EU-Richtlinien, Stuttgart 1997

Borstell, Thomas: **Aufwandsrückstellungen** nach neuem Bilanzrecht, Bergisch-Gladbach 1988

Buchner, Robert: **Rechnungslegung** und Prüfung der Kapitalgesellschaft, 2., neubearb. u. erw. Aufl., Stuttgart 1992

Büschgen, Hans E.: Das kleine **Börsen-Lexikon**, 18. akt. Aufl., Düsseldorf 1989

Bundesministerium der Finanzen: **Reform** der internationalen Kapitaleinkommensbesteuerung. Gutachten erstattet vom Wissenschaftlichen Beirat beim Bundesministerium der Finanzen, Heft 65, 1999

Bundesministerium der Finanzen: **Gutachten** des Wissenschaftlichen Beirats beim Bundesministerium der Finanzen, Heft 39, 1987

Bundesministerium für Wirtschaft: Anstehende grosse **Steuerreform**; Gutachten des Wissenschaftlichen Beirats beim Bundesministerium für Wirtschaft, Studienreihe Nr.94, 1996.

Bungert, Hartwin: Die (Registered) Limited Liability **Partnership** – Neueste Variante des Konzepts der Personengesellschaft in den USA, in: RIW, 40. Jg., 1994, S.360-367

Busse von Colbe, Walther: **Globalisierung** im Rechnungswesen - Einwirkungen auf die Betriebswirtschaftslehre, Bern u.a., 1993, S.319-332.

Busse von Colbe, Walther: **Rechnungslegungsziele** und Ansätze zur internationalen Harmonisierung der Rechnungslegung deutscher Unternehmen, in: *Ballwieser, Wolfgang* (Hrsg.): US-amerikanische Rechnungslegung - Grundlagen und Vergleiche mit dem deutschen Recht, Stuttgart 1995, S.221-238

Busse von Colbe, Walther: Deutsche Kapitalgesellschaften auf dem Weg zur **Internationalisierung** ihrer Rechnungslegung, in: Der Schweizer Treuhänder, 69. Jg., 1995, S.551-560

Cansier, Dieter/Wellisch, Dietmar: **Betriebsteuer** und intertemporale Neutralität, in: StuW Nr.2, 1991, S.179-185

Cattelaens, Heiner u.a.: **Körperschaftsteuer**, 12.Aufl., Stuttgart 1997

Commerce Clearing House (Ed.): Federal **Tax** Course 1994, Chicago/Illinois 1993

Commandeur, Dirk: Die **Bilanzierung** der Aufwendungen für die Ingangsetzung und Erweiterung des Geschäftsbetriebs, in: *Loitlsberger, Erich/Rückle, Dieter/ Baetge, Jörg* (Hrsg.): Forschungsergebnisse aus dem Revisionswesen und der betriebswirtschaflichen Steuerlehre, Bd.5, Berlin 1986

Debatin, Helmut/Endres, Dieter: Das neue **Doppelbesteuerungsabkommen** USA/Bundesrepublik Deutschland, München 1990

Department of the Treasury: **Integration** of The Individual and Corporate Tax System, Taxing Business Income Once, Washington 1992

Döllerer, Georg: **Grundsätze** ordnungsmässiger Bilanzierung, deren Entstehung und Ermittlung, in: BB 1959, S.1217-1221

Döllerer, Georg: **Massgeblichkeit** der Handelsbilanz in Gefahr, in: BB 26, 1971, S.1333-1335

Döllerer, Georg: Die **Grenzen** des Imparitätsprinzips - Bilanzrechtliche Möglichkeiten, künftige Verlust vorwegzunehmen, in: StbJB 1977/78, S.129.

Döllerer, Georg: Steuerbilanz und **Beutesymbol**, in: BB 1988, S.238-241

Donges, Jürgen B. u.a. (Kronberger Kreis): **Steuerreform** für Arbeitsplätze und Umwelt, Bad Homburg 1996

Dziadkowski, Dieter: **Plädoyer** für eine erfolgsneutrale Behandlung von bestimmten Zöllen und Verbrauchsteuern sowie der Umsatzsteuer auf erhaltene Anzahlungen, in: DStR 1987, S.292-294

Dziadkowski, Dieter: Wider die Aushöhlung der Grundsätze ordnungsmässiger Buchführung durch Kodifizierung einer totalen **Umkehrmassgeblichkeit**, in: DB 42 1989, S.437-439

Dziadkowski, Dieter/Runge, Berndt: Zur geplanten Normierung von **Aufwandsrückstellungen** in § 250 Abs.1 Nr.1 HGBE, in:WPg, 1984, S.544.

Eichinger, Michaela: Ökonomische Analyse der Verknüpfung von handels- und steuerrechtlicher **Rechnungslegung**, Weiden 1993 (Zugl. Diss. Univ. Tübingen, 1992)

Elsing, Siegfried H.: **Grundzüge** des Rechts- und Regierungssystems, des Gesellschafts- sowie des Trustrechts der Vereinigten Staaten von Amerika, in: *Kramer, Jörg-Dietrich* (Hrsg.): Grundzüge des US-amerikanischen Steuerrechts, Stuttgart 1990, S.3-34.

Endriss, Horst Walter/Haas, Helmut/Küpper, Peter: **Steuerkompendium**, Bd.1: Ertragsteuern, 8., überarb. Aufl., Herne/Berlin 1998

EU-Kommission: Mitteilung der Kommission, **Harmonisierung** auf dem Gebiet der Rechnungslegung: Eine neue Strategie im Hinblick auf die internationale Harmonisierung, Brüssel 1995

Euler, Roland: Steuerbilanzielle Konsequenzen der internationalisierten **Rechnungslegung**, in: StuW, 1998, S.15-24

Euler, Roland: Zur **Verlustantizipation** mittels des niedrigeren beizulegenden Wertes und des Teilwertes, in: ZfbF, 1991, S.191-212

FASB: Accounting for **Income Taxes**: A Review of Alternatives, Research Report, Stamford 1983

FASB: Original Pronouncements, Vol.1 und 2, 1993/94 er Aufl., Norwalk 1993. (AIN,**APB-Opinion**, **ARB**, FIN, AICPA-Interpretations, **SFAC**, **SFAS**)

Fels, Gerhard/Vogel, Otto (Hrsg.): **Unternehmensbesteuerung** am Standort Bundesrepublik, Köln 1988

Fischer, Michael: **Verschmelzung** von GmbH in der Handels- und Steuerbilanz, in: DB 1995, S.485-491

Forster, Karl-Heinz: Keine Aktivierbarkeit der auf **Anzahlungen** entrichteten Mehrwertsteuer?, in: AG 1980, S.19-20

Frankenberg, Peter: **Jahresabschlüsse** im internationalen Vergleich – Analyse US-amerikanischer und deutscher Unternehmen, Wiesbaden 1993

Gammie, Malcolm: Corporate Tax Harmonisation: An **"ACE" Proposal** - Harmonising European Corporate Taxation Through An Allowance For Corporate Equity, in: International Bureau of Fiscal Documentation, European Taxation, 1991, S.238-242

Glade, Anton: **Rechnungslegung** und Prüfung nach dem Bilanzrichtlinien-Gesetz. Systematische Darstellung und Kommentar, Herne/Berlin 1986

Glanegger, Peter u.a.: Heidelberger **Kommentar** zum Handelsgesetzbuch: Handelsrecht, Bilanzrecht, Steuerrecht. Kommentar zum Handelsgesetzbuch mit den Rechnungslegungsvorschriften nach dem Bilanzrichtlinien-Gesetz und den Steuern der kaufmännischen Personenunternehmen. 4., neubearb. und erw. Aufl., Heidelberg 1995

Gräfer, Horst: **Bilanzanalyse** nach der neuen Rechnungslegung - Eine Einführung mit Aufgaben und Lösungen, 4., verb. u. erw. Aufl., Herne/Berlin 1988

Gräfer, Horst: **Annual Report** - der US-amerikanische Jahresabschluss: Ein praktischer Leitfaden zum Verständnis und zur Analyse US-amerikanischer Geschäftsberichte, Stuttgart 1992

Gress, Manfred/Rose, Manfred/Wiswesser, Rolf: Marktorientierte **Einkommensteuer**. Das neue kroatische System einer konsum- und damit marktorientierten Besteuerung des persönlichen Einkommens, München 1998

Groh, Manfred: Das werdende **Bilanzrecht** in steuerlicher Sicht, in: DB 1985, S.1849-1851.

Groh, Manfred: Verbindlichkeitsrückstellungen und **Verlustrückstellungen**: Gemeinsamkeiten und Unterschiede, in: BB 1988, S. 27-33

Haller, Axel: Das **Verhältnis** von steuerrechtlicher und „handelsrechtlicher Rechnungslegung“ in den USA, in: DBW, 48. Jg., 1988, S.723-733

Haller, Axel: Wesentliche Ziele und Merkmale US-amerikanischer **Rechnungslegung**, in: *Ballwieser, Wolfgang* (Hrsg.): US-amerikanische Rechnungslegung – Grundlagen und Vergleiche mit dem deutschen Recht, Stuttgart 1995, S.1-26

Hartung, Werner: Ist das **Ansatzwahlrecht** bei Pensionsrückstellungen für Altzusagen richlinienkonform?, in: BB 1992, S.1817-1819

Herzig, Norbert: Nationale und internationale **Aspekte** einer Reform der Körperschaftsteuer, in: StuW 1/1990, S.22-39

Herzig, Norbert/Gasper, Richard: Eine Zwischenbilanz zur **Lifo-Diskussion**, in: DB 1992, S.1301-1307

Herrmann, Carl/Heuer, Gerhard/Raupach, Arndt: Einkomensteuergesetz und Körperschaftsteuergesetz mit Nebengesetzen, **Kommentar**, Loseblatt, 20.Aufl., Köln 1950/92

Heussner, Jürgen: Die bilanzielle Behandlung von **Zinsrückstellungen**. Unter Berücksichtigung der neuen BFH-Rechtsprechung zur Verbindlichkeits- und Verlustrückstellung, in: BB 1988, S.2417-2428

HFA (5/1975): **Aktivierung** der Biersteuer und anderer Verbrauchsteuern im Rahmen der Herstellungskosten, Stellungnahme 5/1975, in: WPg 1976, S.59, ergänzt in: WPg 1982, S.94.

HFA (1/1979): Zur bilanziellen Behandlung der **Umsatzsteuer** auf erhaltene Anzahlungen, Stellungnahme 1/1979, in: WPg 1980, S.80

HFA (1/1984): Bilanzierungsfragen bei **Zuwendungen**, dargestellt am Beispiel finanzieller Zuwendungen der öffentlichen Hand, Stellungnahme 1/1984 i.d.F. 1990, in: IDW (Hrsg.): Die Fachgutachten und Stellungnahmen des Institutes der Wirtschaftsprüfer auf dem Gebiet der Rechnungslegung und Prüfung, Loseblatt, Düsseldorf 1982, Fach HFA, S.131-137.

HFA (1/1985): Zur Behandlung der **Umsatzsteuer** im Jahresabschluss, Stellungnahme 1/1985, in: WPg 1985, S.257-258.

HFA (2/1988): **Pensionsverpflichtungen** im Jahresabschluss, Stellungnahme 2/1988, in: WPg 1988, S.403-405

HFA (1/1991): Zur Bilanzierung von Anteilen an **Personenhandelsgesellschaften** im Jahresabschluss der Kapitalgesellschaft, Stellungnahme 1/1991, in: WPg 1991, S.334-335

Höfer, Reinhold/Reiners, Stephan: Verfassungsrechtliche Fragen zur Besteuerung der **Jubiläumsrückstellungen** nach neuem Recht, in: BB 1988, S.2064-2069

Höfer, Reinhold/Reiners, Stephan/Wüst, Herbert: Gesetz zur Verbesserung der betrieblichen **Altersversorgung**, Kommentar, Bd.1, Arbeitsrecht, 3.Aufl., München 1992

Homburg, Stefan: Perspektiven der internationalen **Unternehmensbesteuerung** (unveröffentlichte vorläufige Fassung der Vortragsunterlage für die Tagung des Finanzwissenschaftlichen Ausschusses des Vereins für Socialpolitik 1999 in Potsdam)

Hügel, Hans F.: **Reform** des Umwandlungssteuerrechts, in: *Wassermeyer, Franz* (Hrsg. im Auftrag der Deutschen Steuerjuristischen Gesellschaft e.V.): Grundfragen der Unternehmensbesteuerung, Köln 1994, S.69-113

Hüttemann, Ulrich: Die **Verbindlichkeiten**, 2.Aufl., in: *Wysocki, Klaus von/ Schulze-Osterloh, Joachim* (Hrsg.): Handbuch des Jahresabschlusses in Einzeldarstellungen, Kommentar, Loseblatt, Köln 1984/92, Abt.III/8.

IASC: International Accounting **Standards** 1996, London 1996

IDW: Über die 114.**Sitzung** des HFA, in: FN 1983, S.219

Kahle, Holger: Steuerliche Konsequenzen der Trennung handels- und steuerrechtlicher **Rechnungslegung** in den USA, in:StuW, 1997, S.323-332

Kaiser, Monika: Konsumorientierte Reform der **Unternehmensbesteuerung**, Heidelberg 1992 (Wirtschaftswissenschaftliche Beiträge, Bd. 72), (Zugl. Diss. Univ. Heidelberg, 1992)

Kiesewetter, Dirk: Theoretische Leitbilder einer **Reform** der Unternehmensbesteuerung - Eine vergleichende Analyse der Reformmodelle Kroatiens, Österreichs und Skandinaviens, in: StuW, 1997, S.24-34

Kieso, Donald E./Weygandt, Jerry J.: Intermediate **Accounting**, 8.Edition, New York 1995

King, Mervyn A./Fullerton, Don: The **Taxation** of Income from Capital - A Comparative Study of the United States, the United Kingdom, Sweden, and West Germany, Chicago/London 1984

Kirchner, Christian: **Bilanzrecht** und neue Institutionenökonomik: Interdisziplinäre Überlegungen, in: *Budde, Wolfgang D./Moxter, Adolf/ Offerhaus, Klaus* (Hrsg.): Handelsbilanzen und Steuerbilanzen. Festschrift zum 70. Geburtstag von Prof. Dr. h.c. Heinrich Beisse, Düsseldorf 1997, S.267-284

Kleekämper, Heinz: **IASC** - Das Trojanische Pferd der SEC?, in: *Ballwieser, Wolfgang* (Hrsg.): US-amerikanische Rechnungslegung - Grundlagen und Vergleiche mit dem deutschen Recht, Stuttgart 1995, S.207-220

Klein, Franz: Die nationale **Besteuerung** als Faktor des internationalen Wettbewerbs - Ein Plädoyer für eine Harmonisierung des Unternehmenssteuerrechts, in: StuW Nr.4, 1990, S.390-396

Knipping, Erhard/ Klein, Burkhard: **Beteiligungserträge** aus Personengesellschaften und deren Erfassung im handelsrechtlichen Jahresabschluss einer Kapitalgesellschaft, in: DB, Heft 39 v. 30.9.1988 S.1964-1966

Knobbe-Keuk, Brigitte: Die **Bilanzierung** unentgeltlich erworbener Vermögensgegenstände in Handels- und Steuerbilanz, in: StuW 1978, S.226

Knobbe-Keuk, Brigitte: Bilanz- und **Unternehmenssteuerrecht**, 9., völlig überarb. u. erw. Aufl., Köln 1993

Kommission der Europäischen Gemeinschaften: Mitteilung der Kommission der Europäischen Gemeinschaften an den Rat und das Europäische Parlament im Anschluss an die Schlussfolgerungen des unabhängigen Sachverständigenausschusses über die Leitlinien für die **Unternehmensbesteuerung** im Rahmen der Vertiefung des Binnenmarktes, SEK (92) 1118 endg., in: BR-Drucksache 540/92 v. 20.7.1992.

KPMG Deutsche Treuhand-Gesellschaft (Hrsg.): Die neue Rechnungslegung für **Pensionsverpflichtungen** nach US-Handelsrecht – Kommentierung der FASB Statements No.87 und No.88, Frankfurt und München 1989

KPMG Deutsche Treuhand-Gesellschaft (Hrsg.): **Rechnungslegung** nach US-amerika-nischen Grundsätzen – Eine Einführung in die US-GAAP und die SEC-Vorschriften, Düsseldorf 1996

KPMG Deutsche Treuhand-Gesellschaft (Hrsg.): **International Accounting Standards** - Eine Einführung in die Rechnungslegung nach den Grundsätzen des IASC, Stuttgart 1999

Kraft, Cornelia: **Steuergerechtigkeit** und Gewinnermittlung - Eine vergleichende Analyse des deutschen und US-amerikanischen Steuerrechts, Wiesbaden 1991 (Neue betriebswirtschaftliche Forschung, Bd.78), (Zugl. Diss. Univ. Mannheim, 1990, u.d.T. Die Verwirklichung des Leistungsfähigkeitsprinzips bei der Besteuerung aus unternehmerischer Tätigkeit)

Kramer, Jörg-Dietrich (Hrsg.): **Grundzüge** des US-amerikanischen Steuerrechts, Stuttgart 1990

Kreile Reinhold: Zum Vorentwurf einer EG-Richtlinie über die **Harmonisierung** der steuerrechtlichen Gewinnermittlungsvorschriften, in: DB 41.Jg., 1988, Beilage Nr.18, S.1-19

Krieger, Albrecht: Der Grundsatz der **Massgeblichkeit** der Handelsbilanz für die steuerrechtliche Gewinnermittlung, in: Handelsrecht und Steuerrecht: Festschrift für Dr. Dr.h.c. Georg Döllerer, hrsg. v. *Knobbe-Keuk, Brigitte/ Klein, Franz/Moxter, Adolf*, Düsseldorf 1988, S.327-347

Krumnow, Jürgen: IAS vor dem **Durchbruch**, in: Handelsblatt v. 7.7.1998, S.8

Küting, Karlheinz/Weber, Claus-Peter: Rückstellungen für **Jubiläumszuwendungen** in der Handels- und Steuerbilanz, in: BB 1988, S.2280-2286

Küting, Karlheinz/Weber, Claus-Peter: Handbuch der **Rechnungslegung**: Kommentar zur Bilanzierung und Prüfung, Bd. Ia. 4. grundlegend überarb. u. wesentlich erw. Aufl., Stuttgart 1995

Kupsch, Peter: Die Behandlung steuerfreier Investitionszulagen im **Jahresabschluss**, in: DB 1979, S.365

Kupsch, Peter: Ansatz und Bewertung von **Rückstellungen** im amerikanischen Jahresabschluss – eine vergleichende Betrachtung aus deutscher Sicht, in: *Ballwieser, Wolfgang* (Hrsg.): US-amerikanische Rechnungslegung – Grundlagen und Vergleiche mit dem deutschen Recht, Stuttgart 1995.

Lamers, Alfons: **Aktivierungsfähigkeit** und Aktivierungspflicht immaterieller Werte, München 1981.

Lang, Joachim: **Reform** der Unternehmensbesteuerung, in: StuW Nr.1, 1989, S.3-17.

Lang, Joachim: Reform der **Unternehmensbesteuerung**, in: StuW Nr.2, 1990, S.107-129.

Lang, Joachim: **Entwurf** eines Steuergesetzbuchs, Bonn 1993 (Schriftenreihe des Bundesministeriums der Finanzen, Heft 49)

Larenz, Karl: **Methodenlehre** der Rechtswissenschaft, 5.Aufl., Berlin u.a. 1983

Laule, Gerhard: **Gesellschaftsrecht** der USA, in: *Sonnemann, Erik* (Hrsg.): Rechnungslegung, Prüfung, Wirtschaftsrecht und Steuern in den USA, Wiesbaden 1989, S.205-232

Luik, Hans: Aktuelle Fragen zur Behandlung von **Pensionsverpflichtungen** im Jahres- und Konzernabschluss, in: WPg 1987, S.733-744

McEnroe, John E.: Attitudes Towards the Term „Gererally Accepted Accounting Principles“, in: Accounting and Business Research, Vol.21, Spring 1991, S.157-162

Mitschke, Joachim: Steuer- und **Transferordnung** aus einem Guss: Entwurf einer Neugestaltung der direkten Steuern und Sozialtransfers in der Bundesrepublik Deutschland, Schriften zur Ordnungspolitik, Bd. 2, hrsg. v. Frankfurter Institut für wirtschaftspolitische Forschung e.V., 1.Aufl., Baden-Baden 1985

Moxter, Adolf: Wirtschaftliche **Gewinnermittlung** und Bilanzsteuerrecht, in: StuW 1983, S.300-307.

Moxter, Adolf: Rückstellungen für ungewisse Verbindlichkeiten und **Höchstwertprinzip**, in: BB 1989, S.945-949

Moxter, Adolf: Entwicklung der Theorie der handel- und steuerrechtlichen **Gewinnermittlung**, in: *Wagner, Franz W.* (Hrsg.): Ökonomische Analyse des Bilanzrechts - Entwicklungslinien und Perspektiven, Düsseldorf/Frankfurt a.M. 1993, S.61-84 (ZFBF: Sonderheft 32)

Neumark, Fritz: Steuerpolitische **Ideale** der Gegenwart, in: *Zimmermann, Horst* (Hrsg.): Die Zukunft der Staatsfinanzierung, Marburger "Forum Philippinum", Stuttgart 1988, S.45-60

Nikolai, Loren A./Bazley, John D.: Intermediate **Accounting**, 6. Edition, Cincinnati 1994

Pellens, Bernhard: Internationale **Rechnungslegung**, 2., überarb. u. erw. Aufl., Stuttgart 1998

Pooten, Holger: Deutsche **Rechnungslegung**, in: *Gräfer, Horst/ Demming, Claudia (Hrsg.)*: Internationale Rechnungslegung, Stuttgart 1994, S.307-370

Price Waterhouse (Hrsg.): **Corporate Taxes**. A Worldwide Summary, New York 1996

Price Waterhouse (Hrsg.): **Individual Taxes**. A Worldwide Summary, New York 1996

Pütz, Paul/Willgerodt, Hans: Gleiches Recht für **Beteiligungskapital** - Vorschläge zur Reform von Unternehmensrecht und Kapitalmarkt, Baden-Baden 1985 (Schriften zur Ordnungspolitik, Bd.1)

Research Institute of America: Federal Tax **Handbook** 1994, New York 1994

Rose, Manfred: **Plädoyer** für ein konsumbasiertes Steuersystem, in: *Rose, Manfred* (Hrsg.): Konsumorientierte Neuordnung des Steuersystems, Berlin u.a. 1991, S.7-34

Rose, Manfred: **Reform** der Besteuerung des Sparens und der Kapitaleinkommen - Zur Neuregelung der Zinsbesteuerung aus der Sicht einer konsum- und damit marktorientierten Neuordnung des Gesamtsteuersystems, Diskussionsschriften No.172, Universität Heidelberg, 1992

Rose, Manfred: Schutz des **Kapitalexistenzminimums**, in: BB Heft 21, 1996, S.1085-1090

Rose, Manfred u.a.: **Empfehlungen** zur Reform des ungarischen Steuersystems - im Auftrag der Deutschen Gesellschaft für Technische Zusammenarbeit (GTZ) GmbH erstelltes Gutachten, Heidelberg 1991

Rose Manfred/Wiswesser, Rolf: Tax **Reform** in Transition Economies: Experiences from the Croatian Tax Reform Process of the 1990s, in: *Sorensen, Peter Birch* (editor): Public Finance in a Changing World, Houndmills u.a. 1998, S.257-278.

Rubin, Steve: The **House** of GAAP, in: JoA, Vol. 157, June 1984, S.122-129

Ruding-Ausschuss: Die Schlussfolgerungen und **Empfehlungen** des Ruding-Ausschusses, in: DB, Beilage Nr.5/92, 1992

Sass, Gert: **Steuerharmonisierung** in der EG - Perspektiven für eine Harmonisierung der Körperschaftsteuer und der Gewinnermittlung, in: DB Heft 3 v. 22.1.1993, S.113-124

Schäfer, Albrecht E. H.: Ausgewählte **Probleme** des internationalen Schachtelprivilegs, in: *Vogel, Klaus* (Hrsg.): Freistellung im internationalen Steuerrecht, München, 1996 (Münchener Schriften zum internationalen Steuerrecht, Heft 21), S.29-38

Schildbach, Thomas: Niedriger Zeitwert versus **Teilwert** und das Verhältnis von Handels- und Steuerbilanz, in: StbJb 1990/91, S.31-50.

Schipporeit, Erhard: Grundsätze und Möglichkeiten einer **Unternehmungsteuer**, München 1979 (Schriftenreihe wirtschaftswissenschaftliche Forschung und Entwicklung, Bd.47, hrsg. v. Aschoff, Christoff/Müller-Bader, Peter), (zugl. Diss. Univ. Göttingen 1979)

Schmalenbach, Eugen: Dynamische **Bilanz**, 13.Aufl., Köln/Opladen 1962

Schmidt, Ludwig: **Einkommensteuergesetz**, 16. völlig neubearb. Aufl., München 1997

Schmidt, Peter/Wissel, Harald/Stöckler, Manfred: The New **Croatian Tax System**, in International Bureau of Fiscal Documentation 1996, S.155-163

Schneider, Dieter: Eine **Reform** der steuerlichen Gewinnermittlung?, in: StuW 1971, S.326-341

Schneider, Dieter: **Steuerneutralität** des Bilanzrichtlinie-Gesetzes und Bilanzrechtsprechung, in: BB 1983, S.2089-2094.

Schneider, Dieter: Rechtsfindung durch **Deduktion** von Grundsätzen ordnungsmässiger Buchführung aus gesetzlichen Jahresabschlusszwekken?, in: StuW 1983, S141-160.

Schneider, Dieter: Die Anfänge der "Steuerbilanz" und die **Entstehung** des Massgeblichkeitsprinzips - Ein Beitrag zur Betriebswirtschaftlichen Steuerlehre vor der akademischen Betriebswirtschaftslehre, in: *Herzig, Norbert* (Hrsg.): Betriebswirtschaftliche Steuerlehre und Steuerberatung (Festschrift für Gerd Rose), Wiesbaden 1991, S.175-190

Schreiber, Ulrich: Die **Bedeutung** der US-amerikanischen Rechnungslegung für die Besteuerung von Gewinnen und Ausschüttungen, in: *Ballwieser, Wolfgang* (Hrsg.): US-amerikanische Rechnungslegung, Stuttgart 1995

Schreiber, Ulrich: Steuerwettbewerb, **Steuerharmonisierung** und neutrale Unternehmensbesteuerung, in: *Ballwieser, Wolfgang/Schildbach, Thomas* (Hrsg.): Rechnungslegung und Steuern international. Tagung des Ausschusses Unternehmensrechnung im Verein für Socialpolitik am 9. und 10.Mai 1997 in Evelle/Frankreich, Düsseldorf, 1998 (Zfbf: Sonderheft; 40), S.105-144

Schruff, Wienand: Die internationale Vereinheitlichung der **Rechnungslegung** nach den Vorschlägen der IASC - Gefahr oder Chance für die deutsche Bilanzierung?, in: BFuP, 45. Jg., 1993, S.400-426

Schülen, Werner: Entwicklungstendenzen bei der Bildung von **Rückstellungen**, in: WPg 1983, S.658-665

Schulze-Osterloh, Joachim: Die **Rechnungslegung** der Einzelkaufleute und Personenhandelsgesellschaften nach dem Bilanzrichlinien-Gesetz, in: ZHR 1986, S.403-433

Schulze-Osterloh, Joachim: Handelsbilanz und steuerrechtliche **Gewinnermittlung**, in: StuW 1991, S.284-296

Siegel, Theodor: **Instandhaltungsrückstellungen** als Anwendungsfall von Grundsätzen ordnungswidriger Bilanzierung -Stellungnahme zu einem Aufsatz von Dziadkowski/Runge-, in: WP 1985, S.14-16

Siepe, Günter/Husemann, Walter/Borges, Kerstin: Das **Index-Verfahren** als Bewertungsvereinfachungsverfahren i.S.d. § 256 HGB, in: WPg 1994, S.645-655

Steuerreform-Kommission: **Gutachten** der Steuerreform-Kommission, Schriftenreihe des Bundesministeriums der Finanzen, Heft 17, Bd.1, Abschnitt V Gewinnermittlung, S.419-561 und Anlage 32, S.1072-1080, Bonn 1971

Stobbe, Thomas: Die Verknüpfung handels- und steuerrechtlicher **Rechnungslegung** - Massgeblichkeitsausprägungen de lege lata et ferenda, Berlin 1991, (Schriften zum Steuerrecht, Bd. 39 hrsg. v. Lang, Joachim/Meincke, Peter), (zugl. Diss. Universität Passau, 1990)

Stöckler, Manfred/Wissel, Harald: Die **Gewinnbesteuerung** in der Republik Kroatien, in Internationale Wirtschaftsblätter, IWB Nr.11 v. 14.6.1995, S.527-536

Thiele, Clemens: Einführung in das US-amerikanische **Steuerrecht**, Wien 1997

U.S. Treasury Departement: The President's **Tax Proposals** to the Congress for Fairness, Growth, and Simplicity, Washington, D.C, in: StuW, 1985, S.264-267

Vogel, Klaus: **Doppelbesteuerungsabkommen** der Bundesrepublik Deutschland auf dem Gebiet der Steuern vom Einkommen und Vermögen: Kommentar auf der Grundlage der Musterabkommen, 3., völlig neubearb. Aufl., München 1996

Vogel, Klaus: Wesen und Wirkungen der **Freistellung**. Besonders bei negativen Einkünften und Vermögenswerten, in: *Vogel, Klaus* (Hrsg.): Freistellung im internationalen Steuerrecht, München 1996 (Münchener Schriften zum internationalen Steuerrecht, Heft 21)

Wagner, Franz W./Wenger, Ekkehard: Theoretische **Konzeption** und legislative Transformation eines marktwirtschaftlichen Steuersystems in der Republik Kroatien, in: *Sadowski, Dieter/Czap, Hans/Wächter, Hartmut* (Hrsg.): Regulierung und Unternehmenspolitik. Methoden und Ergebnisse der betriebswirtschaftlichen Rechtsanalyse, Wiesbaden 1996.

Wassermeyer, Franz: Die **Massgeblichkeit** der Handelsbilanz für die Steuerbilanz und die Umkehr dieses Grundsatzes, in: *Doralt, Werner* (Hrsg.): Probleme des Steuerbilanzrechts, Veröffentlichungen der DStJG, Bd.14, Köln 1991, S.29-46

Watermeyer, Heinrich Jürgen: **Bilanzierungshilfen** in der Handels- und Steuerbilanz, Frankfurt/M. 1991 (Europäische Hochschulschriften: Reihe 2, Rechtswissenschaft; Bd.1114) (Zugl. Diss. Univ. Bochum, 1990)

Weber-Grellet, Heinrich: **Bilanzsteuerrecht**, 4. überarb. Aufl., Münster 1995

Weber-Grellet, Heinrich: **Massgeblichkeitsgrundsatz** in Gefahr?, in: DB, Heft 8 v. 21.2.1997, S.385-391

Wenger, Ekkehard: **Gleichmässigkeit** der Besteuerung von Arbeits- und Vermögenseinkünften, in: FA N.F. Bd.41, 1983, S.207-252

Wiemann, Hans-Ulrich: Unternehmenspublizität nach amerikanischem **Kapitalmarkt-recht**, Baden-Baden 1987

Wiswesser, Rolf: Einkommens- und Gewinnbesteuerung bei **Inflation**, Analyse bestehender Steuersysteme und Entwicklung eines Reformvorschlags; (Europäische Hochschulschriften, Reihe V Volks- und Betriebswirtschaft, Bd.2030; zugl. Heidelberg, Univ., Diss., 1996), Frankfurt a.M. 1997

Zwehl, Wolfgang von: **Zuschüsse** im Jahresabschluss, in: WPg 1970, S.4-13

Peter Lang · Europäischer Verlag der Wissenschaften

Walter Naggl

Konjunktur

Frankfurt/M., Berlin, Bern, New York, Paris, Wien, 1999. 221 S., zahlr. Abb.
ISBN 3-631-33969-0 · br. DM 69.–*

Dieses Buch soll einen praxisorientierten Überblick der Verfahren zur Konjunkturanalyse und -prognose liefern. Es beginnt mit dem Verlauf der konjunkturellen Entwicklung in den USA und Deutschland seit den zwanziger Jahren. Danach werden das offizielle amerikanische Verfahren und von der Finanzpresse popularisierte Faustregeln der Datierung von Konjunkturzyklen dargestellt. Es folgt ein Abriß der wichtigsten Konjunkturtheorien und ihrer Aussagekraft bezüglich aktueller konjunktureller Fragestellungen. Die Schilderung typischer Muster des Konjunkturverlaufs bildet ein empirisches Pendant zu den Theorien. Es wird gezeigt, wie die Daten des ifo-Konjunkturtests und der Konsumentenstimmung zu Indizes verdichtet werden und welche Aussagekraft sie haben. Methoden zur Konstruktion von Frühindikatorindizes werden vorgestellt und deren Prognoseleistung diskutiert. Das Buch schließt mit einem Kapitel zur Inflation.

Aus dem Inhalt: Konjunkturzyklen in den USA und Deutschland und ihre Messung · Konjunkturtheorie und Muster der Konjunktur · Stimmungen, Erwartungen und Kaufpläne als Einzelindikatoren und ihre Verdichtung in einem Frühindikatorindex · Prognoseleistung von Vorlaufindikatoren · Historischer Überblick und Indikatoren der Inflation

FSC
www.fsc.org
MIX
Papier | Fördert gute Waldnutzung
FSC® C083411

Kolibri 360 GmbH
Ferdinand-Jühlke-Straße 7
99095 Erfurt, Deutschland
produktsicherheit@kolibri360.de

Druck:
CPI Druckdienstleistungen GmbH
im Auftrag der
Kolibri 360 GmbH
Ferdinand-Jühlke-Str. 7
99095 Erfurt